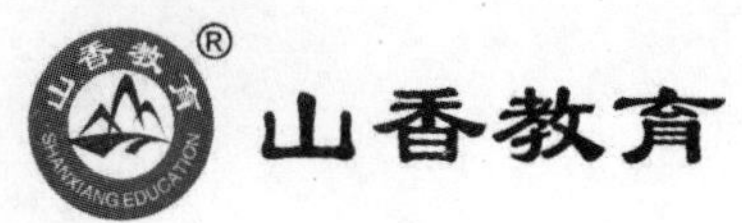

# 浙江省
# 中小学教师招聘考试
# 历年真题解析及预测试卷
# 语文

山香教师招聘考试命题研究中心　主编

# 目　录

**真题试卷**



**预测试卷**



**注:**标星的试卷涵盖《义务教育语文课程标准》(2022年版)的预测考点。

**参考答案及解析单独成册**

真题试卷

# 2022年浙江省宁波市江北区教师招聘考试小学语文真题试卷(一)

考生须知:

1. 本试卷分试题卷和答题卷,满分100分,考试时间90分钟。
2. 答题前,在答题卷密封区内填写姓名、身份证号、报考单位、报考岗位、试场号和座位号。
3. 所有答案必须写在答题卷上,写在试题卷上无效。
4. 考试结束,上交试题卷和答题卷。

## 一、基础常识(本大题共6小题,共20分)

1. 阅读下面的语段,根据拼音写出相应的汉字,在括号内选一个恰当的字填入。(4分)

人类只有一个地球,各国共处一个世界,我们是“人类命运共同体”。jiàn①________行“青山绿水就是金山银山”的理念,坚持在发展中保护、在保护中发展。经济发展不是消耗自然资源的“jié②________泽而渔”,生态保护也不是贫守青山的“缘木求鱼”,让黑土地长出“金元宝”、生态环境yùn③________育“摇钱树”、田园风光变成“聚宝盆”,让百姓的“钱袋子”鼓起来,不断增强人民群众的生态环境意识,才能让绿水青山与金山银山的统一,变得更为名④________(A. 符;B. 副)其实。

(选自《工人日报》夏浩然)

2. “登山则情满于山,观海则意溢于海。”下面是小溪以“古人山水田园的情怀”为专题整理的诗文材料,请在画线处填写相应的古诗文名句,并在【甲】处写上恰当的评点。(10分)

| 主题 | 古诗文名句 | 评点 | 出处 |
|---|---|---|---|
| 言志 | ①________________,一览众山小。 | 豪情万丈登高峰 | 杜甫《望岳》 |
| | ②________________,若出其里。 | 凌云壮志伴海来 | 曹操《观沧海》 |
| 明心 | ③________________,坐看云起时。 | 逍遥自在 | 王维《终南别业》 |
| | 涧户寂无人,④________________。 | 万事随缘 | 王维《辛夷坞》 |
| 寄情 | ⑤________________,万里送行舟。 | 你我皆有不舍 | 李白《渡荆门送别》 |
| | ⑥________________,________________。 | 我心另有所属 | 欧阳修《醉翁亭记》 |
| 悟道 | 政入万山围子里,⑦________________。 | 无惧艰难 | 杨万里《过松源晨炊漆公店》 |
| | ⑧________________,江春入旧年。 | 【甲】________________ | 王湾《次北固山下》 |

3. “亭台楼阁若生色,最是对联点睛来。”请你为下面三个地方选出相应的对联。(3分)

①朱自清故居(________)②文天祥祠(________)③池上楼(________)

第3题

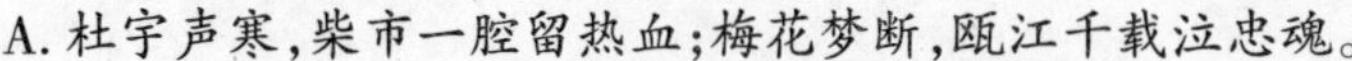
A. 杜宇声寒,柴市一腔留热血;梅花梦断,瓯江千载泣忠魂。

老高，在车站上边跑边叫："他不知道这个！他不知道这个！"他跑到车站前的台阶旁，数清了台阶的级数，把数字牢牢地印在他的记忆里。此刻，在他的记忆里，所有关于列车的事都荡然无存了。

⑱打这以后，再也不见他在车站露面了。

⑲他在城里数台阶，从这一家到那一家，把数字记得牢牢的。现在，他记住了世界上任何书本上都没有的数据。

⑳把全城每家每户的数据都记住了以后，他来到火车站，走到售票处买了一张车票，生平第一次登上了火车。他要到另一个城市，直至数尽这个世界上所有的台阶。他想知道别人所不知道的、无论哪个职员也无法从书上查到的事情。

（选自《世界微型小说选》，有删改）

8. 根据小说内容，补全"好记性的人"的情绪变化图。(3分)

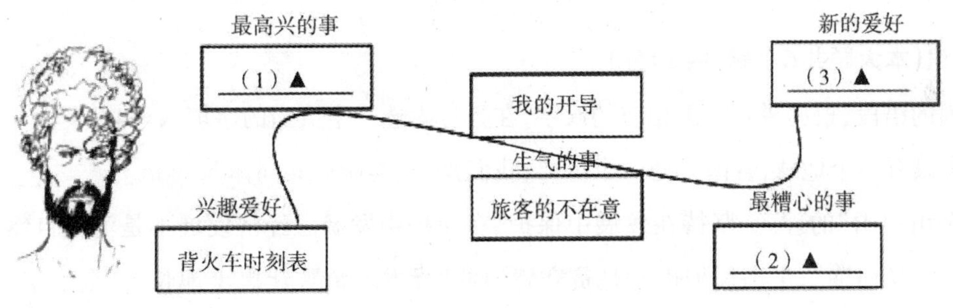


"好记性的人"情绪变化图

9. 好记性的人"能背得出整个列车运行时刻表"甚至滚瓜烂熟，但是第⑰段又说"在他的记忆里，所有关于列车的事都荡然无存了"。这样的情节安排是否矛盾？结合文章内容简述理由。(3分)

10. 优秀的小说精于刻画人物形象。综合下列两段文字，参考提示，分析"好记性的人"的形象。(4分)

(1)他不上馆子，不进电影院，不散步。他没有自行车，没有收音机和电视机。他不读书，不看报，即使收到信也不拆开信封，他没有时间。他在车站上度日。

(提示：加点字突出了"好记性的人"怎样的生活？)

(2)他说道："这些都在行车时刻表上印着呢！喏，他们将经过路特巴赫，经过德汀根、万恩、尼特比普、云希恩、上布赫西顿、艾格尔克恩，还有海根多夫。"

(提示：如何看待"好记性的人"一一细数这些地名的行为？)

11. 小说用喜剧的形式讲述了“好记性的人”的故事。联系链接材料,结合小说内容,探究作品喜剧形式背后隐含的深意。(3分)

【链接材料】

喜剧是戏剧的一种类型,以夸张的手法、巧妙的结构、诙谐的台词及对喜剧性格的刻画,从而引起人们对丑的、滑稽的嘲笑,对正常的人生和美好的理想予以肯定。

——百度百科

(三)非文学类文本阅读

阅读以下组文,探究杭州亚运会吉祥物“琮琮”头饰文化内涵。

“文化和自然遗产日”之际,班级开展“身边的文化遗产”综合性学习活动。学习小组决定探究“琮琮”[注]的头部纹饰——“饕餮纹”并撰写题为《琮琮是妖兽?——饕餮纹探源》的推文,作为活动成果在班级公众号推送。现邀请你一起参加。探究步骤:

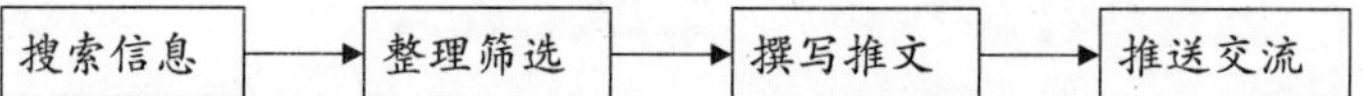


【注】“琮琮”:杭州亚运会吉祥物之一。头部装饰的纹样取自良渚文化的标志性符号“饕餮纹”,意寓“不畏艰险、超越自我”。

【资料一】

对于一个把美食奉为时尚的国族而言,饕餮是最古老的文化象征,也是中国神系里最惊世骇俗的妖兽。饕餮的尊容,应该算是比较凶恶的。《神异经》形容它身体像牛,长着人的面孔,眼睛却藏在胳肢窝里,酷爱肉食,热衷于偷袭老弱病残或落单的旅行者,完全是一个阴险而卑劣的恶棍。在上古神话传说里,有所谓“四凶”的说法,为首的就是饕餮。

在华夏农业文明巅峰的唐宋时代,农作物的产量和品质都在大幅提升,而菜肴、香料及其烹饪方法,也进化到了前所未有的高度。食物的丰饶所带来的后果就是,它终结了古老的饥饿模式,解放了人的饕餮本性,让一种曾经被视为罪恶的贪吃习性,变成了可以被容忍和鼓励的嗜好。于是,古代典籍里关于饕餮凶残本性的记录,被时间逐渐淡化,而饕餮就在“超级吃货”的名义下,重新回归了日常的市井生活,以一种充满喜剧色彩的方式,成为人们用来互相取笑打趣的佐料。不仅如此,由于世人的不断鼓励,饕餮的地位逐渐上升,最终被中国人奉为食神。

——朱大可《饕餮是如何从妖兽变为神灵的?》(节选)

【资料二】

钱欢青(记者):以您多年的研究,您觉得早期中国的神灵形象究竟有着怎样的内涵?

冬时严寒万类深藏君子固密则不伤于寒。触冒之者，乃名伤寒耳。其伤于四时之气，皆能为病。以伤寒为毒者，以其最成杀厉之气也。中而即病者，名曰伤寒；不即病者，寒毒藏于肌肤，至春变为温病，至夏变为暑病。暑病者，热极重于温也。是以辛苦之人，春夏多温热病，皆由冬时触寒所致，非时行之气也。

尺寸[①]俱浮者，太阳受病也，当一二日发。以其脉上连风府[②]，故头项痛，腰脊强。尺寸俱长者，阳明受病也，当二三日发。以其脉侠鼻、络于目，故身热目疼，鼻干不得卧。尺寸俱弦者，少阳受病也，当三四日发。以其脉循胁，络于耳，故胸胁痛而耳聋。此三经皆受病，未入于腑者，可汗而已。

尺寸俱沉细者，太阴受病也，当四五日发。以其脉布胃中，络于嗌[③]，故腹满而嗌干。尺寸俱沉者，少阴受病也，当五六日发。以其脉贯肾，络于肺，系舌本，故口燥舌干而渴。尺寸俱微缓者，厥阴受病也，当六七日发。以其脉循阴器络于肝，故烦满而囊缩。此三经皆受病，已入于腑，可下而已。

【注】①尺寸：尺部寸部的脉象。②风府：穴位名。③嗌(ài)：咽喉。

16. 语文老师想考考大家断句的能力，将画线句子的标点去除，这并不能难倒你，请你给下面这个句子断句并翻译。(限断三处)(4分)

冬 时 严 寒 万 类 深 藏 君 子 固 密 则 不 伤 于 寒

翻译：

17. 阅读完文章后，同学们发表了自己的看法。下列说法正确的一项是(　　)(2分)

A. 如果被寒邪而伤，立刻发出的是伤寒，如果没有发作，随着免疫力的提高，也就好了。

B. 寒毒邪气藏于肌肤之内，四季都可发病，但是春天发病更加可怕，比夏天发病更严重。

C. 春夏季也会得伤寒，但基本上都是由于在冬季触犯了寒邪，寒邪伏藏所致。

D. 口腹部胀满，咽喉干涩，多发于四五日之时，是因为太阴而得病的，是病还没有进入肺腑，所以可以靠自身运动治愈。

18. 请你结合下列材料，联系生活，谈一谈伤寒和新型冠状肺炎的异同。(4分)

材料：

新型冠状肺炎以发热、乏力、干咳为主要表现；少数患者有鼻塞、流涕、咽痛和腹泻等症状；重症患者多在发病一周后出现呼吸困难或低氧血症，严重者快速进展为急性呼吸窘迫综合征，脓毒症休克，难以纠正的新陈代谢性酸中毒和凝血功能障碍及多器官功能衰竭。

三、教材教法(本大题共4小题,共20分)

19. 2022版《义务教育课程方案和课程标准》于2022年________月________日正式发布。此《义务教育课程方案和课程标准》以习近平________为指导,全面贯彻党的教育方针,遵循教育教学规律,落实________根本任务,发展素质教育。以人民为中心,扎根中国大地办教育。坚持________,提升________,加强________,落实________。(8分)

20. 语文的核心素养是________、________、________、________的综合体现。(4分)

21. ________是学习的主体,________是教学的组织者。(2分)

22. 请为部编版三年级下册13课《花钟》第一自然段的教学设计一份教学方案。(6分)

鲜花朵朵,争奇斗艳,芬芳迷人。要是我们留心观察,就会发现,一天之内,不同的花开放的时间是不同的。凌晨四点,牵牛花吹起了紫色的小喇叭;五点左右,艳丽的蔷薇绽开了笑脸;七点,睡莲从梦中醒来;中午十二点左右,午时花开花了;下午三点,万寿菊欣然怒放;下午五点,紫茉莉苏醒过来;月光花在七点左右舒展开自己的花瓣;夜来香在晚上八点开花;昙花却在九点左右含笑一现……

四、表达交流(本大题共2小题,共20分)

23. 根据要求完成任务。(5分)

如何对待“家长作业”?请结合下述材料,写一段150字左右的文字,表达自己的看法。

“家长作业”你怎么看?

“家长作业”引起热议,具体指:为了引导和督促孩子在家学习,学校教师给家长布置“作业”,如签名、出试卷、改作业,亲子手抄报,每日监督背诵并打卡等,初衷是加强家校沟通,让家长既帮助辅导自己的孩子学习,又担负起监督责任。

型结构,这属于后者。无论是宏观统计描述还是内在结构揭示,都是________文本具体内容的抽象表示,所得结果都是需要解读的。

A. 揭示　演变　展示　超越　　B. 揭晓　演变　描绘　超越

C. 揭示　善变　描绘　超过　　D. 揭晓　善变　展示　超过

5. 下列句子中,加点的成语使用恰当的一项是(　　)(易错)

第5题

A. 短视频上的一些"吃播"标榜"大胃王"吸粉,暴饮暴食,假吃真吐,如果主管部门对这种现象漠不关心,势必会影响网络空间的健康发展。

B. "低头族"的注意力都集中在手中的方寸屏幕上,往往对身边的世界不以为然,殊不知,无论移动终端中的虚拟世界多么精彩,都无法替代现实世界的真实美好。

C. 我国大江南北分布着众多巧夺天工的自然景观,如雄伟的泰山、险峻的华山、奇绝的黄山、秀丽的庐山……无不让人叹为观止。

D. 他爱好广泛:喜欢安静的棋类运动,对热闹的纸牌游戏也不拒绝;欣赏通俗感性的流行歌曲,对庄重恢宏的交响乐曲也甘之如饴。

6. 填入下面一段话中的关联词最恰当的一项是(　　)

好读书这个习惯的养成是很重要的。(　　)根本不读书或不喜欢读书,那么,(　　)说什么求甚解或不求甚解就(　　)毫无意义了。(　　)不读书就不了解什么知识,不喜欢读书也就不能用心去了解书中的道理。

A. 因为　无论　都　因为　　B. 即使　无论　也　所以

C. 如果　无论　都　因为　　D. 如果　尽管　也　因为

7. 下列句子中标点符号使用正确的一项是(　　)(常考)

第7题

A. 中国的自主创新战略有"两个翅膀":一个是技术创新,一个是设计创新,而现在,许多本土企业却忽视了设计创新。

B. 快乐固然兴奋,苦痛又何尝不美丽?我曾读到一个警句,是"愿你生命中有够多的云翳,来造成一个美丽的黄昏。"

C. 杭州连续15年被评为"最具幸福感城市"。漫步杭州城,你仿佛与白居易徜徉绿杨白堤;与苏东坡共赏春晓烟柳;与黄公望同绘富春山居的独特韵味、别样精彩。

D. 假如我们都能对那些给我们提供"理所当然"的方便的人说声"谢谢",我们这个社会还会不和谐吗?还会不温暖吗?还会让人感到人情冷漠吗?

8. 下列句子没有语病的一项是(　　)

第8题

A. 支付宝发布公告表示,自3月26日起,针对综合经营成本上升较快,通过支付宝给信用卡还款将收取服务费。

B. 随着"嫦娥四号"成功登陆月球背面,使中国实现人类首次月球背面软着陆,这一成就让世界惊叹不已。

C. 来自铁路部门数据显示，杭黄高铁开通以来，富阳、桐庐、建德、千岛湖四个站点日均客流量达9800人次，高峰期突破3万人次。

D. 国产科幻电影《流浪地球》的上映，向全世界宣告了中国有能力拍出好莱坞式的科幻大片是毋庸置疑的。

9. 下列句子中古诗文引用不正确的一项是(　　)

第9题

A. 世界人民都热爱和平，不喜欢战争，俄乌军事冲突再一次提醒我们要铭记历史，不要让“烽火连三月，家书抵万金”这样兵火断乡信的悲剧重演。

B. 生活中难免会遇到不顺心的事，在跌宕起伏中要努力保持一颗平常心，“不以物喜，不以己悲”，为自己创造一个从容的生活环境。

C. 柔美的江南，层层梨白中映衬着粉色的桃红，充满浪漫色彩，真是“忽如一夜春风来，千树万树梨花开”。

D. 古往今来，大批仁人志士为了信仰鞠躬尽瘁，死而后已。当代“牧羊人”杨善洲就是“落红不是无情物，化作春泥更护花”的典范，退休后植树造林，至死不懈。

10. 下列关于文学文化常识的表述，不正确的一项是(　　)(易错)

A. 西汉史学家司马迁撰写的《史记》是中国历史上第一部纪传体通史，其中《陈涉世家》第一篇记载了中国历史上第一次大规模农民起义，“王侯将相宁有种乎”吼出被压迫者的心声。

B. 北宋哲学家周敦颐在《爱莲说》中将“莲”比作“君子”，实际是托物言志，表明自己的人生志向是不同流合污，永远保持自己清白正直的操守。

C.《儒林外史》是清代小说家吴敬梓创作的一部长篇讽刺小说，反映科举制度下读书人与官绅的活动和精神面貌。语文教材中《范进中举》一篇节选自本书。

D.《我的叔叔于勒》的作者莫泊桑，是法国优秀的批判现实主义作家，他与俄国的契诃夫，美国的马克·吐温并称为“世界三大短篇小说之王”。

11. 下列句子使用的修辞手法及其作用分析不正确的一项是(　　)

A.“王羲之书如龙跳天门，虎卧凤阙；韦诞书如龙威虎振，剑拔弩张；萧子云书如荆轲负剑，壮士弯弓，雄人猎虎，心胸猛烈，锋刃难当。”运用了比喻、排比的修辞手法，描绘出他们书法艺术的不同特征。

B.“人生到了他那样的境界开始做减法，删繁就简三秋树，留下清绝、风骨的枝丫伸向天空，如一树清寒的梅。”运用比喻的修辞手法，把“他”比喻成一树梅，生动形象地写出“他”简净、纯粹的人生境界，表达了对人物的赞美之情。

C.“淡黑的起伏的连山，仿佛是踊跃的铁的兽脊似的，都远远地向船尾跑去了，但我却还以为船慢。”运用了夸张的修辞手法，形象生动地把“连山”比作“铁的兽脊”，表现了船行速度之快。

D.“狂风紧紧抱起一层层巨浪，恶狠狠地把它们甩到悬崖上。”运用拟人的修辞手法，突出海面上狂风来临时环境的恶劣。

母亲正掐得入神，他喊了一声“娘”她才听到，抬起头，“唉唉”应着，一脸惊喜。他进屋放下东西，拿个马扎出来，挨着母亲坐下。阳光和暖。记得小时候，他也经常这样，静静地坐在母亲身旁，看她掐辫子。母亲有时用麦秸秆编只蜗牛，让他拿在手上玩。

他告诉母亲，自己下周要去外地封闭式培训三个月，回来后有可能升职。母亲高兴地说：“好事啊，你放心去就是了，我好着呢。”

母亲让他别挂念家里，但他还是放心不下。这几年明显感到母亲的衰老，步子不像以前那么灵便，腰也弓得厉害。父亲去世后，母亲长年劳累，如今艰辛生活的印迹正一点点显现出来。母亲似乎看出他的矛盾：“我啥事也没有，自己蒸的馒头一顿能吃两个呢。你这孩啊，从小就是顾虑太多。”她这样说时，下意识地又挺了一下腰，但不管用，腰还是弯的。

母亲起身去厨房给他做面吃，他跟着要去，母亲说：“我自己去就行，你歇着吧。”

面下好了，葱花飘着，鸡蛋卧着。他吃了一口，有点咸。母亲问：“咸吗？”他忙说：“不咸不咸，正好。”碗口贴着一根白发，他趁母亲扭头时，捏起，迅速丢在脚下。“不咸就好，晚上我再给你包些饺子。”

傍晚，母亲从厨房端来饺子，上台阶时，身体抖了一下，差点跌倒。他慌忙站起来去扶。母亲说没事没事，小石子硌脚了。有些饺子上面有草木灰，他吃了，草木灰不脏。有根枯草茎，卧在饺子间，他偷偷夹起，扔了。

离家时，母亲送他到院门前。他发动车，从后视镜里看着母亲越来越远。

正要驶出村口，邻居奎婶正扛着镢头从田里回来。他拉下车窗打招呼，奎婶问：“这么快就走，不带你娘去看看眼睛吗？她现在看不清东西，跌倒好几次，腿都碰青了。”

他急急掉转车头。开院门，进屋门，母亲正背对着他，呆呆站在那里，地上是一地碎瓷，还有几个水饺。

那一刻，地上碎的不是盘子，是他的心。

# 2021年1月浙江省杭州市教师招聘考试小学语文真题试卷(三)

考生须知:

1. 本试卷分试题卷和答题卷,满分100分,考试时间120分钟。
2. 答题前,在答题卷密封区内填写姓名、身份证号、报考单位、报考岗位、试场号和座位号。
3. 所有答案必须写在答题卷上,写在试题卷上无效。
4. 考试结束,上交试题卷和答题卷。

## 一、基础知识与阅读(本大题共15小题,共50分)

### (一)基础知识

1. 下列词语中加点的字,读音完全正确的一项是(　　)(3分)(常考)

第1题

A. 角(jiǎo)逐　　聒(guō)噪　　搞噱(xué)头　　相形见绌(chù)

B. 匕(bǐ)首　　谄(chǎn)媚　　鄱(bó)阳湖　　面面相觑(qù)

C. 洗濯(zhuó)　　讪(shàn)笑　　绵亘(gèn)蜿蜒　　越俎(zǔ)代庖

D. 召(zào)唤　　翌(yì)日　　新冠(guān)病毒　　莘莘(shēn)学子

2. 下列词语中,没有错别字的一项是(　　)(3分)

A. 滥觞　　水波粼粼　　锋芒毕露　　鳞次栉比

B. 赝品　　因地治宜　　博彩众长　　脍炙人口

C. 旁骛　　翻然悔悟　　锐不可挡　　张皇失措

D. 气慨　　集腋成裘　　昭然若揭　　竭泽而鱼

3. 根据句意,下列加点字词理解不正确的一项是(　　)(3分)

第3题

A."觉行炙人有欲炙之色"和"未穷青之技"中的"之"意思相同。

B."不以物喜,不以己悲"和"且以一璧之故逆强秦之欢,不可"中的"以"意思相同。

C."孰为汝多知乎"和"为是其智弗若与"中的"为"都解释为"因为"。

D."尝应人请"和"尝有农夫以驴负柴至城卖"中的"尝"都解释为"曾经"。

4. 下列句子中,标点无误的一项是(　　)(3分)(易错)

第4题

A. 这里给人"家徒四壁"的感觉:朴素吸音的墙壁,一张榻榻米,仅此而已。这样的布置,简单得几乎到了"苦寒"的地步。

B. 雪花六角,晶莹且轻盈,可谓天之魂魄,雨之精灵。自高天降落,即是一生;雪者,天下之奇也。

C. 邀请名家开讲打造《读书沙龙》,组织歌手演出打造《民谣季》,举办儿童画展打造《艺术空间》……暑假期间这家书店开展的系列活动成为一道亮丽的文化风景。

常快捷，师生间知识量的天平并不必然偏向教师。因此，教师必须调整自身定位，让自己成为学生的学习伙伴和引导者。在“互联网+”的冲击下，教育组织和非教育组织的界限已经模糊不清，育人单位和用人单位也不再分工明确，而是逐渐组成教育共同体，共同促进教育协同进步。

“互联网+”加快了教育的自我进化能力，敲开了教育原本封闭的大门，参与其中的师生既可以是教育的生产者，又可以是教育的消费者，培养出来的人才更能满足社会发展的需求。与传统教育相比，这种新型的教育生态必然会更加适应社会的发展，正所谓“【甲】”。

2020年因疫情而飞速发展的线上线下的深度融合，“互联网+”更是创生了教育的新生态，即建立起网络化、数字化、智能化、个性化、终身化的教育体系。2019年在线教育的市场规模达到3228.7亿元，增长率约为22.3%。预计2020年受上半年疫情影响，在线教育市场将快速增长，达到4000亿元的规模。可以说，促进结构重组、流程再造、文化重构，以教育信息化支撑引领教育现代化是新时代我国教育改革发展的战略选择，对于建设教育强国和人力资源强国具有重要意义。

【材料二】

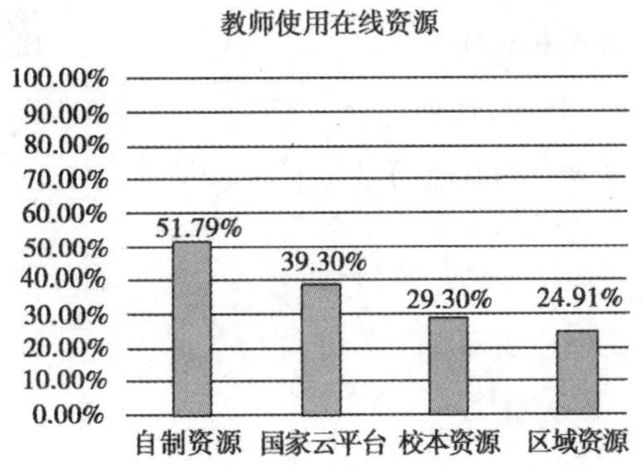

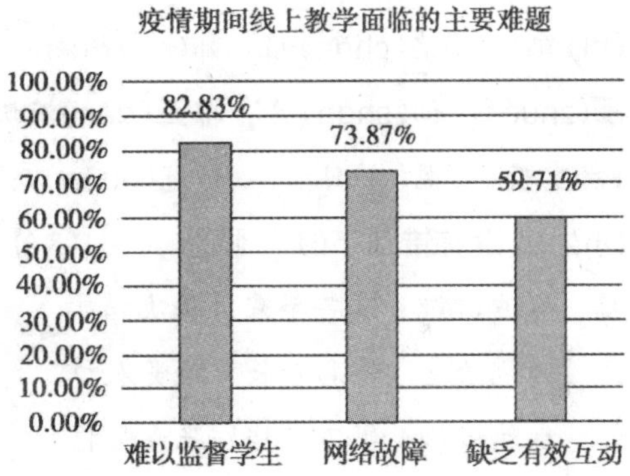

疫情期间线上教学面临的主要难题

| 难以监督学生 | 网络故障 | 缺乏有效互动 |
| --- | --- | --- |
| 82.83% | 73.87% | 59.71% |

数据来源：2020年3月10日至3月15日，长江教育研究院和华中师范大学信息化与基础教育均衡发展省部共建协同创新中心组织的大规模在线问卷调查，调查范围涉及华东、华中、华南等七大区域，调查中小学生924369人，教师60198人，中小学7570所。

【材料三】

在“互联网+”开放式的教育生态中，师生之间更多是网络上的知识、信息层面的交互，而传统教育中通过集体生活进行德、智、体、美熏陶感染的育人过程，往往会被大量的个人上网替代，因此传统教育的育人功能有被弱化的危险。有专家认为，在线教育不论有多少优势，也不能让教育的所有环节全部线上化，教育终究是一个育人的过程，线下真正面对面的、有温度的互动式“学习氛围”是线上怎么也无法代替的。互联网虽然降低了学习的门槛，给学习提供了便利，但是，学习时间、学习内容也因此往往呈现出碎片化的特征，这会导致学习者养成懒于思考、忽视对知识做系统加工的坏习惯。对于唾手可得的大量碎片化知识和信息，【乙】，不加思考，学习到的是很多零散的点，而难以加工成为有意义的知识体系，如此下来，学习者的学习深度很难保证。互联网的海量信息对学习者的学习能力也提出

了新的要求。互联网下的教育与各行各业的知识在不断融合，不断更新拓展，信息呈几何级数增长，各种信息鱼龙混杂。在这样的情况下，如何快速学习大量新知识，如何应对呈几何级数增长的信息，如何选择自己需求的资源……这些问题，对于传统学习环境下成长起来的学习者而言，将是一个巨大的挑战。

12. 在【材料一】的【甲】处填入一句古诗，在【材料三】的【乙】处填入一个成语，下面选择都正确的一项是(　　)(3分)

A. 病树前头万木春；浮光掠影　　　　B. 柳暗花明又一村；囫囵吞枣

C. 长江后浪推前浪；一蹴而就　　　　D. 雏凤清于老凤声；走马观花

13. 根据材料一判断以下题目对错。(4分)

(1)短文主要运用了对比论证、举例论证的方法论述观点。(　　)

(2)短文主要论述了"互联网+教育"是社会发展的必然选择。(　　)

(3)"互联网+教育"将促使教师角色的改变和教育市场规模的扩大。(　　)

(4)以教育现代化支撑引领教育信息化是新时代我国教育改革发展的战略选择。(　　)

14. 根据材料二提供的信息，选择其中一个方面，简要地写出改进"互联网+教育"的建议。(4分)

15. 联系材料二、三的主要观点是(　　)[可多选](4分)

A. "互联网+"的海量信息是对学习者巨大的挑战，也不利于学生进行深度学习。

B. "互联网+"的教育因缺少有效互动，使得传统教育的育人功能有弱化的趋势。

C. "互联网+"促使教师必须调整自身定位，催生和促进教育共同体的不断发展。

D. "互联网+"使学生获取知识变得更快捷，培养出来的人才更能适应社会要求。

**二、教材教法(本大题共2小题，共20分)**

《四季之美》是五年级上册第七单元的一篇课文，本单元的语文要素是初步体会课文中的静态描写和动态描写，请根据以下课文片段和课后问题，完成该片段的教学目标和教学过程设计。

夏天最美是夜晚。明亮的月夜固然美，漆黑漆黑的暗夜，也有无数的萤火虫翩翩飞舞。即使是蒙蒙细雨的夜晚，也有一只两只萤火虫，闪着朦胧的微光在飞行，这情景着实迷人。

秋天最美是黄昏。夕阳斜照西山时，动人的是点点归鸦急急匆匆地朝窠(kē)里飞去。成群结队的大雁，在高空中比翼而飞，更是叫人感动。夕阳西沉，夜幕降临，那风声、虫鸣，听起来也愈发叫人心旷(kuàng)神怡(yí)。

①反复朗读课文，体会作者笔下四季之美的独特韵味。背诵课文。

②读下面的句子，联系上下文，体会其中的动态描写。

二、填空题(本大题共5小题,每空1分,共10分)

7. ________,________。醉卧沙场君莫笑,古来征战几人回?(王翰《凉州词·其一》)

8. 竹外桃花三两枝,春江水暖鸭先知。________,________。(苏轼《惠崇春江晚景·其一》)

9. 渔舟唱晚,________;雁阵惊寒,________。(王勃《滕王阁序》)

10. 在语流中,有些音节的声调起了一定的变化,与单读时调值不同,这种变化叫作________。

11. 识字的评价,要考查学生________、________、________的情况,以及在具体语言环境中运用汉字的能力,借助字典、词典等工具书查检字词的能力。

三、简答题(本大题共3小题,共16分)

12. 成语是中华文化中一颗璀璨的明珠,请简述成语的特点。(6分)

13.《巴黎圣母院》是一部典型的浪漫主义作品,比较全面地体现了浪漫主义文学的特征,请简述《巴黎圣母院》的艺术特色。(6分)

14. 结合小学语文课程标准简要概述小学语文课程的基本理念。(4分)(易错)

四、鉴赏题(本大题共7小题,共17分)

(一)古诗词鉴赏

春夜喜雨

(唐)杜甫

好雨知时节,当春乃发生。随风潜入夜,润物细无声。

野径云俱黑,江船火独明。晓看红湿处,花重锦官城。

15. 全诗紧扣一个"雨"字来抒情写意,首联中一个________字把"好雨"拟人化。(1分)

16. 这首诗运用了虚实结合的写法,请具体写出哪里是真实描写,哪里是想象之词。(2分)

17. 这首诗赋予了春雨怎样的品格？表达了诗人怎样的感情？(3分)

18. 下列对这首诗的分析不恰当的一项是(　　)(2分)

A. 这首诗运用拟人的手法描绘春雨形象，把春雨写得富有知觉，富有灵性，给人们形象生动的印象。

B. 这首诗先从听觉上描绘，再从视觉上刻画，在写景中饱含赞颂之情。

C. 全诗在层层写实中突出春雨之“好”：滋润万物生长，给农夫、渔夫带来丰收希望，给全城带来万紫千红的美景。

D. 这是一首写景抒情的五言律诗。

**(二)阅读下文，回答问题**

**建水记[注](之四)**

于　坚

看哪，这原始之城，依然像它被创造出来之际，藏在一座朱红色的、宫殿般的城楼后面，“明洪武二十年建城。砌以砖石，周围六里，高二丈七尺。为门四，东迎晖，西清远，南阜安，北永贞。”(《建水县志》)如果在城外20世纪初建造的临安车站下车，经过太史巷、东井、洗马塘、小桂湖……沿着迎晖路向西，来到迎晖门，穿过拱形的门洞进城，依然有一种由外到内，从低到高，登堂入室，从蛮荒到文明的仪式感，似乎“仁者人也”是从此刻开始。

高高在上的是朝阳、白云、鸟群、落日、明月、星宿，而不是摩天大楼。一圈高大厚实的城墙环绕着它，在城门外看不出高低深浅，一旦进入城门，扑面而来的就是飞檐斗拱、飞阁流丹、钩心斗角、楼台亭阁、酒旌食馆、朱门闾巷……主道两旁遍布商店、酒肆、庙宇、旅馆……风尘仆仆者一阵松弛，终于卸载了，可以下棋玩牌了，可以喝口老酒了，可以饮茶了，可以闲逛了，可以玩物丧志了，可以一掷千金了，可以浅斟低唱了，可以秉烛夜游了……忽然瞥见“小楼一夜听春雨，深巷明朝卖杏花”那类女子——建水的卖花女与江南的不尽相同，这边的女性身体上洋溢着一种积极性，结实、健康、天真——正挑着一担子火红欲燃的石榴，笑呵呵地在青石铺成的街中央飘着呢。不免精神为之一振，先去买几个来解渴。

街面上，步行者斜穿横过，大摇大摆，扶老携幼，走在正中间，俨然是这个城的君王。满大街的雕梁画栋、摊贩食廊、耄耋之辈……令司机们缩头缩脑，不敢再风驰电掣。城门不远处就是有口皆碑的临安饭店，开业都快七十年了，就像《水浒传》里描写过的那种。铺面当街敞开，食客满堂，喝汤的喝汤，端饭的端饭，动筷子的动筷子，晃勺子的晃勺子，干酒的干酒，嚼筋的嚼筋，吆五喝六，拈三挑四，叫人望一眼就口水暗涌，肚子不饿也忍不住抬腿跨进去。拖个条凳坐下，来一盘烧卖！这家烧卖的做法

## 六、教学设计题(本大题共17分)

23. 以下是人教版五年级下册电子课本,请根据教材内容,编写《杨氏之子》的教学设计,包括教学目标、教学重难点、教学过程、教学反思等内容。(附:教材内容节录)

### ㉑ 杨氏之子[1]

梁国杨氏子九岁,甚聪惠[2]。孔君平诣(yì)[3]其父,父不在,乃[4]呼儿出。为设果,果有杨梅。孔指以示[5]儿曰:"此是君家果。"儿应声答曰:"未闻孔雀是夫子[6]家禽(qín)。"

注释

① 本文选自《世说新语·言语》。
② 〔惠〕同"慧"。
③ 〔诣〕拜访。
④ 〔乃〕就,于是。
⑤ 〔示〕给……看。
⑥ 〔夫子〕古时对男子的敬称,这里指孔君平。

诣 禽

| 梁 | 诣 | 禽 |
|---|---|---|

- 正确、流利地朗读课文,读好下面的句子。背诵课文。
  - 孔指以示儿曰:"此是君家果。"
  - 儿应声答曰:"未闻孔雀是夫子家禽。"
- 借助注释了解课文的意思,说说从哪里可以看出杨氏之子的机智。

## 七、写作题(本大题共20分)

24. 语文老师在指导学生写作时,应该与学生同步作文。现要求你与学生同步写一篇短文。题目自拟。

…………

显然,这是一棵挣扎在死亡边缘的树。

这是一颗银杏树,树龄应该在10年左右。同院子里敦厚壮实的银杏树相比,眼前的这棵银杏树不仅年幼,而且显得纤细。所以,如果生命就此戛然而止,那实在是可惜、可叹。

对,只要还有一息希望,就坚决不能放弃。对这棵银杏树的努力抢救,事实上已经开始了。你看,在这棵树的根部向上大约一米,挂了一个营养袋,通过营养袋的一根细细的塑料管,向下分开,两只针一样的东西扎入树的根部,整个状态就像给一个站着的病人打点滴一样。

看到这种情景,我的心一下子鼓满了希望,一个信念越来越坚定,这棵树一定能够被抢救过来,一定能够再次枝繁叶茂,一定能够像其他银杏树一样,带给人们秋天的美好。

…………

请以"希望"为话题,写一篇作文,文体自选(诗歌除外),字数不少于500字。

# 2021年浙江省金华市、绍兴市诸暨市教师招聘考试语文真题试卷(五)

**考生须知:**

1. 本试卷分试题卷和答题卷,满分100分,考试时间150分钟。

2. 答题前,在答题卷密封区内填写姓名、身份证号、报考单位、报考岗位、试场号和座位号。

3. 所有答案必须写在答题卷上,写在试题卷上无效。

4. 考试结束,上交试题卷和答题卷。

## 教育理论基础

**一、单项选择题(本大题共20小题,每小题1分,共20分。在每小题的四个备选答案中选出一个正确答案,错选、多选或未选均不得分)**

1. 下列不是中国传统文化价值观对中国教育消极影响的是(　　)

A. 重创造轻认同　　B. 重共性轻个性

C. 重服从轻自主　　D. 重功利轻发展

2. 教育学家和心理学家杰罗姆·布鲁纳提倡让学生独立工作,自己主动发现问题、解决问题及掌握原理,实现认识过程。这属于(　　)

A. 发现式教学法　　B. 整个教学法

C. 教学做合一　　D. 自然教学法

3. (　　)是指国家或社会对教育所要造就的人的质量规格所做的总体规定与要求,具有调控、导向、评价功能。

A. 教育方法　　B. 教育原则

C. 教育目的　　D. 教育内容

4. 下列属于杜威的教育观的有(　　)项。(易错)

①教育即生长　　②教育即生活

③教育即经验的改造　　④教育为现实生活做准备

A. 4　　B. 3　　C. 2　　D. 1

5. 日常生活中,班主任了解学生的主要方法是(　　)

A. 考核法　　B. 调查法、观察法

C. 谈话法、观察法　　D. 书面材料分析法

## 学科专业知识

四、单项选择题(本大题共10小题,每小题1分,共10分)

23. 下列成语加点字有误的一项是(　　)

A. 纨绔膏粱　爱屋及乌　急于星火　栩栩如生

B. 鱼目混珠　当仁不让　罪不容诛　城下之盟

C. 怙恶不悛　明火执仗　蚕食鲸吞　一曝十寒

D. 惨淡经营　筚路篮缕　白衣苍狗　耳提面命

24. 事实表明,提升原始创新能力,把关键核心技术牢牢掌握在自己手中,这样才能让科技发展加速度更能持续。原始创新能力的提升,不是一朝一夕之事,不是轻而易举之事,但绝非不可能之事。要具有"板凳甘坐十年冷"的________,潜心基础研究,为开展世界级科学研究提供创新理念引导、奠定物质技术基础;具有"欲与天公试比高"的________,紧盯世界科技前沿,着力推进面向国家重大需求的战略高新技术研究;具有"亦余心之所善兮,虽九死其犹未悔"的________,在攻坚克难、追求卓越中抢占科技竞争和未来发展制高点,让科技发展加速度更能持续,在国际科技竞争中彰显中国优势。

依次填入横线中最合适的一组是(　　)

A. 耐力　壮志　自豪　　B. 韧劲　斗志　豪情

C. 隐忍　伟志　豪迈　　D. 坚韧　宏志　豪气

25. 下列句子中,传统礼貌用语使用正确的一项是(　　)(易混)

A. 这次分别,注定是山高水远,你送的礼物,我定将惠存。

B. 拙作奉上,自己总觉得惶恐不安,望哂笑之余,不吝赐教。

C. 我作为工会主席,希望成员们尽快调查研究,提出改进意见,并责成学校领导研究落实。

D. 您的大作我已经拜读,对其中不妥之处,我将加以斧正。

26. 下列句中的加点成语使用正确的一项是(　　)(常考)

A. 莫言的小说取材于现实,长篇累牍地描绘了广阔的社会风貌,获得了诺贝尔文学奖,真是实至名归。

B. 自从新经理到任后,对员工管理严格,求全责备,企业在他井井有条的管理下效益大幅提升。

C. "诚信"这一商业精神在徽州源远流长,一代代徽州人之所以能够取得商业上的奇迹,也与他们祖先传承下来的这一高尚品格有莫大关系。

D. 目前市里的教育机构水平良莠不齐,乱象丛生,成为学生和家长投诉的热点。

27. 下列对作品认识有误的一项是(　　)

A.《翡冷翠的一夜》是新月派诗人徐志摩创作的一首现代诗,以高度概括的艺术技巧铺叙了复杂思乡美,铺展了对往昔生活的回忆。

B.《叶甫盖尼·奥涅金》的主人公是俄国文学史上第一个"多余人"形象,他既不愿意与贵族同流合污又不能站在农民这一边,成了一事无成的"多余人"。

C. 冰心的《繁星》《春水》中的小诗清新温暖,母爱、童真、自然是她创作的主旋律。

D.《老人与海》的哲理是我们应该正视现实,无论处在顺境还是逆境。接受一切,并超越它,继续自己的人生之旅。

28. 某语文老师一般在授课前,会用提问引起学生对问题的独立思考和自主判断,这种提问形式是(　　)

A. 启发式提问　　B. 疏导式提问　　C. 质疑式提问　　D. 探究式提问

阅读下面的文言文,完成29～32题。

王裒[①],字伟元,城阳营陵人也。祖修,有名魏世。父仪,高亮雅直,为文帝司马。东关之役,帝问于众曰:"近日之事,谁任其咎?"仪对曰:"责在元帅。"帝怒曰:"司马欲委罪于孤邪!"遂引出斩之。

裒少立操尚,行己以礼,身长八尺四寸,容貌绝异,音声清亮,辞气雅正,博学多能。痛父非命,未尝西向而坐,示不臣朝廷也。于是隐居教授,三征七辟皆不就。庐于墓侧,旦夕常至墓所拜跪,攀柏悲号,涕泪著树,树为之枯。母性畏雷,母没,每雷,辄到墓曰:"裒在此。"及读《诗》至"哀哀父母,生我劬劳",未尝不三复流涕,门人受业者并废《蓼莪》之篇。

家贫,躬耕,计口而田,度身而蚕。或有助之者,不听。诸生密为刈麦,裒遂弃之。知旧有致遗者,皆不受。门人为本县所役,告裒求属令。裒曰:"卿学不足以庇身,吾德薄不足以荫卿,属之何益!且吾不执笔已四十年矣。"乃步担干饭,儿负盐豉草屩,送所役生到县,门徒随从者千余人。安丘令以为诣己,整衣出迎之。裒乃下道至土牛旁,磬折而立,云:"门生为县所役,故来送别。"因执手涕泣而去。令即放之,一县以为耻。

乡人管彦少有才而未知名裒独以为必当自达拔而友之男女各始生便共许为婚。彦后为西夷校尉,卒而葬于洛阳,裒后更嫁其女。彦弟馥问裒,裒曰:"吾薄志毕愿山薮,昔嫁姊妹皆远,吉凶断绝,每以此自誓。今贤兄子葬父于洛阳,此则京邑之人也,岂吾结好之本意哉?"馥曰:"嫂,齐人也,当还临淄。"裒曰:"安有葬父河南而随母还齐!用意如此,何婚之有!"

北海邴春少立志操,寒苦自居,负笈游学,乡邑佥[②]以为邴原[③]复出。裒以春性险狭慕名,终必不成。其后春果无行,学业不终,有识以此归之。裒常以为人之所行期于当归善道,何必以所能而责人所不能。

及洛京倾覆,寇盗蜂起,亲族悉欲移渡江东,裒恋坟垄不去。贼大盛,方行,犹思慕不能进,遂为贼所害。

【注】①裒:读作póu。②佥:皆。③邴原:汉末学者。

29. 下列对画线句子断句正确的一项是(　　)

A. 乡人管彦／少有才而未知名／裒独以为必当自达／拔而友之／男女各始生便共许为婚。

了一下。我呆呆地立在那里。许久，我没动。突然，门“吱哇”一声开了，走出一个人。她大红的衬衣，绿的确良裤子，头上一朵红绒花。

李爱莲也发现了我，似被电猛然一击，浑身剧烈地一颤，呆在了那里。我没动。我动不得。我眼中甚至冒不出泪。我张开嘴，想说。但觉得干燥，心口堵得慌，舌头不听使唤，一句话说不出来。

“别怪我，妹妹对不起你。”“哥，上了大学，别忘了，你是带着咱们俩上大学的。”我忍住泪，但我忍不住，我点点头。“以后不管干什么，<u>不管到了天涯海角，是享福，是受罪，都不要忘了，你是带着咱们两个。</u>”我点点头。

暮色苍茫，西边是最后一抹血红的晚霞。我走了。走了二里路，我向回看，爱莲仍站在河堤上看我。她那身影，那被风吹起的衣襟，那身边的一棵小柳树，在蓝色中透着苍茫的天空中，在一抹血红的晚霞下，犹如一幅纸剪的画影。

后来，我进了我国北方的一座最高学府。玉阶飞檐，湖畔桃李，莘莘学子。但我的眼前始终浮动着、闪现着塔铺的一切，一切。我始终不敢忘记，我是从那里来的一个农家子弟。

（有删改）

38. 理解文中画线句子的含义。(3分)

(1)正是一无所有，才来复习。

(2)不管到了天涯海角，是享福，是受罪，都不要忘了，你是带着咱们两个。

39. 刘震云在《塔铺(余话)》中说“我总觉得我的故乡有些可怜。我嫌弃它，又有些忘不了它。忘不了并不是不嫌弃它的丑陋，而是在丑陋中，竟还蕴含着顽强的人的生力。”请结合文本，谈谈作者如何具体体现“丑陋”和“生力”的?(3分)

40. 为什么“我始终不敢忘记，我是从那里来的一个农家子弟”?(4分)

七、简答题(本大题共3小题,每小题5分,共15分)

41. 简述屈原作品在创作形式方面对后世文学所产生的影响。

42. 从情节角度,分析荒诞派戏剧《等待戈多》的荒诞性特征。

43. 追求语文课堂“有效教学”,关注学生发展是课改热点问题,请简要说说有效的语文课堂应包含哪些基本要素。

⑤换句话说，就是它们不挑食。而且由于有两对终生生长的门牙，打磨后锋利无比，几乎没有什么东西是不能吃的

⑥一只雌性褐色家鼠一年最多能繁殖15胎，每胎能产下3～7只幼崽

A. ④⑥②③⑤①　　B. ①④②⑤③⑥

C. ②③①④⑤⑥　　D. ⑤②④①③⑥



5. 下列选项中加点的成语用法，正确的一项是(　　)

A. “一粥一饭当思来之不易，一饮一啄饱蘸苦辣酸甜。”我国的传统历来崇尚节俭，反对浪费，但随着生活水平的提高，餐饮消费日趋便利、日益火爆的同时，餐饮浪费也变得触目惊心。

B. 孙犁“对书有一种强烈的，长期积累的，职业性爱好”，爱书、读书、买书、藏书、包书、写书，一生“与书结下了深仇大恨”，“因为我特别爱好书，书就成了生死与共之物”。

C. “身之主宰便是心。”新长征路上，保持昂扬向上的精神状态至关重要。不断赓续伟大精神血脉，坚定理想信念，凝聚精神力量，我们就一定能够办好自己的事，如履薄冰实现既定目标。

D. 体验一两天，未必所有问题就势如破竹，政策漏洞就全部补齐。但是，尽管不能毕其功于一役，只要领导干部对基层群众有了同理心，看到了真问题，就一定会不断接近解决问题的终极目标。

6. 下列选项中，有语病的一项是(　　)

A. 儒家讲究中和之美，讲究“乐而不淫，哀而不伤，怨而不怒”，让人平日里保持理性，保持一种静态的生活。

B. 诗歌的力量潜移默化，它不仅一片星光映衬另一片星光，而且一棵树摇动另一棵树，用心的陪伴，清新的启蒙，永久的照耀。

C. 在江河纵横、湖塘星罗的江南水乡，有一个常见的水族，虽貌不惊人，却声名不凡，那便是如化石一样古老，在人们舌尖与心头的螺蛳。

D. 都说北京大爷善侃，户外石桌上打牌，公园里遛鸟，三五个凑在一块儿，京腔京调，坦率直白，风趣幽默，聊国家大事，皇城轶事，街坊传闻，也有侃家事的时候。

7. “冷水”中的“冷”读音发生变化，这属于语流音变中的(　　)

A. 同化　　B. 弱化　　C. 异化　　D. 脱落

8. 声母的不同是由发音部位和发音方法不同决定的，现代汉语中共有(　　)声母。

A. 41　　B. 26　　C. 39　　D. 21

9. (　　)又叫部件，是构成合体字的基本单位。

A. 笔画　　B. 笔顺　　C. 偏旁　　D. 结构

10. 明代吴承恩《西游记》载：道教称号“混元一气上方太乙金仙美猴王齐天大圣”、佛号“斗战胜佛”。这是对哪一人物形象的描述？(　　)

A. 孙悟空　　B. 沙僧

C. 猪八戒　　D. 唐僧

11.(　　)描写了20世纪20年代初期，四川成都一个封建大家庭的罪恶及腐朽，控诉了封建制度对生命的摧残，歌颂青年一代的反封建斗争以及民主主义的觉醒。

A.《红高粱》　　B.《文化苦旅》

C.《棋王》　　D.《家》

12. 下列关于《许三观卖血记》的艺术特色说法，正确的一项是(　　)

A. 为了接近人民的口语，作品中多用短句，少用长句，不用繁复华丽的词汇，使老百姓都能读懂。

B. 在余华的眼里，苦难与重复是孪生的，《许三观卖血记》的苦难是以"死亡"的形式重复出现的。

C. 许三观的故事极少对话，基本上由背景、场景、人物内心描写组成、展开。

D. 在叙述情节方面，小说采用的是以时间为顺序的第一人称叙述。

13. 下列关于语文课程第一学段(1～2年级)综合性学习的目标与内容，说法不正确的一项是(　　)

A. 对周围事物有好奇心，能就感兴趣的内容提出问题，结合课外阅读共同讨论。

B. 深入了解查资料、运用资料的基本方法。

C. 热心参加校园、社区活动。结合活动，用口头或图文等方式表达自己的见闻和想法。

D. 结合语文学习，观察大自然，用口头或图文等方式表达自己的观察所得。

14. 科学化的手段打破了时空限制，能把古今中外的社会现象和天南地北的自然景观搬进课堂，使丰富多彩的教学内容具体直观地呈现在学生面前。这属于哪一小学语文教学方法的优点？(　　)

A. 自主学习法　　B. 讲授法

C. 谈话法　　D. 创设情境法

15. 教学目标与教学效果息息相关。教师制定的教学目标、提出的教学要求，必须在教学中兑现、落实。教学目标必须明确、具体，便于达成、检测和评定，必要时可进行详细描述。这表明在教学目标设计过程中应遵循(　　)原则。

A. 针对性　　B. 整体性

C. 可行性　　D. 层次性

二、填空题(本大题共5小题，每小题0.7分，共3.5分)

16. 渭城朝雨浥轻尘，客舍青青柳色新。________，________。(王维《送元二使安西》)

17. ________，________。飞流直下三千尺，疑是银河落九天。(李白《望庐山瀑布·其二》)

18. 说话或朗读时，句子有停顿，声音有轻重快慢和高低的变化，这些总称________。

19. 在语文教学中，教师讲课应________，________，不能夸夸其谈，或信口开河，或空发议论，或离题太远。

20. ________是在教学过程中为改进和完善教学活动而进行的对学生学习过程及结果的评价。

25. 赏析文中画线的句子。(3分)

26. 有人认为文章最后一段画蛇添足,显得有点多余,对此谈谈你的理解。(4分)

**(二)阅读下面这首诗,回答27～28题。**

**野　望**

杜　甫

西山白雪三城戍[1],南浦[2]清江万里桥[3]。

海内风尘诸弟隔,天涯涕泪一身遥。

惟将迟暮供多病,未有涓埃[4]答圣朝。

跨马出郊时极目,不堪人事日萧条。

【注】①三城戍:西山三城的堡垒。三城:与吐蕃临界,为蜀边要塞。②南浦:泛指送别之地。③万里桥:在成都杜甫草堂的东边。④涓埃:细流与微尘,比喻微小。

27. 下列关于这首诗的表述不正确的一项是(　　)(3分)

A. 首联写野望时所见西山和锦江。西山主峰终年积雪,因此以"白雪"形容。三城,在当时驻军严防吐蕃入侵,是蜀地要镇。

B. 颔联描写海内外处处烽火,诸弟流散,此时"一身遥"客西蜀,如在天之一涯。

C. 颈联叹息说:我只有将暮年付诸给"多病"之身,但"未有"丝毫贡献,报答"圣朝",是很感惭愧的。

D. 首联中"南浦清江万里桥"是远望之景,"西山白雪三城戍"是近望之景。由"三城戍"引出安史之乱的感叹,由"万里桥"兴起进蜀之意。

28. 请简要分析全诗流露出作者怎样的思想感情?(3分)

## 五、案例分析题(本大题共1题,共10分)

29. 阅读案例,完成问题。

[案例]

以下是某学校何老师在教学《金色的草地》一课的片段。

师:作者是如何发现草地变色的秘密的?

生:“有一天,我起得很早去钓鱼,发现草地并不是金色的,而是绿色的。中午回家的时候,我看见草地是金色的。傍晚的时候,草地又变绿了。”

师:这段话里有三个表示时间的词语,你能找到吗?

生:起得很早、中午、傍晚。

师:这三个表示时间的词语和草地的颜色有什么联系吗?你们细读课文,然后回答老师的问题。作者为什么要强调很早去钓鱼呢?

(学生自由讨论)

生:作者以前起得没有这样早,因此未能发现早上的草地与自己其他时段见到的草地有什么不同。

师:你说得真好!能够联系上下文理解句子。是呀,这里强调起得很早是很有必要的。所以作者说——(引生齐读)“发现草地并不是金色的,而是绿色的”。通过这个“并”字你们又能体会到什么?

生:“我”过去一直认为草地是金色的,现在才发现不是。

师:是呀!这一次的发现打破了作者以前的认识。你们如果是文章的作者,此时会有怎样的心情?

生:我觉得太不可思议了!这片草地居然会变色!真让人好奇!

师:是呀!多么奇妙的“变色草地”,发现这样的奥秘怎能不让人感到兴奋、感到好奇呢?那你们现在会怎么做?

生:继续仔细观察,弄清楚草地为什么会“变色”。

师:结合相关语句说说作者又发现了什么。

生:“原来,蒲公英的花就像我们的手掌,可以张开、合上。花朵张开时,花瓣是金色的,草地也是金色的;花朵合拢时,金色的花瓣被包住了,草地就变成绿色的了。”

师:作者说蒲公英的花就像我们的手掌,可以张开、合上,这是运用的什么方法?

生:打比方的方法。

师:蒲公英的花张开时是什么颜色?合上时又是什么颜色?

生:“张开”时可以看到蒲公英的花瓣是金色的,“合上”时金色的花瓣被包住,草地就变成绿色的了。

学校校长鲍凤华(化名)介绍,首届"桃之夭夭灼灼其华"桃花音乐节的开展,为学生提供一个观察美、欣赏美、体验美、创造美的广阔舞台,让每一个学生都能参与其中,充分发挥自身特长。同时丰富校园文化生活,营造校园快乐氛围,创设良好的育人环境,提高学生综合素质。促进学校品位提升和教育内涵建设。

阅读上述材料,你有什么感受?请根据材料,结合自身的感悟与思考。自拟题目,写一篇文章。

要求:(1)自选角度,立意明确;

(2)联系实际,不拘泥于给定材料;

(3)思路清晰,语言流畅;

(4)总字数不少于600字。

# 2020年浙江省宁波市中小学幼儿园教师招聘考试语文真题试卷(七)

**考生须知:**

1. 本试卷分试题卷和答题卷,满分100分,考试时间120分钟。
2. 答题前,在答题卷密封区内填写姓名、身份证号、报考单位、报考岗位、试场号和座位号。
3. 所有答案必须写在答题卷上,写在试题卷上无效。
4. 考试结束,上交试题卷和答题卷。

**一、判断题(本大题共15小题,共15分)**

1. 班集体发展呈现螺旋式上升的特点。 ( )
2. 发现法是美国心理学家斯金纳所倡导的一种教学方法。 ( )
3. 启发性原则的核心就是用“问答法”,实质就是老师少说,学生多学。 ( )
4. 多元智能理论的教学意义之一是多一把衡量的尺子,让学生有成功感。 ( )
5. 德育工作具有“多开端性”,不必按照“晓之以理、动之以情、导之以行、持之以恒”的次序进行。 ( )
6. 儿童道德评价的发展经历了从他律到自律的过程。 ( )
7. 活动课程重视学生对知识的系统学习,便于学生对知识的掌握和应用。 ( )
8. 培养创造性思维并不是提倡发散思维,反对集中思维。 ( )
9. 短时记忆的容量是5~9个数字。 ( )
10. 适龄儿童、少年的父母或者其他监护人以及有关社会组织和个人有义务使适龄儿童、少年接受并完成规定年限的义务教育。 ( )
11. 汉朝末年玄学的兴起,使老庄哲学第一次全面而深刻地完成了它对古代文人的思想启蒙,对当时文人的价值观念产生了决定性的影响。 ( )
12. 成语“敬谢不敏”表达谦虚之意。 ( )
13. 语文课程不只是“文本课程”和语文知识的载体,而是教师和学生共同探求和体验的过程,教师和学生同是课程的有机构成部分,共同参与课程的开发。 ( )
14. 《红楼梦》第48回中,香菱学诗所作三首皆为《吟月》,从粗糙浅露,穿凿雕饰到新巧有意趣,既反映了香菱作诗水平逐步提高的过程,也借人物之口阐述了曹雪芹对诗歌艺术的独到见解。 ( )
15. 以金斯堡为代表,二战后风行于美国的文学流派是黑色幽默流派。 ( )

**二、单项选择题(本大题共15小题,共15分)**

16. 我国古代思想家荀子认为“兰槐之根是为芷,其渐之滫,君子不近,庶人不服。其质非不美也,所

直至20世纪，当考古学家将一个美丽的名字纳入了历史的视野，我们才得以为这亘古的辉煌心生感叹。

这就是中华五千年文明的实证——良渚。

良渚古城遗址，属于今天的杭州市余杭区，良渚古城遗址保护区的范围大概是14余平方公里，根据遗迹功能和类型，大概分为三类。第一类是“城址”，包括中心的宫殿区、内城、外城和古水系；第二类是“外围水利系统”，包括谷口高坝、平原低坝和山前长堤；第三类是分等级墓地，包括最高等级“反山”“瑶山”两处墓地、代表第二等级的“姜家山”墓地、代表第三等级的“文家山”墓地和位于外郭代表最低等级的“卞家山”墓地。

罗马不是一天建成的，良渚古城也不是。大约距今5300年，掌握识玉、用玉技术的古代先民开始大量迁徙到良渚，随着对玉料资源的控制和制玉技术的提高，最早出现了“瑶山”墓地这样的最高等级的祭坛墓地。这个相对独立、人工营造的台地，不仅是良渚人进行特殊仪式活动的祭坛，而且作为最高等级人群的墓地使用。在祭坛上一共发现了12座大型墓葬，分成两排，男女分列。墓葬中陪葬的玉器显示出复杂又严格的用玉制度，成为社会分层的物化表现。

大约距今5000年前后，中心的宫殿区和外围水利系统就差不多同时建造起来了。宫殿区主要包括莫角山土台及其南侧的池中寺、皇坟山台地。莫角山土台是目前发现的中国最早的宫城，也是史前时期规模最大的人工土台。

莫角山土台堆筑时，利用西边一部分自然高地，先用取自湿地沼泽的青色淤泥填高洼地、修整台型，然后再统一堆筑黄土，形成东西长约630米、南北宽约450米、总面积将近30万平方米的长方形规整台地，相当于40个国际标准足球场的面积。西边自然地势略高的部分，人工堆筑淤泥黄土的厚度大概是2～6米，东部低洼的地方，人工填高堆筑的厚度超过10米。经过测算，整个莫角山土台的工程量达到200多万个土方量，可以说是目前所知全球同时期规模最大的人类土木工程。

在这个庞大的人工土台上，规则排列着三个长方形的宫殿台基，今天的名字是大莫角山、小莫角山和乌龟山。

大莫角山是三座宫殿台基中面积最大的一个，长175米、宽88米，面积1.5万平方米，是6.3个故宫太和殿面积之和；而且，它的相对高度达6米，海拔高度18米，是整个良渚古城遗址中的制高点。在这里，考古发现了南北两排共7座房址，并且整个台基周围有一圈围沟，彰显着这个台基在整个宫殿区中至高无上的地位。考古学家推测，这就是王的居所。

幸运的是，早在1986年，当地考古学家已经发掘了与之相对应的同时期的王的墓地，这就是“反山”。反山墓地紧邻莫角山宫殿区的西北角，共清理出属于良渚文化早中期、与莫角山同时期的王墓9座。

跟反山墓地、莫角山宫殿区差不多同时，良渚遗址西北部的大型水利系统就开始营建了。这个已经有5000年历史的治水体系非常庞大，并且很多部分今天仍然屹立于山谷之间，唯有到过现场才能

体会这一工程的伟大和人类的渺小。

经过调查试掘,目前可以确认的有11条堤坝遗址:修筑于北部谷口位置的6条组成高坝,南边地势略低处的5条组成低坝。根据谷口宽窄,这些水坝长35~360米不等,坝体宽约100米,堆筑高约10~15米。高低两组堤坝形成一个前后两层的防护体系。另外还有一条独特的山前长堤,位于遗址中心区以北大遮山山脚前100~200米,总体呈曲尺形,中段还是双层坝体结构,全长达5公里,现存有3~7米高,20~50米宽,总土方量约198万立方米,是整个水利工程中最大规模的单体工程。而整个水坝系统人工堆筑土方量高达288万立方米,是同时期世界上规模最大的水利工程。

为什么在5000年前,良渚先民要集合那么多的社会力量来建造这样规模巨大的水坝呢?根据古环境、遗址布局及后代水利系统的经验,考古学家和水利专家推测,当时的水坝兼具了防洪蓄水、灌溉、运输及调节水系等功能,是名副其实的综合水利系统。天目山充沛的雨水在夏季非常容易形成山洪,这对良渚古城构成严重的威胁。根据测算,现在的高低坝系统可以形成总面积13平方公里多、总库容达4500多万立方米的库区。这样,雨季来临时可以解除洪水威胁;旱季则可以补充水量,满足这个大型城市人口的用水及城内外水道交通的流畅。

31. “然于春秋之前,这里却予人一种‘若明若昧’的感觉,似是一片‘化外之地’”,对这句话的准确理解是(　　)(1分)

A. 春秋社会历史时期之前,环太湖地区呈现的是尚未开发的蒙昧状态。

B. 环太湖地区历史悠久,但仅限于文化列举的历史故事发生时期,之前则是一片空白。

C. 环太湖地区具有5000多年的辉煌历史,但是人们所熟知的历史故事一般是发生在春秋之后,而对之前的良渚历史了解甚少。

D. 环太湖地区之所以给人留下“若明若昧”的印象,是因为对该地区的历史考古滞后,对其历史文化的发掘与整理不足,“化外之地”实际上是一种误解与错觉。

32. 文章中为了准确描述良渚遗址的建造过程,文中使用最多的说明手法是________________,请举一例。(2分)

33. 文中多处以“最……”来赞叹良渚遗址工程的浩大与辉煌,请找出其中两句并摘录下来。(2分)

天上的明星现了，
好像点着无数的街灯。

我想那缥缈的空中，
定然有美丽的街市。
街市上陈列的一些物品，
定然是世上没有的珍奇。

你看，那浅浅的天河，
定然是不甚宽广。
那隔着河的牛郎织女，
定能够骑着牛儿来往。

我想他们此刻，
定然在天街闲游。
不信，请看那朵流星，
是他们提着灯笼在走。

**材料二：《天上的街市》教学设计**

一、教材分析

《天上的街市》这首诗语言形象，富于美感，展现了丰富的想象力，抒发了诗人真挚的情感，体现了本单元培养学生联想、想象能力的编写意图。

二、学情分析

学生在初中第一次学习现代诗，需通过朗读体会现代诗的基本特征。七年级的学生思维活跃，可通过对诗歌意象的深入品析等手段激发学生联想与想象。

三、教学目标

1. 有感情地朗诵诗歌，体会诗歌语言的音韵美。

2. 调动个体经验，借助联想和想象，理解诗歌基本脉络，把握天街的特征及牛郎织女的形象。

四、教学重难点

调动个体经验，借助联想和想象，通过读写结合的方法，准确把握天街的特征及牛郎织女的形象。

五、教学过程

(一)导入新课

投影星空图片，创设情境，联想想象，进入情境。

(二)朗读指导，整体感知

教师范读，学生边听边思考：这首诗带给你怎样的感觉？请用一个词将这种感觉表达出来。你会

选择一段怎样的音乐作为配乐?(平和的,舒缓的)

出示第一小节的朗读设计,学生配乐自由朗读。

学生个别朗读,教师点评指导。

学生自主设计后三个小节的朗读并练习,教师点评。

全班配乐齐读。

(三)把握想象片段,品析语言

(四)归纳小结,布置作业

(五)板书设计

[问题]

40. 请为上面的教学设计第三环节(把握想象片段,品析语言)设置具体的教学步骤,并补充板书设计。(6分)

41. 有人认为第二、三环节的次序设置不够合格,你是否认同?请阐述你的观点和理由。(4分)

5.“天下没有一个人从不羡慕别人,只有少数人从未被别人羡慕过。”下列各图,表示这句话最恰当的是(　　)

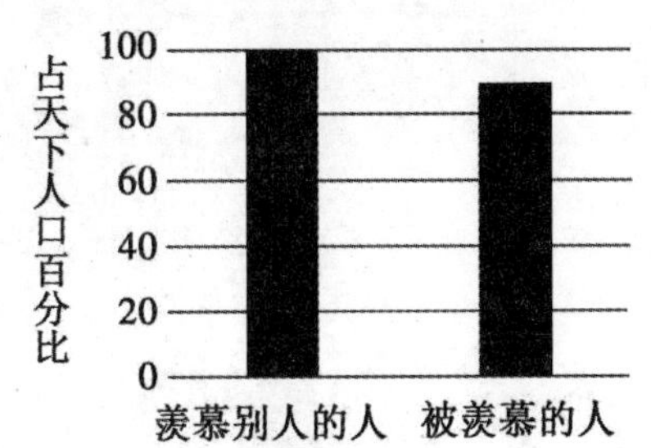

A.

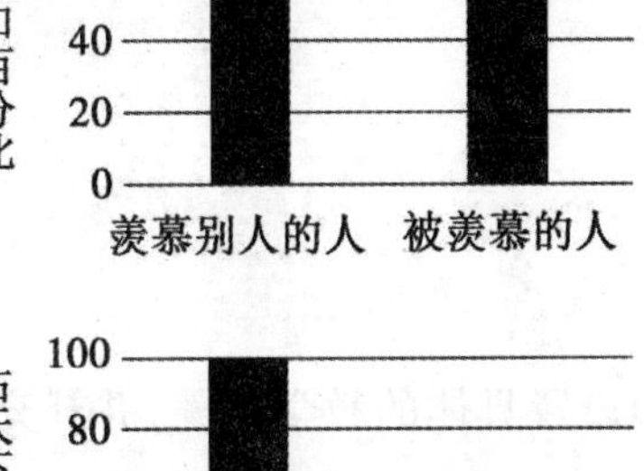

B.

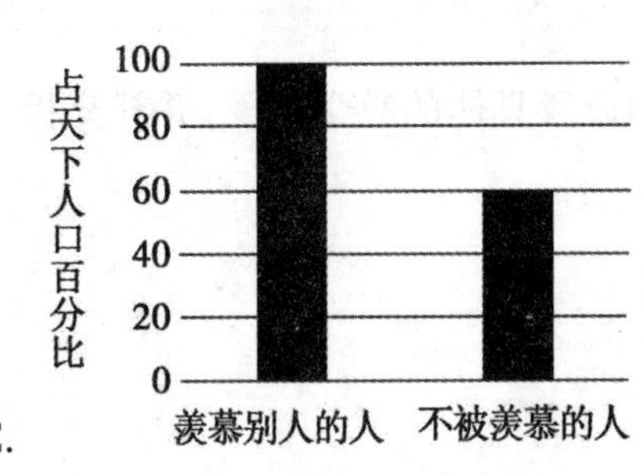

C.

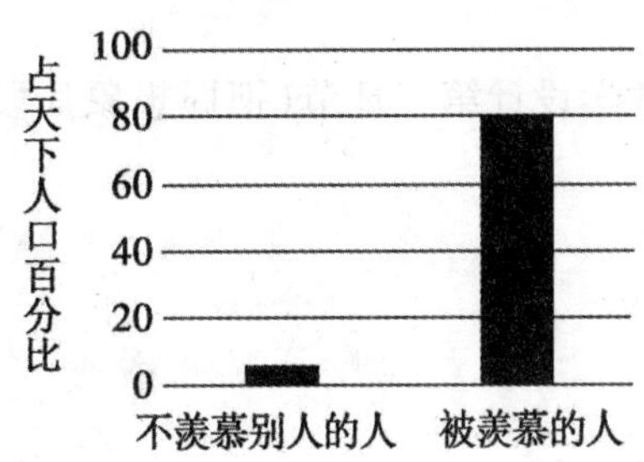

D.



6.下列选项与例句句式相同的一项是(　　)(易错)

例句:洎牧以谗诛

A.沛公左司马曹无伤使人言于项羽曰

B.吾长见笑于大方之家

C.人君当神器之重,居域中之大

D.臣之壮也,犹不如人

7.过年了,501广场给每个店都买了一副对联。有人挑选的时候弄乱了。请你依据对联的原则,帮助“有间酒店”的店主辨认,下图“乙”处对联最恰当的一项是(　　)

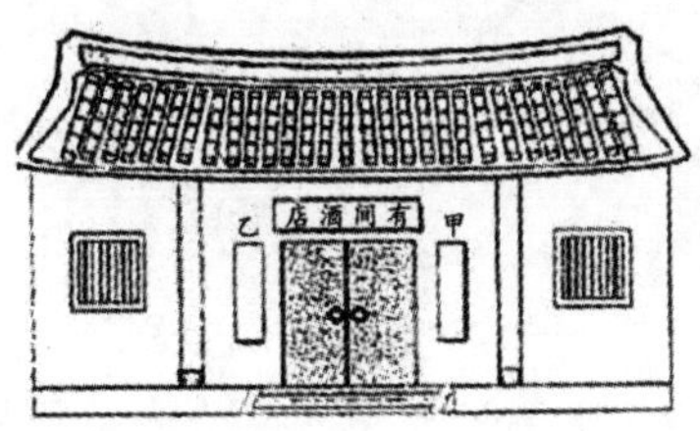


A.清樽日月长　　B.瓮里乾坤大　　C.一醉千愁解　　D.开坛香十里

8.根据下面这句话推测,作者认为文学的普遍性要有效力,前提应该是(　　)

“文学虽然只有普遍性,但因读者体验的不同而有变化,读者倘若没有类似体验,它也就失去了效力。”

A.读者的体验各自不同　　B.读者的分布普及各阶层

C.读者有类似于作品的经验　　D.读者与作者有相同的喜好

9. 请名人代言是提高广告说服力的好办法。下列四则广告标题，如单就文字意义，寻找背景相契合的古代名人来代言，则最不恰当的组合是（　　）

A. 请庄子代言“自然就是美”

B. 请子路代言“心动不如马上行动”

C. 请苏秦、张仪代言“做个不可思议的沟通高手”

D. 请司马光、王安石代言“好东西要和好朋友分享”

## 二、现代文阅读（本大题共4小题，共16分）

阅读下面的文章，完成10～13小题。

### 天上的星星

贾平凹

大人们快活了，对我们就亲近，虽然那是为了使他们更快活，但我们也乐意；他们烦恼了，却要随意骂我们讨厌，似乎一切烦恼都要我们负担，这便是我们做孩子的千思万想，也不曾明白的。天擦黑，我们才在家捉起迷藏，他们又来烦了，大声呵斥。我们只好蹑蹑地出来，在门前树下的竹席上，躺下去，纳凉是了。

闲得实在无聊极了。四周的房呀、墙呀、树的，本来就不新奇，现在又模糊了，看上去黝黝的似鬼影。我们伤心了，垂下脑袋，不知道这夜该如何过去，痴呆呆地守着瞌睡虫爬上眼皮。

“星星！”妹妹突然叫了一声。

我们都抬起头来，原本是无聊得没事可做，随便看看罢了。但是，就在我们头顶，出现了一颗星星，小小的，却极亮极亮。我们就好奇起来，数着那是四个光角儿呢，还是五个光角儿，但就在这个时候，那星的周围又出现了几个星星，就是那么一瞬间，几乎不容觉察，就明亮亮地出现了。啊，两颗，三颗……不对，十颗，十五颗……奇迹是这般迅速地出现，愈数愈多，再数亦不可数，一时间，漫天星空，一片闪亮。

夜空再也不是荒凉的了，星星们都在那里热闹，有装熊的、有学狗的、有操勺的、有挑担的，也有的高兴极了，提了灯笼一阵风似的跑……

我们都快活起来了，一起站在树下，扬着小手。星星们似乎很得意了，向我们挤弄着眉眼，鬼鬼地笑。

过了一会儿，月亮从村东口的那个榆树丫子里升上来了。它总是从那儿出来，冷不丁地，常要惊飞了树上的鸟儿。先是玫瑰色的红，像是喝醉了酒，刚刚睡了起来，蹒跚地走。接着，就黄了脸，才要看那黄中的青紫颜色，它就又白了，极白极白的，夜空里就笼上了一层淡淡的乳白色。我们都不知道这月亮是怎么了，却发现星星少了许多，留下的也淡了许多，原是灿灿的亮，变成了弱弱的光。这使我们大吃了一惊。

14. 诗评家言:颔联“冻雷惊笋欲抽芽”句是“状难写之景如在目前”。请你就这一评价对“冻雷惊笋欲抽芽”句作简要赏析。(5分)

15. 关于这首诗的情感,有人认为体现了诗人豁达超脱的精神,有人则认为充满了无奈和凄凉。你的看法如何?请简要说明理由。(5分)

16. 根据下面提供的情境,默写相关句子。(6分)

(1)《醉翁亭记》中以色彩鲜明的语言,描绘四季中夏景的一句是________________。

(2)白居易《琵琶行》“________________,________________”两句,写出了琵琶女运用丰富多变的技法,演奏当时名曲的情形。

(3)《岳阳楼记》中表达“古仁人”胸怀博大的句子是________________,________________。

(4)庄子《逍遥游》中写舟对水依赖的句子是________________,________________。

(5)崔护《题都城南庄》中“人面不知何处去,桃花依旧笑春风”写出了桃花依旧,但人面不见的物是人非的情景;李煜的《虞美人》中,也有写这样物是人非之感的句子,是________________,________________。

(6)唐太宗李世民有一句名言:“以人为鉴,可以知得失。”由此可以联想到《论语》中孔子的话________________,________________。

**四、教材教法(本大题共5小题,共20分)**

(一)阅读下列文字,完成17~19小题。

**灰黑麻雀**

安 谅

新任书记到了这个城市不久,便发现了一种北方并不多见的麻雀,那是浑身灰黑,不像常见的那种,灰白,或者灰黑夹杂。

那种鸟起先有一只鸣叫着,栖息在他的窗台。

他的目光从文件堆里闪跳出来,充满了惊诧。那只鸟的大小不见异常,那双奕奕亮闪的眼睛,也透着一分机灵。但眼神又是奇特的,仿佛有什么冤屈要向他倾诉。那一身羽毛又如同负担深重,时常

抖动着,像要努力甩掉什么。

那可怜兮兮的模样,让书记这七尺男儿忽生怜悯。

他撇开厚厚的枯燥乏味的公文,蹑手蹑脚走近窗台,那麻雀扑棱扑棱地飞了,让他独自站立着,充满失望。

他喜欢鸟儿,包括麻雀儿。在南方城市工作时,还曾专程到花鸟市场,买了一对喜鹊,还配了一只精致的鸟笼。这城市干净清爽,他每天早早上班,把鸟笼也侍弄得干干净净的,雀儿在笼子里啁啾,他时不时瞅上它们一眼,心情无比愉悦。

他调到现在这个城市,初来乍到,就有点水土不服。这天气也老是阴沉沉的,让人提不起精神。

他本来要下去调研的,这是他从政以来养成的工作作风,到基层,到群众中走走,能接地气,让人心里踏实。但他身子不太舒服,他的几位副手也劝他,先别太累了,读读文件,了解一下情况,这样再下去,更有准备,也更全面。他不愿拂了大家的好意,而且这也有些道理,他今天就一整天待在办公室里了。

大院门口传来一阵阵喧哗。他问过秘书,秘书说是上访的。他问为何上访,秘书又说是为城市污染的事。他又补充一句,哦,他们常来,这事一天两天也难以解决。

他没再问下去。南方那个城市多的是动迁上访户,他时常被他们围追堵截。他努力帮助解决了不少,也有的人要求过高,确实不太好解决。

他坐回到办公桌前,脑子里还在回想这灰黑的麻雀。这麻雀确实奇特呀。

他把秘书叫了进来,询问道:“这地方的麻雀,灰黑色的,是当地品种吗?”

秘书是当地小伙,此时丈二和尚摸不着头脑:“什么灰黑麻雀,我,我不太清楚……”

看小伙子一脸窘迫,他就和蔼地让他退下了,现在城里人有几个对花草鸟儿的能说个名堂来呢?不说“五谷不分”,单这鸟类品种,也是强他所难了。

他又埋首于公文堆中。他看到一份一位人大代表的建议,说是这城市冬天集中供热,大多是烧煤,环境也被破坏了,他建议全部改用天然气,虽花了大本钱,但毕其功于一役,造福当代和后人。但老市长先批了一行字:美好梦想!

他沉思有顷,不知怎么落笔为好。

这时,窗台上又飞来了一只麻雀,灰黑色的。之后,一只、又一只飞来。一下子十来只,一字排开,向玻璃窗内探头探脑,模样儿煞是可爱。

他不敢趋前,生怕再惊扰了它们。他只是睁大眼睛观察着它们。他纳闷怎么会有这么多麻雀拥挤在他的窗台。

忽然一声雷电惊醒了他,原来是下雨了,麻雀们在避雨呢。

五、写作(本大题共30分)

22.阅读下面的文字,按要求作文。

古希腊哲学家、教育家亚里士多德给即将毕业的学生上最后一课。他说:"我教授的知识只是基础,真正的学问还要自己去探寻。"有学生问:"那我们该如何探寻真正的学问呢?"亚里士多德想了想,拿出一个空布袋,在教室里走了一圈,问学生:"你们闻到什么气味了吗?"学生都摇头。"我现在去摘一些茶花的花瓣,你们稍后再闻闻看。"没多久,亚里士多德拿着布袋回到了教室。他边绕着学生走边说:"你们要注意空气中气味的变化。"他走完一圈后问:"你们闻到了什么?""我闻到了花香!"一个学生大声说。"是的!而且是茶花的香味!"更多的人附和。亚里士多德听到答案后大笑起来,他把袋子解开,把里面的东西倒了出来。学生们都傻了眼,里面只有几片红色的碎布。

就上面的材料你有什么看法,请发表你的见解,写一篇论述类的文章。字数不少于700字,不得套作,抄袭。

# 2020年浙江省台州市教师招聘考试中小学语文真题试卷(九)

**考生须知:**

1. 本试卷分试题卷和答题卷,满分100分,考试时间120分钟。

2. 答题前,在答题卷密封区内填写姓名、身份证号、报考单位、报考岗位、试场号和座位号。

3. 所有答案必须写在答题卷上,写在试题卷上无效。

4. 考试结束,上交试题卷和答题卷。

**一、单项选择题(本大题共5小题,每小题2分,共10分)**

1. 下列各项中,没有错别字的一项是(　　)

A. 与会　陨石　谛听　凭心而论　　B. 连锁　蛰伏　遐思　攻坚克难

C. 谴责　晋级　销假　与日俱增　　D. 昭示　渲染　竣工　黄梁一梦

2. 谓语句型是根据句子的(　　)分析概括出来的句子类型。

A. 结构　　B. 成分　　C. 元素　　D. 意思

3. 下列句子所运用的修辞方法及其表达作用,分析不当的一项是(　　)

A. 事实上他所教的古代语言,对他来说,也就是雨鞋和雨伞,使他借此躲避现实生活。

(运用比喻,说明别里科夫所教的古代语言,也是他借以躲避现实生活的一个“套子”。)

B. 粉色荷花箭高高地挺出来,是监视白洋淀的哨兵吧。

(运用拟人,暗示白洋淀抗日游击队员具有高度的警惕性。)

C. 一个浑身黑色的人,站在老栓面前,眼光正像两把刀,刺得老栓缩小了一半。

(运用比喻和夸张,表现刽子手的凶恶和老栓的胆怯。)

D. 这种作风,拿了律己,则害了自己;拿了教人,则害了别人;拿了指导革命,则害了革命。

(运用排比,增强语势,一层层地揭示了主观主义的危害。)

4. 有关文学常识下列说法错误的是(　　)

A. 根据表达方式的侧重点不同,散文分为叙事散文和抒情散文。

B. 诗歌属于常见的文学体裁之一。

C. 小说的故事情节通常包括故事的开端、高潮和结局。

D. 根据题材所反映的时代不同,戏剧可分为历史剧和现代剧。

5. 阅读《雷雨》中的一段对话,对鲁侍萍答话目的分析正确的一项是(　　)

周朴园:梅家的一个年轻小姐,很贤惠,也很规矩。有一天夜里,忽然地投水死了。后来,——后来,你知道么?

鲁侍萍:她是个下等人,不很守本分的。听说她跟那时周公馆的少爷有点不清白,生了两个儿

(2)“最大的对手也是最大的朋友”,你同意这种观点吗？请以两位老人为例,分析他们之间的这种“对手—朋友”的关系。(2分)

(3)“大海中多的是鱼,谁的丰收都不足挂齿;大海有漫长的历史,谁的固守都是一瞬间。”这个句子富含哲理,请你谈谈对这句话的理解。(2分)

(4)文章运用了什么表现手法？它主要表现在哪些地方？起到了什么作用?(4分)

2. 阅读下面这首诗,回答问题。

**雁门太守行**

李 贺

黑云压城城欲摧,甲光向日金鳞开。
角声满天秋色里,塞上燕脂凝夜紫。
半卷红旗临易水,霜重鼓寒声不起。
报君黄金台上意,提携玉龙为君死。

(1)根据本诗内容填写句子。

①诗中渲染敌军兵临城下的紧张气氛和危急形势的诗句是:________________。(1分)

②诗中的“________________,________________”两句,借“燕昭王筑台”的典故把这首诗表现得慷慨激昂。(2分)

(2)“角声满天秋色里,塞上燕脂凝夜紫。”谈谈该诗第三、四句是如何对战争场面进行刻画的,有何新意。(3分)

**五、案例分析题(本大题共12分)**

结合下面的教学案例,谈谈你对识字教学的看法。

**词语教学“一束花”**

师:(指引学生看图)一束鲜花的“束”为什么是“木”字中间加个“口”？为什么说“一束鲜花”?

(小组代表解说了“口”是根绳子,“束”是绳子把树枝捆扎起来的意思)

师:(画一朵花)这是一束鲜花吗?

生:这是一朵鲜花。

师:(画一枝上开两朵花的形状)这是一束鲜花吗?

生:这是一枝鲜花。

(教师分别指示"一朵花""一枝花"和"一束花"的图画让学生辨读不同量词的词语)

师:谁能用"一束鲜花"说一句话?

生1:我买一束鲜花送给妈妈。

师:很爱你妈妈,是个好孩子。还有谁说?

生2:今天是母亲节,我买了一束鲜花送给妈妈。

师:呦,都很爱你们的妈妈。我是个男老师,感到很遗憾,有谁买束鲜花送给爸爸的吗?(众笑)

生3:……

## 六、教法题(本大题共10分)

### 有的人
### ——纪念鲁迅有感

臧克家

有的人活着,
他已经死了;
有的人死了,
他还活着。

有的人
骑在人民头上:"啊,我多伟大!"
有的人
俯下身子给人民当牛马。

有的人
把名字刻入石头,想"不朽";
有的人
情愿作野草,等着地下的火烧。

有的人
他活着别人就不能活;

(2)____________,碧水东流至此回。(李白《望天门山》)

2. 粤方言以________为代表,赣方言以________为代表。

3. "宓"和"查"作为姓氏使用,分别读________和________。

4. 中国首位获得"国际安徒生奖"的作家是________。

5. 古希腊神话中的智慧女神是________;《少年维特之烦恼》的女主人公是________。

6. 阅读教学是学生、教师、________、文本之间对话的过程。

**三、简答题(本大题共3小题,每小题5分,共15分)**

1. 现代汉语语音具有哪些特点?

2. 什么是"山药蛋派"?(易错)

3. 寓言具有哪些特征?

**四、现代文阅读(本大题共3小题,共10分)**

**企鹅寄冰**

狮子大王住在炎热的非洲。

夏天来了,狮子大王不停地叫着:"热啊,热啊。"河马说:"听说在南极有一种很冷很冷的东西,叫作冰。"

狮子大王听了,立刻给南极的企鹅写了一封信,请他寄一块冰来。

好多天以后,企鹅收到了信。他说:"啊,狮子大王想要一块冰,太容易了,我这里可是冰天雪地啊。"企鹅挑了一块冰,装在袋子里,给狮子大王寄去。

装冰的箱子先上了轮船,又上了飞机。

过了很多天,狮子大王收到了箱子。他打开一看,觉得好奇怪:"呀,怎么是一袋水?"

狮子大王生气地把箱子退回去了,还给企鹅写了一封信。

又过了很多天,企鹅收到了箱子和信。

狮子大王的信上写着:"我请你寄块冰来,你为什么寄来一袋水?"企鹅连忙把箱子打开:"这明明

是冰嘛，怎么说是水呢？”看着袋子里的冰块，企鹅也糊涂了。

1. 文章为什么选企鹅和狮子来写？(2分)

2. 这则童话有什么教育意义？(3分)

3. 文章用了什么写作手法？有什么效果？(5分)

## 五、诗歌鉴赏(本大题共3小题，共8分)

### 送友人

(唐)李白

青山横北郭，白水绕东城。
此地一为别，孤蓬万里征。
浮云游子意，落日故人情。
挥手自兹去，萧萧班马鸣。

1. 这首诗表达了作者怎样的思想感情？(3分)

2. 首联运用了什么修辞手法？有什么效果？(3分)

3. 设计一个教学环节，引导学生理解品味文中含义深刻的语句。(6分)

4. 设计完整的板书。(4分)

## 八、写作题(本大题共20分)

孟子说："得天下英才而教育之。"苏霍姆林斯基说："没有爱就没有教育。"请你说一说，新时代教师应该要有什么教学情怀?

预测试卷

# 浙江省教师招聘考试中小学语文预测试卷(一)

**考生须知:**

1. 本试卷分试题卷和答题卷,满分100分,考试时间120分钟。
2. 答题前,在答题卷密封区内填写姓名、身份证号、报考单位、报考岗位、试场号和座位号。
3. 所有答案必须写在答题卷上,写在试题卷上无效。
4. 考试结束,上交试题卷和答题卷。

## 一、基础知识与阅读(本大题共15小题,共50分)

### (一)基础知识

1. 下列各组词语中加点的字读音全都相同的一组是(　　)(3分)

A. 桂冠　盥洗　羽扇纶巾　弹冠相庆

B. 扼要　遏制　厄瓜多尔　婀娜多姿

C. 辑录　嫉妒　声名狼藉　岌岌可危

D. 削面　生肖　骁勇善战　哓哓不休

2. 下列词语中字形全部正确的一项是(　　)(3分)

A. 高粱　殴打　烂竽充数　运筹帷幄

B. 幽僻　孺慕　无精打彩　寥若晨星

C. 斑驳　潦倒　珠联璧合　皇天厚土

D. 辖区　缥缈　亭亭玉立　挟山超海

3. 根据句意,下列画线字意思不正确的一项是(　　)(3分)

A. 而翁归,自与汝覆算耳!(你的)　　B. 为国者无使为积威之所劫哉!(治理)

C. 三人行,必有我师焉。(啊)　　D. 窃为大王不取也!(认为)

4. 下列句子中标点符号使用正确的一项是(　　)(3分)

A. 中国人一向喜欢炫耀,他们能够在很长时间里将收入的40%~50%储存起来,一旦认为积蓄足够了,就什么都买,汽车、首饰……给人的感觉非常华而不实。

B. 对香港而言,争取到优秀生源,只是赢得生源争夺战的一个回合。如何方便他们毕业后留港工作?为港所用?才更重要。

C. "美国历史上出现如此严重的经济难题实属罕见,"奥巴马说,"到了我们这些在华盛顿的人(政府

昌时,他为都督阎公写下了著名的《滕王阁序》。

D. 王勃与杨炯、卢照邻、骆宾王并称初唐“四杰”。但对于他们的排位先后,杨炯很有意见,并不心服口服。

11. 翻译画线的句子。

(1)勃恃才傲物,为同僚所嫉。(2分)

(2)炯尝曰:“吾愧在卢前,耻居王后。”(2分)

(三)现代文阅读

## 中国书法:作为一种文化

刘守安

①我们提出书法是一种文化,并不是为书法下定义,只是一个范围的界定。时下人们为“中国书法”已下过各种各样的定义,表述的方式各不同,但使用的一个关键词和核心概念是一样的,那就是“艺术”。特别是几位著名的学者提出书法是“艺术”,甚至是“纯粹艺术”“最高艺术”等等,影响甚大。

②人们把中国书法定义为艺术是基于中国书法具有很高的审美价值。________把汉字的字形放在“中国书法”作为文化层次的结构中来审视,就会发现,汉字符号的审美效果是在书法文化结构的物态文化层面体现的。在整体的书法文化或一件完整的书法“作品”中,字体书法形态属于物态文化层,这是书法“本体”结构的“外显”的表层部分。当人们对汉字结构的科学性、艺术性及书写出来的笔法、字法、章法给予充分的估量和赞美的时候,我们看到研究者往往只限于对“作品”“物态文化层”的分析说明。并且往往忽略字体得以显示的“物器”、材料本身的质地、色调因素;忽略一件书法“作品”的美是在书体形态与材料形态有机融合中显示出来的这一重要事实,所以人们对书法“物态层”的研究与描述也往往是不全面的。在多层次结构的书法文化中,只就其表层结构进行分析,把它当作书法“本体”、全体,并由此概括其性质并作定义。这种研究思想和方法都值得斟酌。

③在对一种文化形态做文化结构的观察中,我们分出物态、制度、行为、心态四个文化层次,以求全面认识其内部结构中的各个文化层次并非具有同等的意义。其中心态文化层是文化的核心部分。这个核心部分体现着该文化形态被创造的目的。因而也集中体现着该文化形态的价值、功能。就具体的书法作品来说,展示汉字字迹的形态不是目的,展示出一定的文字的内容,以实现文字的记录、传播功能才是目的。各种书法"作品"的文字内容体现着作者、书者的思想、意识、价值观念、思维方式、审美情趣等等,展示出蕴含着经济、政治、宗教、家族、社会风习等内容的无比丰富的"意义世界"。如果说在对"书法"这种文化现象的考察中,对物态文化层次专注而对制度文化、行为文化在物态文化的体现可能有所忽略的话,那么忽视对书法"作品"文字内容的考察、认知则是完全不应该的。文字内容属于书法文化的"心态文化层",是体现"作品"价值的核心部分,丢弃了文字内容而只专注文字的物态形式,这还是一个完整的书法"本体"吗?

④如果我们从"汉字"与"书法"的关系方面做观察,也会得出同样的结论。中国书法与汉字密切相关,而汉字同其他文字一样,有形、音、义三要素。书写者总是为显"义"而构形,而并非为构"形"而构"形",为书写而书写。现在的问题是,"书法"研究者仅着眼书写者的构"形"和接受者的识"形"、观"形",把书写者显"义"和接受者会"义"的目的丢掉了。这样,________研究者把汉字的"形"分析得头头是道,但抽掉了汉字"文化"核心内容,也便不能认识汉字及其显示形态的功能价值。

⑤一些论者强调汉字字形独立的审美功能,对"形"本身的艺术价值扩大、拔高,其基本论据是将汉字与绘画相比附。这是违背文字的本质规定的。汉字是一种符号而不是图画,符号是约定的,其"形"与其表示的"义"没有必然的联系。作为符号显示的汉字字"形",其本身的文化意义、审美意义是稀薄的,不确定的。一个个汉字字"形"并非一个个独立的审美对象,而且字"形"方面所显示出的点画(笔法)、结体(字法)、布局(章法)虽然可能显示出某种"形式美",但它在一件完整的书法作品中毕竟属于"形式",从根本上说都服从于表达内容的需要,并受到这种目的的制约。那些被称为中国古代书法的各种书迹,都是具有"郑重的用途"(启功语)的实用性书写,绝不是书写者自由"创作"的"为艺术的艺术"。只用"艺术创作规律"和"艺术发展规律"难以讲说这些书迹的产生与变化发展。

(选自《新华文摘》,有删改)

12. 根据要求,只选择一项,把正确答案的字母序号填入括号里。(4分)

(1)联系上下文,填入第②段和第④段画线处恰当的关联词(　　)

A. 但是　尽管　　B. 但是　总是

C. 如果　尽管　　D. 如果　总是

(2)作者反对一些书法研究者强调汉字字形独立的审美功能。下列各项中,对其原因分析不正确的一项是(　　)

A. 汉字是符号,不等同于绘画,不能与图画的审美相比。

B. 一件完整的书法作品,才能显示出审美意义。

人。那是一个热闹的季节，也是一个风流的季节。梁元帝《采莲赋》里说得好：

于是妖童媛女，荡舟心许；鹢首徐回，兼传羽杯；棹将移而藻挂，船欲动而萍开。尔其纤腰束素，迁延顾步；夏始春余，叶嫩花初，恐沾裳而浅笑，畏倾船而敛裾。

可见当时嬉游的光景了。这真是有趣的事，可惜我们现在早已无福消受了。

于是又记起《西洲曲》里的句子：

采莲南塘秋，莲花过人头；低头弄莲子，莲子清如水。今晚若有采莲人，这儿的莲花也算得"过人头"了；只不见一些流水的影子，是不行的。这令我到底惦着江南了。——这样想着，猛一抬头，不觉已是自己的门前；轻轻地推门进去，什么声息也没有，妻已睡熟好久了。

16. 完成该片段的教学目标。(5分)

17. 完成该片段的教学过程设计。(15分)

## 三、写作题(本大题共30分)

18. 阅读下面的材料，根据要求写作。

今年是中国共产主义青年团成立一百周年。

2022年4月21日，我国首次专门就青年群体发布《新时代的中国青年》白皮书。其中指出："青年是整个社会力量中最积极、最有生气的力量，国家的希望在青年，民族的未来在青年。中国青年始终是实现中华民族伟大复兴的先锋力量。"

习近平总书记也曾深情寄语："新时代的中国青年要以实现中华民族伟大复兴为己任，增强做中国人的志气、骨气、底气，不负时代，不负韶华，不负党和人民的殷切期望！"

结合上述材料，请以"新时代的青年"为话题，写一篇文章，体现你的思考和感悟。

要求：①自选角度，自拟标题；②文体不限(诗歌除外)，文体特征明显；③不少于600字；④不得抄袭，不得套作。

# 浙江省教师招聘考试中小学语文预测试卷(二)

**考生须知:**

1. 本试卷分试题卷和答题卷,满分100分,考试时间150分钟。
2. 答题前,在答题卷密封区内填写姓名、身份证号、报考单位、报考岗位、试场号和座位号。
3. 所有答案必须写在答题卷上,写在试题卷上无效。
4. 考试结束,上交试题卷和答题卷。

**一、单项选择题(本大题共6小题,每小题2分,共12分)**

1. 下列说法正确的一项是(　　)

A.“d、t、n、l”都是舌尖中音　　B.“z、c、s、x”都是舌尖前音

C.“ai、ei、ao、uo”都是前响复元音　　D.“ai、ou、en、ua”都是开口呼

2. 下列词语完全正确的一项是(　　)

A. 循规蹈矩　门庭若市　琼楼玉宇　虚无缥缈

B. 博闻强识　积重难返　揠苗助长　消声匿迹

C. 狭路相逢　妇孺皆知　义愤填膺　相映成趣

D. 绿草如荫　沽名钓誉　融会贯通　文过饰非

3. 下列熟语中,没有使用借代手法的一项是(　　)

A. 条条大道通罗马　　B. 初生牛犊不怕虎

C. 不为五斗米折腰　　D. 埋骨何须桑梓地

4. 下列各句中,标点符号的使用正确的一项是(　　)

A. 他深情地唱起了《故乡的云》:“天边飘过故乡的云,它不停地向我召唤……。”

B.“今天这桌菜好丰盛啊!——你什么时候走马上任?”陈明对刚端起酒杯的王总说。

C. 古人对于写文章有两个基本要求:叫作“有物有序”。“有物”就是要有内容,“有序”就是要有条理。

D. 亚马孙河,尼罗河,密西西比河和长江是世界四大河流。

5. 下列有关文学常识的表述,不正确的一项是(　　)

A. 高尔基的代表作《母亲》,被列宁称为一部“非常及时的书”。

B. 鲁迅先生说:“其文则汪洋辟阖,仪态万方,晚周诸子之作,莫能先也。”这是对庄子的高度评价。

C. 骚体是古典文学体裁的一种,起源于春秋时期,这类作品,富于抒情成分和浪漫气息。

D.“民为贵,社稷次之,君为轻”是孟子提出来的。

2. 第四段画线的句子写“女伴”的长相有什么用意?(4分)

3. 文章通过对笑的反复描写,表达作者怎样的思想感情?(4分)

五、诗歌鉴赏(本大题共2小题,共8分)

**定林**【注】

王安石

漱甘凉病齿,坐旷息烦襟。
因脱水边屦,就敷岩上衾。
但留云对宿,仍值月相寻。
真乐非无寄,悲虫亦好音。

【注】定林:寺院名,位于金陵(今南京)。

1. 简析第三联中诗人表现情感的手法。(4分)

2. 诗人为什么认为“悲虫”也会有“好音”? 结合全诗简要解析。(4分)

## 六、案例分析题(本大题共8分)

下面是某教师教学三年级上册《大青树下的小学》时的教学片段,阅读并回答问题。

师:老师想先请大家自学课文,平时你们在自学课文的时候,都会做些什么呀?

生1:我有一个自学的好方法,如果遇到不会读的生字,可以看看后面的拼音,多读几遍。

生2:还可以把自然段的序号标好。

师:是啊,这些方法都很好,现在大家可以按照这样的方法去自学课文。

(学生自学课文)

师:大家自学得很认真,词语会读吗?我们一起来认真地读一读。

(生齐读词语坪坝、摔跤等)

师:读得很正确。同学们,在这些词语当中,你觉得读音上要特别注意些什么呢?(生自由回答)

师:摔跤的摔,虽然不是生字,但在读的时候要注意它是翘舌音,我们一起再来读一遍吧。

(生齐读)

师:接下来就请同学们再读一读课文,可以和同桌一起读,也可以两个人轮流读。

(生自由朗读课文)

师:刚才大家读课文都很认真,接下来我们写生字。请大家看大屏幕,这儿有很多词语,当中带有很多我们要写的生字,我们一起来读一读。

(生齐读)

师:请大家看看课文后面田字格里的生字,有什么发现吗?

生1:我发现汉、扮都是左右结构的,写的时候要注意左窄右宽。

生2:我觉得"晨"字特别难写,上面是个扁扁的"日",下面是个"星辰"的"辰"。

师:这个字的确很难写,就让老师来带着大家写一写吧。

(师范写"晨"字)

[问题]结合课标的理论分析该教师的教学。

D. 今晚天空月圆如镜，繁星满天，多美的夜景啊！

5. 下列表述错误的一项是(　　)(3分)

A. 曹禺的《雷雨》是一部杰出的现实主义悲剧，是20世纪30年代的优秀话剧之一，在中国文坛上有深远的影响。

B. “写鬼写妖高人一等，刺贪刺虐入骨三分”这副对联写的是吴承恩和他的神话小说《西游记》。

C. 我国文学史上向来以“风骚”作为文学的代名词，“风骚”就是指《诗经》中的《国风》和《楚辞》中的《离骚》。

D. 元代的杂剧广泛地反映了当时的现实生活，著名作品有关汉卿的《窦娥冤》、马致远的《汉宫秋》、王实甫的《西厢记》等。

6. 下列各句中标点符号使用正确的一项是(　　)(3分)

A. 花生秧子是生猪的好饲料，种花生为发展养猪事业提供了有利条件，这几年由于花生种得多，全村养猪数量达到1400多头，猪多肥多，又促进了粮食产量的提高。

B. 多美啊！美丽的黄山。

C. 他到处收集有关资料，对收集到的资料进行认真的分析；不拘泥于前人的说法，终于有了新的发现。

D. 灯光，不管是哪个人家的灯光，都可以给行人——甚至像我这样的一个异乡人——指路。

7. 下列句子按先后顺序排列正确的一项是(　　)(3分)

①物候观测的数据反映气温、湿度等气候条件的综合，也反映气候条件对于生物的影响。

②它比气象仪器复杂得多，灵敏得多。

③应用在农事活动里，比较简便，容易掌握。

④物候观测使用的是“活的仪器”，是活生生的生物。

⑤物候对于农业的重要性就在这里。

A. ①②④⑤③　　B. ④②①③⑤

C. ①②⑤③④　　D. ④⑤①②③

8. 诗文填空。(4分)

(1)王安石《登飞来峰》中的“________________，自缘身在最高层”与杜甫的“会当凌绝顶，一览众山小”有异曲同工之妙。

(2)杜甫在《春望》中借花鸟抒发自己悲愤情感的名句是“感时花溅泪，________________”。

**(二)古诗阅读**

**送友人**

青山横北郭，白水绕东城。

此地一为别，孤蓬万里征。

浮云游子意，落日故人情。

挥手自兹去，萧萧班马鸣。

9. 填空。(4分)

这是一首赠别诗,首联运用了________的写景手法,有山的青绿,有水的流转,两者相映成趣。尾联运用了________的方法,不直接写作者的依依不舍之情,而是通过写胯下哀鸣的马来表达。

10. “浮云游子意,落日故人情”运用比喻修辞,表达了诗人________的感情。(3分)

11. 下列对本首诗理解错误的一项是(　　)(3分)

A. 诗的首联点明了送别的地点和环境,一山,一水,一动,一静,勾勒出一幅情景交融的送别场面。

B. 颔联中,用“孤蓬”喻指远行的朋友,形象生动地写出了即将远行的朋友像随风旋转的蓬草,漂泊不定。

C. 尾联中借萧萧马鸣,表达作者和友人分别时的依依不舍,“班马”是指载人远离的马。

D. 本诗的作者与《山居秋暝》的作者是同一位诗人。

**(三)现代文阅读**

## 最后的耕耘

曹春雷

宝山走进院里时,老奎正蹲在堂屋门前的石阶上,稀里呼噜喝面条,花白的胡子一翘一翘的。

“爹,那事您考虑得咋样了?”宝山站在柿子树下,远远地问。

“啥事?”老奎没抬头,鼓囊着嘴,专注于他的面条。

“就是那块地的事啊。别人家都签了,就剩您没签。”

“别人家签了我也不签,我就剩这块地了,以后我上哪儿种地去?”老奎抬起头,停下忙碌的嘴,生气地抛出这么一句话。

“爹,您干嘛非要种地呢?您看,现在咱们村发展得多好,引来好几个厂子,村里的男人妇女都进厂上班,一个月能拿不少钱。这些厂一年也给村里不少钱。村里有钱了,啥事都好办。”

老奎将饭碗放在身旁的石阶上,抹了把嘴。儿子说的话没错,如今村里人出了家门就能上班。就连他,也在一家厂子里看大门,工资不算低。村里给60岁以上的老人,每人每月发150元钱。

宝山干村主任这几年,村子确实发展得挺不错。

“爹啊,这次引来的是草帽厂,不污染,别的村子都抢这个项目,因为老板是我同学的同学,我抢来了。建成后,效益肯定不错,咱村的人都能跟着沾光。”

看到老奎不言语,宝山又说:“我是村主任,咱村就您不支持工作。您说,下一届村主任选举,您还打算继续让我干不?”

老奎还是不言语,掏出烟来,点上。吐出的烟圈,袅袅升起来。屋檐下的一只麻雀扑棱一下,穿越其中一个烟圈,飞出了院子。

宝山站在那里,看着一个个烟圈在空中扩散。

一支烟抽完,老奎闷闷地说:“我签。”

注意,引人注意的是长大了的叶子。那些叶子绿得那么新鲜,看着非常舒服。叶尖一顺儿朝下,在墙上铺得那么均匀,没有重叠起来的,也不留一点儿空隙。一阵风拂过,一墙的叶子就漾起波纹,好看得很。

以前,我只知道这种植物叫爬山虎,可不知道它怎么能爬。今年,我注意了,原来爬山虎是有脚的。爬山虎的脚长在茎上。茎上长叶柄的地方,反面伸出枝状的六七根细丝,这些细丝很像蜗牛的触角。细丝跟新叶子一样,也是嫩红的。这就是爬山虎的脚。

爬山虎的脚触着墙的时候,六七根细丝的头上就变成小圆片,巴住墙。细丝原先是直的,现在弯曲了,把爬山虎的嫩茎拉一把,使它紧贴在墙上。爬山虎就是这样一脚一脚地往上爬。如果你仔细看那些细小的脚,你会想起图画上蛟龙的爪子。

爬山虎的脚要是没触着墙,不几天就萎了,后来连痕迹也没有了。触着墙的,细丝和小圆片逐渐变成灰色。不要瞧不起那些灰色的脚,那些脚巴在墙上相当牢固,要是你的手指不费一点儿劲,休想拉下爬山虎的一根茎。

## 三、写作题(本大题共30分)

18. 阅读下面的材料,按照要求作文。

萧伯纳:人生有两大悲剧,一是没有得到你心爱的东西,一是得到了你心爱的东西。

周国平:人生有两大快乐,一是没有得到你心爱的东西,于是你可以去追求和创造;一是得到了你心爱的东西,于是你可以去品味和体验。

要求:选好角度,确定立意;题目自拟;不要脱离材料内容及含义的范围作文;除诗歌外,文体自选;不少于800字。

# 浙江省教师招聘考试中小学语文预测试卷(四)

**考生须知:**

1. 本试卷分试题卷和答题卷,满分100分,考试时间150分钟。
2. 答题前,在答题卷密封区内填写姓名、身份证号、报考单位、报考岗位、试场号和座位号。
3. 所有答案必须写在答题卷上,写在试题卷上无效。
4. 考试结束,上交试题卷和答题卷。

**一、单项选择题(本大题共6小题,每小题2分,共12分)**

1. 下列词语中,加点字的注音全都正确的一项是(　　)

A. 荫庇(yìn)　　偌大(ruò)　　和稀泥(huò)　　插科打诨(hún)

B. 炽热(zhì)　　刷白(shuà)　　准噶尔(gá)　　心急火燎(liǎo)

C. 补给(jǐ)　　档期(dàng)　　冠心病(guān)　　唯唯诺诺(wéi)

D. 脂粉(zhī)　　牛腩(nǎn)　　体己话(tī)　　浑水摸鱼(hùn)

2. 下列词语中,字形全部正确的一项是(　　)

A. 怡误　自趋正轨　根基深固　以诚相待

B. 干禄　道德沦丧　无动于衷　旁稽博采

C. 提携　细枝末节　光阴虚渡　力矫颓俗

D. 卓绝　大相背弛　孜孜求学　潦草塞责

3. 对下列句中加点字的解释,不正确的一项是(　　)

A. "国之利器不可以示人"中,"示"的意思是"给人看",这是"示"的引申义。

B. "危而不持,颠而不扶"中,"持"的意思是"扶助",这是"持"的引申义。

C. "于是秦人拱手而取西河之外"中,"拱手"的含义是"轻易",这里用的是比喻义。

D. "居处恭,执事敬,与人忠"中,"恭"和"敬"是同义词。"恭"着重指内心的尊重,"敬"主要指"外表"的尊重。

4. (　　)是中国第一个把寓言正式写成独立作品的文学作品的作家。

A. 白居易　　B. 欧阳修

C. 王安石　　D. 柳宗元

5. 下列选项不属于《新月集》特色的是(　　)

A. 一部散文　　B. 描绘童真童趣

C. 蕴含哲理　　D. 刻画母子亲情

“蚂蚁先生,请给我点东西好吗?我饿得快要死了!”

蚂蚁们吓了一跳。

“咦!你不是在夏天里见过面的蟋蟀先生吗?你在夏天里一直唱着歌,我们还以为你到了冬天会是在跳舞呢!来吧!吃点东西,等恢复健康,再唱快乐的歌给我们听好吗?”

面对着善良亲切的蚂蚁们,蟋蟀忍不住留下欣喜的眼泪。

(1)文章为什么选择蚂蚁和蟋蟀来写?(3分)

(2)文章用了什么写作手法?有什么效果?(3分)

(3)结合本寓言故事说说儿童文学在儿童成长中的积极作用。(5分)

**五、案例分析题(本大题共8分)**

17. 下面是某教师教学《梅花魂》时的教学实录片段,阅读并回答问题。

师:请同学们阅读课文,小组交流讨论:课文哪些地方最让你感动,为什么?

生:我觉得课文中“我很小的时候……一颗两颗冰凉的泪珠落在我的腮边、手背”这些地方最让我感动。

师:为什么这些地方会最让你感动呢?

生:因为我感受到了外祖父的爱国之情。

师:你是怎样体会到的呢?

生:文中写到了外祖父经常教“我”读唐诗宋词,当一些诗句让他想起祖国时,外祖父还抑制不住自己的情感而落泪。

师:那么这些诗句该用什么语气读呢?

生:用凄愁的语气读。

师:请你示范读一下。

(生读)

师:文章中外祖父用什么来寄托自己的感情呢?外祖父把它作为什么的象征呢?

生:借梅花寄托了老人家的感情。作为中华民族气节的象征。

师：当初外祖父为什么要保存这幅墨梅图？现在为什么又把它送给外孙女呢？

生：当初保存是为了寄托自己的爱国之情，使自己保持中国人的气节。送给外孙女也是想让外孙女做一个有气节的中国人，不忘祖国。

师：文中的外祖父一直心怀祖国，爱国之情感染了我们，现在就让我们带着敬佩之情大声阅读，读出自己的感情。

（生声情并茂地大声朗读）

[问题]结合课标分析该教师的行为。

## 六、教学设计题（本大题共17分）

18.《"精彩极了"和"糟糕透了"》是部编版小学语文五年级上册的一篇课文，假设你来执教这篇课文，请为这篇课文设计一篇完整的教学简案。

### "精彩极了"和"糟糕透了"

巴德·舒尔伯格

记得八九岁的时候，我写了第一首诗。母亲一念完那首诗，眼睛亮亮的，兴奋地嚷着："巴迪，真是你写的吗？多美的诗啊！精彩极了！"她搂住了我，赞扬声雨点般落到我身上。我既腼腆又得意扬扬，点头告诉她这首诗确实是我写的。她高兴得再次拥抱了我。

"妈妈，爸爸下午什么时候回来？"我红着脸问。我有点儿迫不及待，想立刻让父亲看看我写的诗。"他晚上七点钟回来。"母亲摸着我的脑袋，笑着说。

整个下午我都怀着一种自豪感等待父亲回来。我用最漂亮的花体字把诗认认真真地重新誊写了一遍，还用彩色笔在它的周围描上一圈花边。将近七点钟的时候，我悄悄走进饭厅，满怀信心地把它放在餐桌父亲的位置上。

七点。七点一刻。七点半。父亲还没有回来。我实在等不及了。我敬仰我的父亲，他是一家电影公司的重要人物，写过好多剧本。他一定会比母亲更加赞赏我这首精彩的诗。

快到八点钟时，父亲终于推门而入。他进了饭厅，目光被餐桌上的那首诗吸引住了。我紧张极了。

"这是什么？"他伸手拿起了我的诗。

"亲爱的，发生了一件奇妙的事。巴迪写了一首诗，精彩极了……"母亲上前说道。

"对不起，我自己会判断的。"父亲开始读诗。

我把头埋得低低的。诗只有十行，可我觉得他读了几个小时。

"我看这首诗糟糕透了。"父亲把诗扔回原处。

我的眼睛湿润了，头也沉重得抬不起来。

"亲爱的，我真不懂你是什么意思！"母亲嚷道，"这不是在你的公司里。巴迪还是个孩子，这是他写的第一首诗，他需要鼓励。"

C.评价所运用的方法不同　　　　　　　　D.评价所运用的标准不同

二、填空题(本大题共5小题,每空1分,共10分)

1.登斯楼也,则有去国怀乡,____________,____________,感极而悲者矣。(范仲淹《岳阳楼记》)

2.我欲因之梦吴越,____________。湖月照我影,____________。(李白《梦游天姥吟留别》)

3.君问归期未有期,____________。____________,却话巴山夜雨时。(李商隐《夜雨寄北》)

4.汉语里最小的语法单位是________,语言使用的基本单位是________。

5.义务教育语文课程围绕________根本任务,充分发挥其独特的育人功能和________作用,以促进学生核心素养发展为目的。

三、简答题(本大题共3小题,每小题5分,共15分)

1.现代汉语语法具有哪些特点?

2.什么是"朦胧诗派"?

3.请简述《义务教育语文课程标准》(2022年版)课程理念。(无需展开)

四、现代文阅读(本大题共3小题,共10分)

## 焰火的变奏

赵丽宏

夜晚,没有风,湖水平静得像一面巨大的镜子,映照着夜空;在水天相接处,夜空和湖泊构成一个轴对称的浩瀚画面。

湖畔集聚着数不清的人。音乐响起,仿佛是从湖水里飘旋而出,在空旷的湖面回荡。紧随着音乐,湖天之间突然蹿出一道道光点,犹如活泼的蝌蚪,从湖水深处向深邃的夜空腾游;也像犀利的鸣镝,从空中呼啸着飞入湖底。只不过瞬间的工夫,这些蝌蚪和鸣镝便轰然炸裂,变成一朵朵巨大的彩色花朵,在夜空中缓缓绽开。焰火消失后,天上留下一团团白色的烟雾。这些烟雾,也是花卉的形状,它们随风飘动变幻,继续着焰火在夜空里演出的奇妙童话。而天上发生的所有一切,无一遗漏,都同时倒映在湖里……

如果你的想象力不贫乏,那么,在这些千变万化的焰火里,可以联想起大地上所有的奇花异卉,可以联想起一年四季中大自然的美妙风景;当然也会联想起和焰火有关的往事,回忆起和焰火有关的一些难忘瞬间。

天上的烟花像什么?在听到有人这样发问时,除了那些美好的回忆,我的脑海中竟出现了一些和

此时气氛毫不相干的景象。那是战争中的夜景:枪弹和炮弹在夜空中划出耀眼的弧线,随之而来的,是爆炸,是火光,是惊悸的呼喊和痛苦的呻吟。

从战争年代走过来的人,都有这类恐怖的记忆:飞机在天空中隆隆飞过,炸弹从天而降,如飞蝗,如黑鸦,成群成片,大地摇撼,火光四起,城市仿佛在地震中颤抖。"地震"之后,空中依然白云蓝天,但人间已是惨象遍地:火焰里血肉横飞,到处可以看到死者的鲜血和肢体,连树枝和电线上也挂着血淋淋的生命碎片……更凄惨的是失去亲人的哀痛景象:在被炸毁的火车站的站台上,一个未谙世事的孩子,坐在死去的母亲身边,惊惶无措地放声大哭;那个孩子的身边,也是烟和火……

这样的噩梦,和眼下舒展在湖天之间的美妙焰火,没有任何关系。然而,我却无法驱散火光中生发的遥远苦痛的联想。

炮火与焰火,都是火药爆炸产生的光芒,两者的目的和效果却是天差地别。炮火,是为进攻,为征服,为反抗,为破坏,为杀戮,是人间最可怕最惨烈的景象,是战争、灾难和死亡的象征;焰火,是为庆祝,为团圆,为展示和平的欢乐,为表现人间的繁华和喜悦。同样是火花,同样是爆炸,两者所展示的,却是人类生活中完全不同的两个极端。

在满天满湖绚烂的焰火中,我默默地为人类的和平祈祷。但愿有这样一天,人间本来用着准备战争的火药,都被改做成了烟花,在一个全人类共庆的夜晚,让象征和平团圆的火焰之花开满地球的上空,万紫千红,此起彼伏。

有什么花朵能比这样的烟花更美丽呢?

(有删改)

1. 作者写象征喜庆的焰火,为什么要从平静的湖水写起?(3分)

2. 为什么作者一方面说战争的"噩梦"与眼下的美妙焰火没有关系,另一方面又说自己无法驱散"遥远苦痛的联想"?(4分)

3. 文章用"有什么花朵能比这样的烟花更美丽呢?"收束全文,请对此简要赏析。(3分)

文献中有关汴京的记载基本一致。《东京梦华录》中所记述的街巷、酒楼、饮食果子,以及“天晓诸人入市”“诸色杂卖”等,都能在这画面中找到生动的图释。画中的“孙羊店”“脚店”等,与《东京梦华录》中所记的“曹婆婆肉饼”“正店七十二户……其余皆谓之脚店”等,无有不符。画面细节的刻画也十分真实,如桥梁的结构,车马的样式,人物的衣冠服饰,各行各业人员的活动,皆细致入微。它不是一般热闹场面的记录,而是通过对各阶层人物活动的生动描绘,深刻地揭示出这一特定历史时期的社会生活状况。画中丰富的内容,有着文字无法取代的历史价值,在艺术表现的同时,也是为12世纪中国城市生活状况留下的重要形象资料。

1. 请写出这篇课文的教学价值。(4分)

2. 请为此文设计教学目标。(3分)

3. 根据教学目标,设计教学过程。(10分)

4. 设计完整的板书。(4分)

## 八、写作题(本大题共20分)

各个电视台不断推出“梦想”类节目,“梦想搭档”“中国梦想秀”“梦想成真”等,不少的平凡人通过这些节目实现自己的梦想,就连52岁的浙江菜贩范国梁都来到北京,成为北京大学的一名旁听生。只读过三年书的他,想重新修订先祖古籍。事实上,在北大清华等高校,旁听生数以千计,从二十岁出头到年过花甲;他们倔强地坚守着自己的梦想,在京过着窘困的生活,未来的出路更是渺茫……

有人佩服他们的勇气和毅力;有人认为这是不切合实际的梦想;有人认为这是体验读书的感觉,获得读书的乐趣。

请以“梦想”为话题,写一篇作文,文体自选(诗歌除外),不少于500字。

# 浙江省教师招聘考试中小学语文预测试卷(六)

**考生须知：**

1. 本试卷分试题卷和答题卷,满分100分,考试时间150分钟。
2. 答题前,在答题卷密封区内填写姓名、身份证号、报考单位、报考岗位、试场号和座位号。
3. 所有答案必须写在答题卷上,写在试题卷上无效。
4. 考试结束,上交试题卷和答题卷。

**一、单项选择题(本大题共6小题,每小题2分,共12分)**

1. 下列词语中,加点字的读音全都正确的一组是( )

A. 剽悍(piāo)　语塞(sè)　多棱镜(líng)　不着边际(zhuó)

B. 矗立(chù)　角斗(jué)　配给制(jǐ)　公开露面(lòu)

C. 散播(sàn)　拂晓(fó)　一溜烟(liù)　相机行事(xiàng)

D. 说服(shuō)　撷取(xié)　文绉绉(zōu)　消弭灾祸(mǐ)

2. 下列各项中,没有错别字的一项是( )

A. 取谛　甲醇　告罄　姗姗来迟　斩钉截铁

B. 猥锁　伶仃　轮廓　忧心忡忡　包罗万象

C. 紫藤　晌午　闲暇　心有灵犀　屈指可数

D. 踌躇　污秽　吞噬　语无轮次　臭名昭著

3. 下列句子中标点符号使用正确的一项是( )

A. 我们往往会遇到这样的情况:只从一个方向考虑问题,路子越走越窄。换个角度想一想,或许会得到意想不到的收获。

B. "人非圣贤,孰能无过"? 问题在于,有了"过",是任其自然发展,还是从"过"中吸取教训,变"过"为前进的动力。

C. 我们听说中国古代有三皇五帝,便要问问:这是谁说的话? 最先见于何书?

D. 船队经过宝应湖、高邮湖、邵伯湖,再走七、八公里,最后就到风景如画的凤凰岛了。

4. 泰戈尔在1913年凭借他的哪一部作品成为第一位获得诺贝尔文学奖的亚洲人( )

A.《飞鸟集》　B.《新月集》

C.《家庭与世界》　D.《吉檀迦利》

5. 英国作家詹姆斯·巴里创造的一个永不长大的童话形象是( )

A. 温尼·菩　B. 长袜子皮皮　C. 小王子　D. 彼得·潘

2. 这篇作品的主旨是什么?(2分)

3. 有人称它是“一个特别能唤起联想的好童话”,为什么?(5分)

## 五、诗歌鉴赏(本大题共2小题,每小题4分,共8分)

**同褒子秋斋独宿**

(唐)韦应物

山月皎如烛,风霜时动竹。
夜半鸟惊栖,窗间人独宿。

**和韦苏州[注]秋斋独宿**

(金)赵秉文

冷晕侵残烛,雨声在深竹。
惊鸟时一鸣,寒枝不成宿。

【注】韦苏州:即韦应物,因其曾任苏州刺史,故称“韦苏州”。

1. 这两首诗中诗人的心境有何异同?请作简要分析。

2. 请分别指出两首诗第一句使用的修辞手法,并加以赏析。

## 六、案例分析题(本大题共8分)

下面是教师教学某课时的教学实录片段,阅读并回答问题。

师:同学们,刚才我们都看到了,这些蔬菜的大小、形状、颜色各不相同,我们看看书本上是怎么写

的。读一读,想一想,儿歌告诉我们什么?找一找,还有什么不懂的地方?读的时候要求读准字音,把句子读通顺。

(学生朗读儿歌)

师:下面就请你们在小组内说说自己读懂了什么,还有什么不懂的。

(小组交流,学生无拘无束,畅所欲言)

师:谁来说说通过自学和小组讨论,你知道了什么?

生:我知道了黄瓜的外皮是绿色的。

生:我知道豆角的颜色是青青的,样子细细长长的。

生:我知道了辣椒的样子有一端是尖尖的。

生:我读懂了"茄子高高打灯笼",就是茄子结在枝上,就像灯笼高高挂着一样,整个向下垂。

师:你真棒。(出示挂图引导学生图文对照)大家看茄子结在哪里呢?它挂在枝上的样子像不像灯笼?

生:我读懂了"萝卜地下捉迷藏"。就是说萝卜长在地里,我们只能看到它的叶子,看不到萝卜,好像故意躲起来跟我们玩捉迷藏。

师:可以看出昨天到学校劳动基地里去,大家观察得很仔细。其他同学还有补充吗?(课前老师带学生参观学校劳动基地里的蔬菜,其中就有萝卜)

生:有,我还看到很多萝卜露出头来。有的是白色的,有的是红色的,还有的是紫色的。我觉得很奇怪,萝卜怎么有紫色的呢?就问管理菜园的伯伯,他告诉我这种叫紫胡萝卜。

[问题]阅读该教学实录片段,分析该教师的教学行为。

## 七、教学设计题(本大题共4小题,共17分)

《找春天》是部编版小学语文二年级下册的一篇课文,请按要求完成教学设计。

### 找春天

春天来了!春天来了!

我们几个孩子脱掉棉袄,冲出家门,奔向田野,去寻找春天。

春天像个害羞的小姑娘,遮遮掩掩,躲躲藏藏。我们仔细地找哇,找哇。

小草从地下探出头来,那是春天的眉毛吧?

早开的野花一朵两朵,那是春天的眼睛吧?

树木吐出点点嫩芽,那是春天的音符吧?

D. 清代四大谴责小说指的是《儒林外史》《镜花缘》《官场现形记》《老残游记》。

6.《义务教育语文课程标准》(2022年版)对3~4年级学生在阅读方面的要求有“能背诵优秀诗文(　　)篇(段)”。

A. 50　　B. 60　　C. 80　　D. 100



二、填空题(本大题共6小题,每空1分,共10分)

1. (1)________________,六宫粉黛无颜色。(白居易《长恨歌》)

(2)江南可采莲,________________。(汉乐府《江南》)

2. ________是语言中最小的音义结合体;________是句中最小的能够独立运用的语言单位。

3. 我国汉字字体历经甲骨文、________、________、隶书、楷书(草书、行书)诸般书体变化。

4.《欧也妮·葛朗台》和《高老头》是法国作家________的代表作。

5.《红楼梦》又名________,是中国古典现实主义小说发展的顶峰。

6. 在写作教学中,应注重培养学生观察、思考、________和________的能力。

三、简答题(本大题共3小题,每小题5分,共15分)

1. 简述普通话的音节结构特点。

2. 简述海子诗歌的艺术特色。

3. 请简析莎士比亚的《哈姆雷特》中主人公哈姆雷特的形象。

四、现代文阅读(本大题共3小题,共10分)

### 童年的馒头

如今的幸福时光使我欣慰,不过有时心底也会泛起一缕儿时的苦涩。那时候,娘拉扯着我和妹妹,家里穷得叮当响。我在五里外上小学,六岁的妹妹在家做饭,背着那个比她还高半截的竹篓打猪草,娘起早贪黑挣工分,日子清贫得像一串串干枯的灯笼花。

有一年“六一”,学校说是庆祝儿童节,每个学生发三个馒头。我兴冲冲地对娘和妹妹说:“明天发馒头,妹妹一个,娘一个,我一个。”妹妹笑了,娘也笑了。

那天,学校真的蒸了馍。开完典礼,手里多了片荷叶,荷叶里是三个热腾腾的大馒头。

回家路上,看看手中的馒头,口水一咽再咽,肚皮也发出咕咕的叫声。吃一个吧,我对自己说,于是先吃了自己那个。三两口下去,嘴里还没品出味儿,馒头已不见了。又走了一段,口水和肚子故技重演,而且比刚才还厉害。咋办?干脆,把娘那个也吃了,给妹妹留一个就是了。娘平时不是把麦粑让给我和妹妹,她只喝羹羹吗?娘说过,她不喜欢麦粑呀……等回到家时,我呆呆地看着手中空空的荷叶,里面连馒头屑也没一星儿了。我不知道自己怎样进了门,怎样躲开妹妹的目光。娘笑笑,没吭声。

呆立间,同院的二丫娘过来串门,老远就嚷嚷:"平娃娘,平娃娘!你家的平娃带馒头回来了吗?你看我家的二丫,发三个馒头,一个都舍不得吃,饿着肚皮给我带回来了!"

娘从灶间抬起头,"可不,我家平娃也把馒头全带回来了!你看嘛!"娘说着打开锅盖,锅里奇迹般地蒸着五个白中带黄的大馒头!"你看,老师说我家平娃学习好,还多奖励了两个呢!"

二丫娘看着我,我慌乱地点点头……

那天晌午,娘把馒头拾给我和妹妹,淡淡地说:"吃吧,平娃,不就是几个馒头嘛!"妹妹大口大口咬着馒头,我却哇一声哭了。

后来,我发现,就是在那一天,我的童年结束了。

(有删改)

1."我"是个不懂事的孩子吗?你从哪些地方看出来的?(2分)

2. 怎样看待文中母亲的形象。(3分)

3. 说说"就是在那一天,我的童年结束了"这句话的深刻含义。(5分)

## 五、诗歌鉴赏(本大题共2小题,共8分)

### 春 夕

(唐)崔涂①

水流花谢两无情,送尽东风过楚城。

“等等，老屋！”一个小极了的声音在它门前响起，不注意根本听不到，“请再站一会儿吧，我肚子好饿好饿，外面的树被砍光了，我找不到一个安心织网抓虫的地方。”

老屋低头看看，眼睛眯成一条缝：“哦，是小蜘蛛啊。好吧，我就再站一会儿。”

小蜘蛛飞快地爬进屋子，在屋檐上织了一张又大又漂亮的网。偶尔有虫子撞到网上，小蜘蛛马上爬过去把虫子吃掉。

“小蜘蛛，你吃饱了吗？”老屋问。

“没有，没有！”小蜘蛛一边忙着补网，一边回答，“老屋老屋，我给你讲个故事吧！”

老屋想，这倒很有意思。于是它就开始听小蜘蛛讲故事。

小蜘蛛的故事一直没有讲完，因此，老屋到现在还站在那儿，边晒太阳，边听小蜘蛛讲故事。

**八、写作题(本大题共20分)**

史铁生在《病隙碎笔》中写过这样一段话：

刚坐上轮椅时，我老想，不能直立行走岂非把人的特点搞丢了？便觉天昏地暗。等到又生出褥疮，一连数日只能歪七扭八地躺着，才看见端坐的日子其实多么晴朗。后来又患尿毒症，经常昏昏然不能思想，就更加怀恋起往日时光。终于醒悟：其实每时每刻我们都是幸运的，因为任何灾难的前面都可能再加一个“更”字。

读了上面的文字，你有哪些感悟？

要求：选好角度，确定立意，明确文体；自拟标题，不要套作，不得抄袭，不得泄露个人信息；不少于500字。

# 浙江省教师招聘考试中小学语文预测试卷(八)

考生须知:

1. 本试卷分试题卷和答题卷,满分100分,考试时间150分钟。
2. 答题前,在答题卷密封区内填写姓名、身份证号、报考单位、报考岗位、试场号和座位号。
3. 所有答案必须写在答题卷上,写在试题卷上无效。
4. 考试结束,上交试题卷和答题卷。

**一、选择题(本大题共6小题,每小题2分,共12分)**

1. 下列说法不正确的一项是( )

A. "b、p、m、f"都是声母　　B. "g、k、h、ng"都是辅音

C. "a、o、e、i"都是单韵母　　D. "ai、ei、ao、ia"都是前响复韵母

2. "欲穷千里目,更上一层楼"用了( )的修辞手法。

A. 互文　　B. 比拟　　C. 对偶　　D. 排比

3. 下列各组词语中没有错别字的一组是( )

A. 盘桓　　跌宕生姿　　迨今　　追本溯源

B. 沼泽　　株联璧合　　震慑　　针砭时弊

C. 瓦砾　　责无旁贷　　联络　　励行节约

D. 苍桑　　煞有介事　　羁拌　　一鼓作气

4. 下列各句中标点符号使用合乎规范的一项是( )

A. 科技的发展、经济的振兴、乃至整个社会的进步,都取决于劳动者素质的提高,大量合格人才的培养。

B. 周工程师召集各车间的主任开会,讨论:如何完成本月生产任务的问题。

C. 刘老先生教育他的学生说:"一定要采取实事求是的态度,'知之为知之,不知为不知,'不要强不知以为知。"

D. 他又要所有的草灰(我们这里煮饭是烧稻草的,那灰,可以做沙地的肥料),待我们启程的时候,他用船来载去。

5. 下列关于文学常识的说法正确的是( )

A.《楚辞》中的《离骚》开创了我国古代诗歌现实主义和形式主义并驾齐驱、融汇发展的优秀传统。

B.《古诗十九首》是西汉文人五言诗的代表作品,它以高度的艺术造诣,开创了抒情诗的新风格。

C. 章回体小说的开山之作是明罗贯中在民间流传的《三国志通俗演义》。

D. 被恩格斯誉为"中世纪的最后一位诗人,同时也是新时代的最初一位诗人"的是彼特拉克。

1921年正式成立的。他以著名科学家的身份为研究所作担保，筹集了大量资金。在任所长的40年间，他以特有的人格魅力，吸引了世界各地的青年才俊，使研究所成为当时全世界最重要、最活跃的量子力学研究中心。这里先后培养了600多名物理学家。玻尔使这个科学家群体中的每个个体的力量发挥到极致，形成了以集体讨论和自由探索为特征的研究风格。他还经常在此举办非公开的小型年会，邀请各国著名的物理学家出席，相互学习，启发交流。这里没有论资排辈，只有挑战与争鸣，形成了富有激情和活力、不断进取的学术精神，人们誉之为“哥本哈根精神”，这种精神至今仍在科学研究领域受到推崇。量子力学每前进一步，或多或少都与这个学派科学家的合作研究有关。可以说，玻尔领导的哥本哈根学派具备了一个科学学派应有的优秀特质。

希特勒上台后，玻尔以访问德国为名，暗地调查德国科学家的安全情况，然后设法把可能受到迫害的犹太科学家转移到安全地方。他还积极创立和参加丹麦救援组织，尽力帮助逃到哥本哈根的科学家与其他难民。

德国纳粹控制丹麦后，玻尔起初留在国内，与抗敌组织保持密切联系。他一贯的不合作态度，令纳粹非常恼火。1943年玻尔受到纳粹分子的威胁，他冒险出逃，历尽艰险，辗转到达美国。在美期间，为抗击法西斯，他曾参加原子弹的研制工作。在研制过程中，他就考虑到这一研究成果对未来世界的影响，并曾多次接触英美首脑，建议他们及早与苏联达成控制原子武器的协议，但没有成功。

二战后，玻尔积极倡导和实施国际间的科学合作。1957年，美国福特基金会将第一届“原子为了和平”奖授予玻尔，以表彰他“在全世界迫切需要的原则上，以友好的精神进行科学探索，在和平利用原子能以满足人类需要方面作出了榜样”。

（摘编自邹丽焱《玻尔传》）

19. 下列对材料有关内容的分析和概括最恰当的是（　　）（2分）

A. 爱因斯坦与玻尔在争鸣中惺惺相惜，爱因斯坦高度评价玻尔的贡献，玻尔也感念爱因斯坦的支持，他们之间建立了长久的友谊。

B. 玻尔以自己创办的研究所为平台，通过邀请各国科学家前来交流学习，使团队的成员能有机会博采众长，不断发展量子力学理论。

C. 玻尔敏锐察觉到纳粹将要对犹太人实施迫害，及时转移了大批犹太科学家，后来还亲自参加了丹麦的抗敌组织，反对纳粹暴行。

D. 玻尔不但有科学家的直觉，也不乏政治家的远见。他预感到核武器的危害，试图尽力说服各大国首脑达成禁止使用核武器的协议。

20. 文中说：“玻尔领导的哥本哈根学派具备了一个科学学派应有的优秀特质。”请结合材料，具体分析哥本哈根学派有哪些“优秀特质”。（3分）

21. 玻尔“特有的人格魅力”表现在哪些方面？请结合材料谈谈你的看法。(4分)

## 五、案例分析题(本大题共8分)

22. 阅读二年级上册课文《黄山奇石》及其教学片段,回答问题。

师:“猴子观海”有趣,“仙人指路”也很有趣。(点击课件,投影出示“仙人指路”图片及相关文字:远远望去,真像一位仙人站在高高的山峰上,伸出手臂指向前方)自由读读这句话,谁来学做一下这块石头的样子。

(生自由读,学做仙人指路样)

师:同学们,假如你在黄山游玩,山路一转,突然看到远处高高的山峰上有一块这样的石头,你会觉得怎样？谁愿意到讲台前学做一下。(指名学生模仿)

生1:真是太神奇了。

生2:我想走上前去看个究竟。

师:请同学们表演读这句话。

(生表演读)

师:(指名其中一位较活跃学生)请问仙人,去“猴子观海”的路怎么走?

生:(犹豫了一下)噢,一直往前走,再右转就到了。

师:谢谢！同学们,假如你是山中的仙人,你会对游客说些什么话?

生1:欢迎你,远方的朋友。

生2:欢迎你们来黄山玩,在看奇石时,可要注意安全哦！那边还有许多奇石,我带你们去。

师:谢谢各位小仙人。在黄山,陡峭的山峰上有一块酷似猴子观海的石头,高高的山峰上有一位仙人在指路。这一切多么有趣啊！让我们一起读一读这段话吧。

[问题]结合课标分析该教师的行为。

## 六、教学设计题(本大题共17分)

23.《祖父的园子》是部编版小学语文五年级下册的一篇课文,如果你来执教这篇课文,请按要求完成教学设计。

### 祖父的园子

我家有一个大花园,这花园里蜜蜂、蝴蝶、蜻蜓、蚂蚱,样样都有。蝴蝶有白蝴蝶、黄蝴蝶。这种蝴蝶小,不太好看。好看的是大红蝴蝶,满身带着金粉。蜻蜓是金的,蚂蚱是绿的。蜜蜂则嗡嗡

# 图书反馈

## 重磅!真题重奖征集!

「**凡提供当年度考试真题者,根据真题完整度,可获得0~500元现金奖励。**」

具体请联系QQ:1831595423

(温馨提示:所提供真题须是当年度考试真题,且真实有效。最终解释权归山香教育所有)

亲爱的考生:

感谢您对山香教育的信任和支持,您的建议是我们前进的动力!为进一步提高图书质量,我们特向全国各地的考生开展有奖反馈活动。

❶ **凡通过研发部QQ提供山香图书错题反馈者,均能获得价值99元的山香网课《高频考点》(基础版)大礼包1份。**

❷ **凡通过图书反馈链接提供山香图书意见反馈者,可获得价值299元的山香网课《高频考点》(豪华版)超级大礼包1份。**

¥99 大礼包

¥299 超级大礼包

图书反馈链接

联系方式:400-600-3363　　研发部QQ:1831595423

招教网
招考资讯抢先知晓

山香官网
一站式考编服务平台

山香网校
线上学习方便快捷

图书订正链接
全面勘误及时更新

**图书在版编目(CIP)数据**

浙江省中小学教师招聘考试历年真题解析及预测试卷．语文 / 山香教师招聘考试命题研究中心主编．-- 北京：首都师范大学出版社，2022.9

ISBN 978-7-5656-7160-9

Ⅰ．①浙… Ⅱ．①山… Ⅲ．①语文课－教学法－中小学－教师－聘用－资格考试－习题集 Ⅳ．①G451.1－44

中国版本图书馆 CIP 数据核字(2022)第 168051 号

浙江省中小学教师招聘考试历年真题解析及预测试卷

**YUWEN**

**语 文**

山香教师招聘考试命题研究中心　主编

---

策划编辑　张文强

责任编辑　李军政　曹亮亮　　　　封面设计　山香教育

首都师范大学出版社出版发行

地　　址　北京市海淀区西三环北路105号

邮　　编　100048

电　　话　010-68418523(总编室)　　010-68982468(发行部)

网　　址　http://cnupn.cnu.edu.cn

印　　刷　河南黎阳印务有限公司

经　　销　全国新华书店

版　　次　2022年9月第1版

印　　次　2023年1月第1次印刷

开　　本　787mm×1092mm　1/16

印　　张　12.5

字　　数　244千

定　　价　42.00元

---

# 前　言

近年来，国家扩大和补充教师队伍的政策力度不断加大，教育部指出："深化教师队伍补充机制改革，确保教师聘用质量。全面推行新任教师公开招聘制度，形成长效机制。"这意味着教师招聘考试将日益规范和深入。对每一位立志成为人民教师的考生来说，这既是新的契机，也是巨大的挑战。教师招聘考试(教师入编考试，简称招教考试)是我国公开招聘教师的选拔性考试，其目的是为教育行政部门录用优秀教师提供依据。各地依据考生笔试成绩，结合面试情况，按已确定的招聘计划择优录取。

考生如何在严峻的教师招聘考试中脱颖而出呢？除了要具备扎实的专业知识外，短时间内系统、针对性地复习和训练也是必需的。为了让更多的考生有针对性地备考，使复习有方向、有条理，作为国内研究开发教师招聘考试辅导教材的专业机构，山香教育专门为有志于教育事业、需要通过教师招聘考试实现人生理想的广大浙江考生朋友推出了《浙江省中小学教师招聘考试历年真题解析及预测试卷．语文》试卷。

本试卷具有以下特点：

第一，真题新。本试卷精选了教师招聘考试中具有代表性的真题，知识点涵盖全面且题型丰富，体现了课程标准和考试大纲的要点，揭示了教师招聘考试的命题规律与趋势。

第二，内容精。试卷内容注重对考生思想和方法的考查，注重对考生能力的考查，同时兼顾试题的基础性、综合性和现实性，注重试题间的层次性与科学性，通过多角度、多层次的考查练习，充分体现科学考查考生综合素养的招教考试要求。

衷心希望本试卷能为考生顺利通过招教考试提供实在且有效的帮助。

编　者

B. 春草池塘仍旧迹,东山风月绘名园。

C. 踪留潭影绿,帘卷海棠红。

4. 下列诗句中,没有运用典故的一句是(　　)(1分)

A. 日暮汉宫传蜡烛,轻烟散入五侯家。　　B. 一水护田将绿绕,两山排闼送青来。

C. 晚泊孤舟古祠下,满川风雨看潮生。　　D. 怀旧空吟闻笛赋,到乡翻似烂柯人。

第4题

5. 下列作品中,标志中国现代长篇小说创作走向成熟的一项是(　　)(1分)

A. 鲁迅《狂人日记》　　B. 茅盾《子夜》

C. 巴金《家》　　D. 沈从文《边城》

第5题

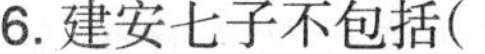

6. 建安七子不包括(　　)(1分)

A. 嵇康　　B. 孔融　　C. 王粲　　D. 陈琳

第6题

**二、阅读鉴赏(本大题共12小题,共40分)**

(一)名著阅读

7. 祥子因不喜欢虎妞而离开,不久又回来了;简·爱因得知罗切斯特的妻子还活着而选择离开,但最终又回到他身边。他们的"回来"分别刻画了怎样的人物形象?请结合小说内容简要分析。(4分)

(二)文学类文本阅读

## 好记性的人

(瑞士)彼得·比克塞尔

①我认识这样一个人,他能背得出整个列车运行时刻表。他把时间都消磨在车站上,整天观察火车如何进站、出站。他总是呆呆地注视车厢,注意车头牵引力的大小和车轮的尺寸,对那些列车开动之际一跃而上的乘务员,对车站的站长,他都羡慕不已。铁路,这是能给他的生活带来乐趣的唯一事物。

②他能识别每一列火车,知道它从何处开来,又驶向何方;他清楚每一列火车的编号,知道它挂不挂餐车,带不带邮车。他能随口报出买一张到弗拉乌恩法尔特,到奥尔登,到尼特比普或任何一个小站的车票的票价。

③他不上馆子,不进电影院,不散步。他没有自行车,没有收音机和电视机。他不读书,不看报,即使收到信也不拆开信封,他没有时间。他在车站上度日。只有五月或十月,列车运行时刻表变换的时候,才有几个星期不见他露面。

④在此期间,他在家中将新的列车运行时刻表从第一页审阅到最后一页,每发现一个变更之处,心中都有说不尽的高兴。然后,他把新的运行时刻表滚瓜烂熟地背将出来。

⑤偶尔也会有旅客向他打听某趟火车的开车时刻。这下,他满脸熠熠生辉。而向他打听开车时刻的人便无法脱身,非得误车不可。他不但告诉别人开车时间,还如数家珍地说出该趟车的车次,车厢的号码,有可能中转的站名,抵离各站的时刻。他会不厌其烦地告诉提问者,乘坐这趟车也可以去巴黎,可是得在什么什么地方倒车,然后什么时刻到达……可是提问者对这些都不感兴趣。对此,他实在大惑不解,倘若有谁在他炫耀完他的真才实学之前置他于不顾,抽身而去,他就会火冒三丈,口出不逊,他会冲着离去的背影乱喊:“您对铁路旅行一窍不通!”

⑥他自己却从未乘过一次火车。

⑦“坐不坐火车无关紧要。”他这样说道。他认为,有关铁路的一切,他早就了如指掌。“只有记性不好的人才乘火车,”他说,“假如他们有个好记性,就完全可以像我一样记住各列火车的抵离时间,这样,他们就大可不必为了消磨时间去乘坐火车了。”

⑧我试图开导开导他,对他说:“有些人喜爱旅行,喜欢坐火车,他们向车窗外张望,看看他们都经过什么地方……”

⑨可是他勃然变色,以为我在取笑他。他说道:“这些都在行车时刻表上印着呢!喏,他们将经过路特巴赫,经过德汀根、万恩、尼特比普、云希恩、上布赫西顿、艾格尔克恩,还有海根多夫。”

⑩“也许他们得坐火车赶到什么地方去呢。”“这也不对!”他说道,“差不多所有的人总要坐火车回来的,有些人甚至早晨乘车去,晚上又乘车回,他们的记性差到这种程度。”

⑪他开始在车站上诟骂旅客。他朝着旅客的后背大骂:“你们这些白痴!你们完全丧失了记忆!”有时他大声喊道:“你们会经过海根多夫!”如果乘客一笑置之,他就上前把人家从车厢踏脚板上往下拖,一面恳求人家听听他的忠告:“我会把一切都说给你们听!你们在十四点二十七分经过海根多夫,这一点我知道得清清楚楚,你们把钱白白扔在铁路上!听我说,列车时刻表上什么都有……”甚至发展到要打人的地步。他喊道:“谁不听我的,让他尝尝味道!”

⑫这一来站长没有其他办法了,只好明确地向他提出警告:假如再这样行为不端,就禁止他到站上来。他被唬住了。不来车站,那他就无法活下去。他一句话也不说,整天坐在长凳上,看着火车开进开出,不时耳语般地背诵着一些数字。他的目光尾随着进站的旅客,觉得怎么也无法理解他们。

⑬故事似乎应到此为止。

⑭可是,多年以后,这个车站新开设了一个问事处。那窗口后面,坐着一个身穿制服的职员,他对铁路方面的任何问题都能回答。那位好记性的人不相信这一点。他每天都到问事处去,提出极复杂的问题,来考考那位职员。

⑮他问道:“夏季每星期日于十六时二十四分到达吕伯克的那列火车的号码是多少?”那位职员查阅了一本小册子,给了他答案。不管他问什么,那职员都很快回答了他。

⑯于是,这位好记性的人走回家去,把他所有的列车时刻表一把火烧光。

⑰有一回他问那职员:“车站的台阶一共多少级?”那职员回答道:“这我可不知道。”他高兴得一蹦

王青(山东大学考古系教授):四五千年前的良渚文化玉器上的兽面纹普遍流行,可见我国东部沿海地区的神灵崇拜是很发达的。后来又传入了中原地区,并演变成三代青铜器上装饰的饕餮纹。从兽面纹到饕餮纹,真切反映了早期中国的原始思维特点,也说明早期中国的神灵崇拜是一脉相承的。从这些图像上我们可以看到,早期中国的神灵是以艺术想象出来的兽面和饕餮为中心,将老虎、鳄鱼、蟒蛇、鸟、牛、鹿等各种动物的典型特征综合起来,赋予了它们超乎自然的神力。比如在良渚时期,兽面神灵主要是综合了鹰鸟的羽毛及鳄鱼的獠牙和足爪,到夏商时期又加入老虎的獠牙和大眼睛、蟒蛇的身躯,以及牛和鹿的弯角等,从而艺术性地创造出有名的“饕餮”大神。饕餮神灵应该就是夏商时期人们信奉的“最高神”,甲骨文中把这个大神叫作“夔”。古人相信,通过祭祀这些能沟通天地的神灵,就能实现消灾祈福的“世俗”愿望。

——钱欢青《王青:神灵考古与早期中国》(节选)

**【资料三】**

饕餮究竟是什么?这迄今尚无定论。唯一可以肯定的是,它是兽面纹。是什么兽?各种说法都有。本书基本同意它是牛头纹。但此牛非凡牛,而是当时巫术宗教仪典中的圣牛。现代民俗学对西南少数民族的调查表明,牛头作为巫术宗教仪典的主要标志,被高高挂在树梢,对该民族部落具有极为重要的神圣意义和保护功能。所以各式各样的饕餮纹样及以它为主体的整个青铜器其他纹饰和造型、特征都在突出这种指向一种无限深渊的原始力量,突出在这种神秘威吓面前的畏怖、恐惧、残酷和凶狠。

历史从来不是在温情脉脉的人道牧歌声中进展,相反,它经常要无情地践踏着千万具尸体而前行。原始社会晚期以来,随着氏族部落的吞并,战争越来越频繁。非我族类,其心必异,杀掉甚或吃掉非氏族、部落的敌人,杀俘以祭本氏族的图腾和祖先,更是当时的常礼。因之,吃人的饕餮倒恰好可作为这个时代的标准符号。神话失传,意已难解。但吃人这一基本含义,却是完全符合凶怪恐怖的饕餮形象的。它一方面是恐怖的化身,另一方面又是保护的神祇。它对异氏族、部落是威惧恐吓的符号;对本氏族、部落则又具有保护的神力。这种双重性的宗教观念、情感和想象便凝聚在此怪异狞厉的形象之中。

同时,由于早期宗法制与原始社会毕竟不可分割,这种凶狠残暴的形象中,又仍然保持着某种真实的稚气。从而使这种毫不掩饰的神秘狞厉,反而荡漾出一种不可复现和不可企及的童年气派的美丽。好些饕餮纹饰也是如此。它们仍有某种原始的、天真的、拙朴的美。

——李泽厚《美的历程》(节选)

12. 整理资料时,小组成员做了几条笔记。依据“资料夹”的内容,判断正误。(填“正确”或“错误”)(3分)

(1)饕餮从远古妖兽变为神灵,是与社会生产发展相关的。(　　)

(2)王青认为饕餮纹是从兽面纹发展而来,综合了多种动物的特征。(　　)

(3)饕餮纹凶狠残暴的形象中透着拙朴的美,体现了人类早期艺术的稚嫩。(　　)

13. 筛选信息时，小组成员对下面这段文字要不要收入"资料夹"展开讨论。根据活动目的，发表你的看法。(4分)

在第五套人民币20元币的正面，"中国人民银行"和"20"数字之间的花纹里，能辨认出一人头形状，眼睛、鼻子、耳朵、嘴、下巴都像模像样。金沙遗址博物馆馆长朱章义告诉记者，20元人民币上面的是"饕餮纹"，饕餮是一种想象中的神秘怪兽。饕餮纹是青铜器上常见的花纹之一，盛行于商代至西周早期。另有钱币专家称，这种设计源于防伪和艺术双重考虑。

——"百度百科·饕餮纹"(节选)

14. 学习小组将要发布题为《琮琮是妖兽？——饕餮纹探源》的推文。请你结合以上资料，按要求写一段导语。(3分)

[写作要求]①能提示主要内容，引导读者阅读；②正确书写汉字，准确使用标点，规范运用语言；③100字左右；④不得出现真实的人名等。

15. 下面是一位读者阅读推文后的留言，你赞同他的看法吗？结合以上资料，帮学习小组回复。(3分)

| 食神：<br>饕餮的文化形象在我国历史中几经转变、褒贬反复。我觉得以饕餮纹作为头饰纹样与亚运会吉祥物琮琮寓意不太匹配。 |
|---|

(四)文言文阅读

尽管有了"健康码"，但很多同学依然担忧，纷纷表示还是不清楚伤寒感冒和新型冠状肺炎的区别，语文老师找出了张仲景的《伤寒论》，摘录了其中一些文字，和大家一起学习。

阴阳大论云：春气温和，夏气暑热，秋气清凉，冬气冷冽，此则四时正气之序也。

下面是就“家长作业”进行的采访：

| [采访1] | [采访2] | [采访3] |
| --- | --- | --- |
| ※受访家长：小学一年级孩子母亲杨女士<br>※家长作业：一学期老师会让家长和孩子一起做一两次手抄报，一般会在周末花三到四个小时做这项作业，“比较麻烦，要家长自己设计，还要涂色”。<br>※家长意见：不建议老师给家长布置作业，也不支持让家长和孩子一起完成作业。她说，这些作业加重了家长负担，而且很多情况下家长过于包办，完全取代孩子来完成作业，最后成了“考家长而不是考孩子”。 | ※受访家长：小学三年级孩子母亲刘女士<br>※家长作业：需要家长参与的主要是语文和英语的听写作业，频率约每周一两次。<br>※家长意见：家长有义务教导自己的孩子。家长不能把孩子全推给老师，自己对孩子都不上心，还能指望什么呢？ | ※受访教师：某小学四年级班主任老师<br>※教师意见：家长配合学校做好孩子的教育工作，并不是简单地陪孩子完成作业。 |

24. 阅读下面的文字，按要求写作。(15分)

所谓“我在”，是“我在场”，是我在看、在听、在感受、在坚持。

所谓“我在”，是“有我在”，是对真相与正义的信念，是担当，是责任。

所谓“我在”，是“我还在”，是渡尽劫波人还在、爱还在。

——2021年《南方周末》新年献词《哪怕世界在历史三峡中漂流，你我有彼此在》(节选)

上述材料引发了你哪些联想与思考？请你写一篇文章，可以讲述经历，可以阐述观点，也可以抒发感想。

要求：(1)立意自定，题目自拟。(2)文体自选，诗歌除外。(3)不少于600字。(4)文中不得出现个人信息。

# 2022年6月浙江省杭州市教师招聘考试中小学语文真题试卷(精编)(二)

本套试卷共19小题,包括基础知识(15小题),教材教法(3小题为选做题),写作(1小题)。目前已收录17小题。

**考生须知:**

1. 本试卷分试题卷和答题卷,满分100分,考试时间120分钟。

2. 答题前,在答题卷密封区内填写姓名、身份证号、报考单位、报考岗位、试场号和座位号。

3. 所有答案必须写在答题卷上,写在试题卷上无效。

4. 考试结束,上交试题卷和答题卷。

**一、基础知识(本大题共14小题,每小题3分,共42分)**

1. 下列词语中加点的字,读音全部正确的一项是(　　)(常考)

A. 吐槽(tù)　攥紧(zuàn)　潜移默化(qián)　厉兵秣马(mò)

B. 载体(zǎi)　不啻(chì)　嗤之以鼻(chī)　荆钗布裙(chāi)

C. 浆糊(jiàng)　河蚌(bàng)　书声琅琅(láng)　莘莘学子(shēn)

D. 卡点(kǎ)　龅牙(bào)　火中取栗(lì)　踔厉奋发(chuō)

2. 下列词语中,没有错别字的一项是(　　)

A. 砥砺　奔溃　戈壁滩　痛心疾首　B. 驰援　福祉　捉迷藏　仗义直言

C. 贻误　边陲　交谊舞　寥若晨星　D. 吆喝　绪论　舶来品　展露头角

3.《红楼梦》"甄士隐梦幻识通灵,贾雨村风尘怀闺秀"一回中讲述通灵宝玉来历时有一首偈:"无材可去补苍天,枉入红尘若许年。此系身前身后事,倩谁记去作奇传。"根据你的理解,此偈中"倩"的意思是(　　)

A. 女子的名字　B. 美丽　C. 借,借助　D. 请

4. 下面语段中的画线处,应填的一组词语是(　　)

第4题

远读是数字人文的基石。大规模的文本集合上的远读,基本可以归为两类:一是对文本集合整体统计特征的描述,一是对文本集合内在结构特征的________。例如,数字人文学者米歇尔等人对数百万册数字化图书进行多种词汇和词频统计,以分析英语世界的语言________,这属于前者;莫莱蒂用地图、树结构来分别________文学作品的地理特征和侦探故事的类

12. 绍兴兰亭景区有一副楹联，上联为：雅集鸿文传百代。从下列选项中找出它的下联是（　　）

A. 列坐放言无古今　　　　B. 流觞韵事足千秋

C. 流觞却异永和人　　　　D. 必至群贤泽万事

13. 下列各句中表达最得体的一项是（　　）（常考）

A. 杂志刊物声明：《××周刊》接受网上投稿的唯一邮箱为 xxzk@xxx.com，网络上流传的其他投稿网站都是假的，敬请作者当心被骗。

B. 课堂即兴发言：感谢王同学抛砖引玉的精彩发言，我深受启发，因此迫不及待地也想来分享一下对于这个问题的浅陋之见。

C. 防电信诈骗宣传语：电信诈骗精妙，不能鬼迷心窍。

D. 将自己著作赠送大学恩师：拙作新成，惶恐以赠，尚祈雅正，不吝赐教。

14. 下面文言语段断句正确的一项是（　　）

A. 天下之事，常发于至微，而终为大患。始以为不足治／而终至于不可为／当其易也／惜旦夕之力／忽之而不顾。及其即成也，积岁月，疲思虑，而仅克之，如此指者多矣。

B. 天下之事，常发于至微，而终为大患。始以为不足／治而终／至于不可为／当其易也惜／旦夕之力／忽之而不顾。及其即成也，积岁月，疲思虑，而仅克之，如此指者多矣。

C. 天下之事，常发于至微，而终为大患。始以为不足／治而终／至于不可为／当其易也／惜旦夕之力忽之／而不顾。及其即成也，积岁月，疲思虑，而仅克之，如此指者多矣。

D. 天下之事，常发于至微，而终为大患。始以为不足治／而终至于不可为／当其易也惜／旦夕之力／忽之而不顾。及其即成也，积岁月，疲思虑，而仅克之，如此指者多矣。

## 二、教材教法（本大题共20分）

选做题，根据你报考的小学、初中、高中岗位，选择相应学段的教学内容，完成该教学内容的教学目标和教学过程设计。

（一）小学教学内容

六年级上册第一单元课文《丁香结》中的内容，本单元语文要素是“阅读时能从所读的内容想开去”。

### 丁香结

今年的丁香花似乎开得格外茂盛，城里城外，都是一样。城里街旁，尘土纷嚣之间，忽然呈出两片雪白，顿使人眼前一亮，再仔细看，才知是两行丁香花。有的宅院里探出半树银妆，星星般的小花缀满枝头，从墙上窥着行人，惹得人走过了还要回头望。

城外校园里丁香更多。最好的是图书馆北面的丁香三角地，种有十数棵的白丁香和紫丁香。月光下白的潇洒，紫的朦胧。还有淡淡的幽雅的甜香，非桂非兰，在夜色中也能让人分辨出，这是丁香。

在我断断续续住了近三十年的斗室外，有三棵白丁香。每到春来，伏案时抬头便看见檐前积雪。雪色映进窗来，香气直透毫端。人也似乎轻灵得多，不那么浑浊笨拙了。从外面回来时，最先映入眼帘的，也是那一片莹白，白下面透出参差的绿，然后才见那两扇红窗。我经历过的春光，几乎都是和这几树丁香联系在一起的。那十字小白花,那样小,却不显得单薄。许多小花形成一簇,许多簇花开满一树,遮掩着我的窗,照耀着我的文思和梦想。

古人诗云:"芭蕉不展丁香结""丁香空结雨中愁"。在细雨迷蒙中,着了水滴的丁香格外妩媚。花墙边两株紫色的,如同印象派的画,线条模糊了,直向窗前的莹白渗过来。让人觉得,丁香确实该和微雨连在一起。

只是赏过这么多年的丁香,却一直不解,何以古人发明了丁香结的说法。今年一次春雨,久立窗前,望着斜伸过来的丁香枝条上一柄花蕾。小小的花苞圆圆的,鼓鼓的,恰如衣襟上的盘花扣。我才恍然,果然是丁香结。

丁香结,这三个字给人许多想象。再联想到那些诗句,真觉得它们负担着解不开的愁怨了。每个人一辈子都有许多不顺心的事,一件完了一件又来。所以丁香结年年都有。结,是解不完的;人生中的问题也是解不完的,不然,岂不太平淡无味了吗?

(二)初中教学内容

初一上册第六单元《赫尔墨斯和雕像者》。

**赫耳墨斯和雕像者**

**《伊索寓言》**

赫耳墨斯想知道他在人间受到多大的尊重,就化作凡人,来到一个雕像者的店里。他看见宙斯的雕像,问道:"值多少钱?"雕像者说:"一个银元。"赫耳墨斯又笑着问道:"赫拉的雕像值多少钱?"雕像者说:"还要贵一点儿。"后来,赫耳墨斯看见自己的雕像,心想他身为神使,又是商人的庇护神,人们对他会更尊重些,于是问道:"这个值多少钱?"雕像者回答说:"假如你买了那两个,这个算添头,白送。"

这故事适用于那些爱慕虚荣而不被人重视的人。

**三、写作(本大题共35分)**

根据提供的材料,从主题思想和写作特点两个角度写一篇赏析文章。文中不得出现真实的人名、学校、单位。报考小学、初中、高中岗位,分别不少于500、600、700字。

**心"碎"**

**崔　立**

院门虚掩着。他轻轻推开门,转过迎门墙,看到母亲正坐在窗前的丁香旁,低头掐辫子——将麦秸秆编成辫子。丁香花稠密,一树白,把母亲的一头白发映得更白了。

D.“好，”他对我说：“现在你把左脚踏到那块岩石上，不要担心下一步，听我的话。”

5. 下列句子中没有语病的一项是(　　)(3分)

第5题

A.“闪送”创立同城速递新样本。据统计，今年闪送服务已覆盖全国逾157座城市以上。

B. 学校教育弘扬传统文化，对于实现梦想，对于奠定和谐社会基础，对于中华民族的伟大复兴具有不可替代的作用。

C. 杭州举办2022年第19届亚运会，将推动奥林匹克运动，同时将提高杭州的国际知名度，促进杭州经济社会的全面发展。

D. 社会公众普遍认为城市形象标志设计意义重大，这不仅需要政府和设计机构的努力，还需要全体市民的广泛参与和认同。

6. 按顺序排列下面几个句子，组成语意连贯的一段话，排序正确的一项是(　　)(3分)

第6题

①哈萨克白色的毡房错落在草地上，草地上白色羊群、棕色马群与湛蓝天空上的白云相映成趣。

②汽车颠来倒去，让人很不舒服，放眼窗外，却赏心悦目。

③地势渐渐升高，白杨林荫道不见了，道路变得崎岖不平。

④远方天山雪峰银光闪闪，近山却郁郁葱葱，山顶针叶林，山腰阔叶林，接近山麓则是绿草如茵。

⑤汽车驶出伊犁哈萨克族自治州首府伊宁市，沿白杨夹道的公路向东飞驰，丰饶的原野一如内地。

A. ⑤④①②③　　B. ⑤③②④①　　C. ⑤②①③④　　D. ④①③②⑤

7. 下列有关文学常识、成语及名著的表述，有错误的一项是(　　)(3分)(易混)

第7题

A.《马说》《伤仲永》《记承天寺夜游》《醉翁亭记》都是“唐宋八大家”的作品。

B. 成语“舍生取义”“老骥伏枥”“豁然开朗”分别出自《孟子》、曹操的《龟虽寿》、陶渊明的《桃花源记》。

C.“格物、致知、诚意、正心、修身、齐家、治国、平天下”被后世称为《大学》的“八条目”。

D.《水浒传》中与武松有关的几个故事按时间从先到后的顺序排列分别是打虎景阳冈、大闹飞云浦、醉打蒋门神、血溅鸳鸯楼。

8. 以下诗句，表述正确的请打“√”，表述错误的请打“×”。(4分)

第8题

(1)边塞诗是唐代诗歌的主要创作题材，如边塞诗人代表王昌龄《逢入京使》所写诗句：青海长云暗雪山，孤城遥望玉门关。(　　)

(2)《滁州西涧》是唐朝诗人韦应物的写景名篇。其中，最被后人称道又极富有情感的诗句是“春潮带雨晚来急，野渡无人舟自横”。(　　)

(3)“中庭地白树栖鸦，寒食东风御柳斜”出自唐朝诗人王建的《十五夜望月》这首诗。诗人运用了形象的语言描绘出一幅寂寥、清冷的画面。(　　)

(4)“千里莺啼绿映红，水村山郭酒旗风”出自唐朝诗人杜牧《江南春》这首诗，描绘了明媚的江南春光。(　　)

(二)文言文阅读

【甲】 **欧阳文忠公屡乞致仕**

欧阳文忠公屡乞致仕。门人因间言曰:"公德望为朝廷倚重,且未及引年,岂容遽去?"公答曰:"修平生名节为后生描画尽,惟有早退,以全晚节,岂可更俟驱逐乎?"

初,公在亳[①],已六请致仕,比至蔡[②],逾年复请。四年,以观文殿学士、太子少师致仕。

【注】①亳:亳州。②蔡:蔡州。

【乙】 **祭欧阳文忠公文(节选)**

夫事有人力之可致,犹不可期,况乎天理之溟漠[①],又安可得而推?

惟公生有闻于当时,死有传于后世,苟能如此足矣,而亦又何悲!如公器质[②]之深厚,智识之高远,而辅学术之精微,故充于文章,见于议论,豪健俊伟,怪巧瑰琦。其积于中者,浩如江河之停蓄;其发于外者,烂如日星之光辉。其清音幽韵,凄如飘风急雨之骤至;其雄辞闳辩,快如轻车骏马之奔驰。世之学者,无问乎识与不识,而读其文,则其人可知。

【注】①溟漠:幽暗寂静,这里是渺茫的意思。②器质:才能、度量和品质。

9. 解释画线词的意思。(4分)

①屡乞致仕　　　致仕:

②夫事有人力之可致　可致:

10. 关于以下翻译和赏析,错误的一项是(　　)(3分)

A. 乙文中"苟能如此足矣,而亦又何悲!"的意思是"如果能够这样就足够了,还有什么可悲伤的呢?"

B. 甲文中可看出欧阳文忠公是一个淡泊名利,有自知之明的人。

C. 乙文主要善用比喻,句式骈散错落,并且注重音韵变化,读来声调起伏顿挫。

D. 乙文主要褒扬欧阳文忠公虽然仕途崎岖,但不畏不屈,忠于国家的政治道德。

11. 以下不是赞美欧阳文忠公的一句是(　　)(3分)

A. 公德望为朝廷倚重。

B. 况乎天理之溟漠,又安可得而推?

C. 世之学者,无问乎识与不识,而读其文,则其人可知。

D. 其积于中者,浩如江河之停蓄;其发于外者,烂如日星之光辉。

(三)阅读下面材料,完成练习

【材料一】

与传统教育不同,"互联网+教育"代表着全新的教育模式和最新的教育理念。"互联网+"让教育从封闭走向开放,打破了权威对知识的垄断,人人能够创造知识,人人能够共享知识,人人也都能够获取和使用知识。在"互联网+"的冲击下,教师和学生的界限也不再泾渭分明,学生获取知识已变得非

◇即使是蒙蒙细雨的夜晚,也有一只两只萤火虫,闪着朦胧的微光在飞行,这情景着实迷人。

◇夕阳斜照西山时,动人的是点点归鸦急急匆匆地朝窠里飞去。

◇成群结队的大雁,在高空中比翼而飞,更是叫人感动。

16. 完成该片段的教学目标。(5分)

17. 完成该片段的教学过程设计。(15分)

## 三、写作(本大题共30分)

18. 阅读下面的材料,结合自己的所感所思,写一篇500-600字的文章。

当今是信息化时代,我们的生活一步也离不开信息。借助智能手机、电脑、电视、报纸杂志等媒介,我们获取了丰富多彩的信息,提高了学习、工作、生活的效率和品质。

美国女诗人迪金森,一辈子没走出她的房子多远。在她死后,人们在她的抽屉里找到一千多首诗作,这才发现了一个伟大的诗人。她思维的深度,是当年好多辉煌一时的人物所无法抵达的。

要求:(1)立意自定,题目自拟。(2)不脱离材料内容及含义范围。(3)除诗歌外文体不限。(4)文中不得出现单位、真实人名、学校。

# 2021年浙江省金华市永康市教师招聘考试小学语文真题试卷(四)

考生须知:

1. 本试卷分试题卷和答题卷,满分100分,考试时间150分钟。

2. 答题前,在答题卷密封区内填写姓名、身份证号、报考单位、报考岗位、试场号和座位号。

3. 所有答案必须写在答题卷上,写在试题卷上无效。

4. 考试结束,上交试题卷和答题卷。

一、选择题(本大题共6小题,每小题2分,共12分)

1. 下列说法正确的一项是(　　)

A. “r、z、c、s”都是声母　　B. “a、o、e、x”都是韵母

C. “ai、ei、zh”都是复韵母　　D. “an、en、ing、ong”都是前鼻音韵母

2. “蜜蜂在探险,云雀在唱歌”用了(　　)的修辞手法。

A. 排比　　B. 拟人　　C. 反语　　D. 借代

3. 下列词语中没有错别字的一组是(　　)(常考)

A. 挪移　乖巧　实事求是　座无虚席　　B. 喧哗　昏暗　功无不克　哄堂大笑

C. 书藉　分析　万象更新　死得其所　　D. 阻止　风俗　别无所求　千均一发

4. 下列句子中标点符号使用正确的一项是(　　)(常考)

A. 王艳问我,李小佳的《小学生作文》你还给他没有?

B. 我听见母亲在说,一边亲吻着我一边不停地说:“噢,对不起,噢,对不起……”

C. 枣子必大了三四倍,要是真的干红枣也有那么大,那就妙极了! 糖若放多了,它会起锅巴……

D. 但是,聪明的,你告诉我,我们的日子为什么一去不复返呢。

5. 下列关于文学作品的说法正确的一项是(　　)

A.《少年闰土》的作者是鲁迅,选自《我的伯父鲁迅先生》。

B.《繁星》的作者是现代著名的散文家冰心。

C.《十六年前的回忆》是作者李星华写于1927年的怀念父亲的文章。

D.《鲁滨逊漂流记》的作者是俄国作家笛福,同类题材的小说还有《神秘岛》。

6. 综合性学习既符合语文教育的传统,又具有现代社会的学习特征,有利于学生在感兴趣的自主活动中全面提高语文素养,有利于培养学生(　　)的精神,应该积极提倡。

A. 坚强人格、百折不回、应付环境　　B. 追求信念、成就未来、勇于担责

C. 主动探究、团结合作、勇于创新　　D. 持之以恒、咬牙苦熬、直面困难

是明代传下来的，肥油和面，馅儿是肉皮和肉糜。大锅猛蒸，熟透后装盘，每盘十个，五角一个。再来一土杯苞谷酒，几口灌下去，夹起一枚，蘸些建水土产的甜醋，送入口中，油糜轻溢，爽到时，会以为自己是条梁山泊好汉。

临安饭店后面，穿过几条巷子走上十分钟，就是龙井菜市场，那郑屠、张屠、李屠、赵屠……正在案上忙着呢。如果是七月的话，在某个胡同里走着，忽然会闻见蘑菇之香，环顾却是老墙。墙头上挂着一窝大黄梨。哪来的蘑菇耶？走，找去，必能在某家小馆的厨房里找到，叫作干巴菌，正亮闪闪的，在锅子中央冒油呢。这临安大街两边，巷子一条接一条流水般淌开去。在电子地图上，这些密密麻麻的小巷是大片空白，电子地图很不耐烦，只是标出一些大单位的地点和最宽的几条街，抹去了建水城的大量细节，给人的印象，似乎建水城是个荒凉的不毛之地。其实这个城毛细血管密集，据统计，建水城3.3平方公里的范围内有30多条街巷，550多处已经被列为具有保护价值的文物性建筑，这是很粗疏的统计。许多普通人家雕梁画栋的宅子、无名无姓的巷道并不在内。在巷子里面，四合院、水井、老树、门神、香炉、杂货铺、红糖、胡椒、土纸、灶房、明堂、照壁、石榴、苹果、桂花、兰草、绵纸窗、凉粉、米线、青头菌、炊烟、祖母、媳妇、婴孩、善男信女、市井之徒、酒囊饭袋、闲云野鹤、翩翩少年、三姑六婆、环肥燕瘦、虎背熊腰、花容月貌、明眸皓齿、慈眉善目、鹤发童颜……此起彼伏，鳞次栉比。

在这个城里，有个家的人真是有福啊。他们还能够像四百年前的祖先们那样安居乐业，不必操心左邻右舍的德行，都是世交啦。有一位绕过曲曲弯弯的小巷，提着在龙井市场买来的水淋淋的草芽（一种建水特有的水生植物，可食，滚油翻炒数秒起锅，甜脆）、莴笋、茄子、青椒、豆腐、毛豆、肉糜、茭瓜……一路上寻思着要怎么搭配，偶尔向世居于此的邻居熟人搭讪，彼此请安。磨磨蹭蹭到某个装饰着斗拱飞檐门头的大门前（两只找错了窝的燕子拍翅逃去），咯吱咯吱地推开安装着铜质狮头门环的双开核桃木大门，抬脚跨过门槛。绕过照壁，经过几秒钟的黑暗，忽然光明大放，回到了曾祖父建造的花香鸟语、阳光灿烂的天井。从供销社退休已经三十年的祖母正躺在一把支在天井中央的红木躺椅上，借着一棵百年香樟树的荫庇瞌睡呢。

（有删改）

【注】建水：县名。在云南省，旧称临安。

19. 简要分析文章的语言特色。（2分）

20. 概括文章最后一段的作用。（3分）

21. 有人认为本文应着重描写建水城的历史文化,没必要在饮食描写上花费大量笔墨。对此你怎么看?(4分)

## 五、案例分析题(本大题共8分)

22. 以下是某教师在指导四年级下册习作例文《颐和园》时的教学片段:

师:同学们,我们通过《海上日出》《记金华的双龙洞》两篇课文学习了描写景物的方法,你们还记得他们是怎么介绍观察到的景物的吗?

生:《海上日出》按照早晨太阳变化的顺序,描绘了海上日出的壮观景象。

生:《记金华的双龙洞》按照游览的顺序依次介绍去双龙洞路上、洞口、外洞、孔隙、内洞的见闻感受及出洞情况。

师:真不错!聪明的你能不能找到这两篇课文在写作上的共同点呢?

生:我发现他们观察得很细致,让人身临其境。

生:我发现这两篇文章都是按一定的顺序写的。

生:我发现描写景物也不能随意乱写,要有一定顺序,不然可能会让人摸不着头脑或者头晕眼花。

师:你们真棒,善于总结、梳理,那么,如果让你按照游览的顺序写一个地方,把游览的过程写清楚,你准备怎么写呢?这节课我们要通过一篇习作例文的学习,进一步感知写景的方法,这篇例文是《颐和园》。

[问题]试着从学情、文本、教学方法等方面分析该教师的片段教学设计。

6. 人本主义学习理论对当代教育的影响体现在新课程三维目标中的哪一方面(　　)

A. 有益于学习

B. 知识与技能

C. 过程与方法

D. 情感态度与价值观

7. 多元智力发展理论主要说明人的发展具有(　　)

A. 顺序性　B. 互补性　C. 阶段性　D. 个别差异性



8. 在日常生活中,看到虐待儿童的新闻时,一般会说有孩子的人看不得,这体现了(　　)(常考)

A. 晕轮效应

B. 归因效应

C. 刻板效应

D. 投射效应

9. 之前小轩学习写毛笔字时要注意坐姿、注意书写规范、注意写字顺序,临摹十分钟就觉得很累了,但是现在给社区写了很多副春联,一个上午也不觉得疲倦,这种表现是(　　)

A. 无意注意

B. 有意注意

C. 有意后注意

D. 随意注意

10. 小良是小学四年级的学生,一次妈妈不给他买玩具,他就躺在商场里的地面上打滚,怎么也不肯起来,他采用的防御机制是(　　)

A. 压抑　B. 否认　C. 退行　D. 投射

11. 根据艾里克森心理社会发展阶段论,应着重培养小学低年级段儿童的(　　)(易错)

A. 信任感

B. 自我调整

C. 亲密感

D. 勤奋感

12. 学生把 PULL 记成 PUSH,老师告诉他可以把 PULL 后面两个 L 看成是两个钩,用来拉东西。这运用了(　　)

A. 形象联想法

B. 谐音联想法

C. 位置记忆法

D. 关键词法

13. 学生小东把考试考得好、取得好成绩归结于试卷简单,这是(　　)的归因。(易错)

A. 内在、稳定、可控

B. 内在、不稳定、可控

C. 外在、不稳定、可控

D. 外在、稳定、不可控

14. 小学生记忆发展的特点包括(　　)

①从外显记忆为主转变为内隐记忆为主

②从无意记忆为主转变为有意记忆为主

③从机械记忆为主向意义记忆为主过渡

④从具体形象记忆向抽象逻辑记忆方向发展

A. ①②③　B. ②③④　C. ①③④　D. ①②③④

15. (　　)是全面发展教育的重要组成部分,是个性全面发展的物质基础。

A. 智育　B. 体育　C. 德育　D. 美育

16. 陈晨在写家庭作业时,先做难的理科作业后做简单的文科作业,认为这样很轻松,这是元认知策略中的(　　)

A. 组织策略　　B. 计划策略

C. 监控策略　　D. 调节策略

17. 根据实现课程方案的程度低和高来评价课程,这体现了(　　)

A. 忠实取向　　B. 相互适应取向

C. 创生取向　　D. 互补取向

18. 教师注重在关键期培养学生,这是因为学生的发展具有(　　)(常考)

A. 稳定性　　B. 可变性

C. 不均衡性　　D. 独立性

19. 根据休伯曼的职业生涯周期论,处于(　　)的教师不安于教学现状,想要创新。

A. 稳定期　　B. 实验和歧变期

C. 平静和保守期　　D. 退出教职期

20. 在《教师法》中,教师享有的权利有(　　)个。

①进行教育教学的权利　②指导学生和评价学生的权利

③参加进修的权利　④对学校教学管理的决策权利

A. 4　　B. 3　　C. 2　　D. 1

二、论述题(本大题共10分)

21. 请具体论述如何通过"内驱力"来激发小学生的学习动机。

三、材料分析题(本大题共10分)

22. 李老师作为新老师,主张与时俱进,她认真学习新课程理念,认为传统的教学方法已经过时了,应该摒弃。她在四十余人的课堂上,几乎从不讲授知识点,所有课程都使用自由讨论及小组合作的方法。一段时间后,李老师发现大部分学生掌握的知识不够系统,学习效果差,她不知如何是好。你怎么看待李老师的困惑?有何建议?

B. 乡人管彦／少有才而未知名／裒独以为必当自达／拔而友之／男女各始生／便共许为婚。

C. 乡人管彦／少有才而未知名／裒独以为必当自达／拔而友之／男女各始生便／共许为婚。

D. 乡人管彦少有才而未知名／裒独以为必当自达／拔而友之男女各始生便共／许为婚。

30. 下列加点词语的词类活用与例句不相同的一项是(　　)

例句:裒乃下道至土牛旁

A. 及洛京倾覆,寇盗蜂起　　B. 母没,每雷,辄到墓曰

C. 计口而田,度身而蚕　　D. 示不臣朝廷也

31. 下列句式与例句相同的一项是(　　)

例句:裒少立操尚,行已以礼

A. 王裒,字伟元,城阳营陵人也　　B. 犹思慕不能进,遂为贼所害

C. 知旧有致遗者,皆不受　　D. 今贤兄子葬父于洛阳

32. 下列句子中全都说明王裒注重亲情的一项是(　　)

①每雷,辄到墓曰:"裒在此。"　②未尝西向而坐,示不臣朝廷也。

③辞气雅正,博学多能。　④于是隐居教授,三征七辟皆不就。

⑤因执手涕泣而去。　⑥攀柏悲号,涕泪著树,树为之枯。

A. ④⑤⑥　　B. ②③⑤　　C. ①③④　　D. ①②⑥

**五、判断题(本大题共5小题,每小题1分,共5分,选对填A,选错填B)**

33. "乡为身死而不受"中的"乡"是通假字,解释为"先前""以前"。(　　)

34. 辛弃疾《破阵子·为陈同甫赋壮词以寄之》的体裁为词,"破阵子"为词牌名,"为陈同甫赋壮词以寄之"是题目,"八百里分麾下炙"中的"八百里"是形容路程很长,泛指酒食。(　　)(易错)

35. 序是一种文体,有书序和赠序之分,《送东阳马生序》是文学家宋濂写给同乡后学马生的临别赠言。(　　)

36. 边塞诗派是以描绘边塞风光,反应戍边战士生活为作品主要内容的诗派,代表诗人高适、岑参、李颀、王维。(　　)(常考)

37. 小说是一种侧重刻画人物,叙述故事情节的文学样式,可分为长篇小说、中篇小说、短篇小说,余华的《活着》和阿城的《棋王》都属于中篇小说。(　　)

**六、鉴赏题(本大题共3小题,共10分)**

## 塔　铺

刘震云

复习班,是学校专门为社会上大龄青年考大学办的。进复习班一看,许多人都认识。于是谈各人复习的动机。王全说:他本不想来凑热闹,都有老婆的人了,还拉扯着俩孩子,上个什么学?可看到地方上风气恁坏,贪官污吏尽吃小鸡,便想来复习,将来一旦考中,做个州府县官啥的,也来治治这些人。

"磨桌"(豫北土话,形容极矮的人)说:他不想当官,只是不想割麦子,毒日头底下割来割去,把人整个贼死!最后轮到我,我说:正是一无所有,才来复习。

这所中学的所在镇叫塔铺。镇名的由来,是因为镇后村西土坛上,竖着一座歪歪扭扭的砖塔。开学头一天,上语文课,教室后边传来鼾声。老师循声寻人。大家发现是坐在后边的"磨桌"伏在水泥板上睡着了。老师气冲冲地走了。教室炸了窝。有起哄的,有笑的,有埋怨"磨桌"的。这时我发现,乱哄哄的教室里,唯有一个人没有参加捣乱,趴在水泥板上认真学习。她是个女生,正和尚入定一般,看着眼前的书,凝神细声地诵读课文。我不禁敬佩,满坑蛤蟆叫,就这一个是好学生。

河边落日将尽,一小束水流,被晚霞染得血红,一声不响慢慢淌着。远处河滩上,有一农家姑娘在用筢子收草。只见那收草姑娘已将一大堆干草收起。仔细一打量,这姑娘竟是课堂上那独自埋头背书的女同学李爱莲。我问为什么割草,她脸蛋通红,说家中困难,爹多病,下有二弟一妹,只好割草卖钱,维持学费。我叹息一声,说不容易。她看我一眼,说:"现在好多了呢。以前家里更不容易。记得有一年,我才十五,跟爹到焦作拉煤。那是年关,到了焦作,车胎放了炮,等找人修好车,已是半夜。我们父女在路上拉车,听到附近村里人放炮过年,心里才不是滋味。现在又来上学,总得好好用心,才对得起大人……"

离高考剩两个月了。这时传来一个消息,说高考还考世界地理。学校原以为只考中国地理,没想到临到头还考世界地理。大家一下都着了慌。这时我爹来送馍,问是什么书,我简单地给他讲了,没想到他双手一拍:"你表姑家的大孩子,在汲县师范教书,说不定他那儿有呢!"爹自告奋勇要立刻走汲县。我说:"来回一百八十里呢!"

爹满有信心地说:"我年轻的时候,一天一夜走过二百三。"

说完,一撅一撅动了身。我忙追上去,把馍袋塞给他。他看看我,被胡茬包围的嘴笑了笑;从里边掏出四个馍,说:"放心。我明天晚上准赶回来。"我眼中不禁冒出了泪。

晚上上自习,我悄悄把这消息告诉了李爱莲。她也很高兴。

第三天早晨,爹从县城回来了。这时我才发现,爹的鞋帮已开了裂,裂口处洇出一片殷红殷红的东西。我忙把爹的鞋扒下来,发现那满是脏土和皱皮的脚上,密密麻麻排满了血泡,有的已经破了,那是一只血脚!

"爹!"我惊叫。却是哭声。

高考结束了。和王全仅分别了一个月,他却大大变了样。我想起李爱莲,忙问:"李爱莲她爹的病怎么样了?她说在新乡考学,考得怎么样?"王全叹了一口气:"她根本没参加考试,她出嫁啦!她爹这次病得不一般,要死要活的,一到新乡就大吐血。没五百块钱人家不让住院,不开刀就活不了命。一家人急得什么似的,急手现抓钱,哪里借得来?这时王庄的暴发户吕奇说,只要李爱莲嫁给他,他就出医疗费。你想,人命关天的事,又不能等,于是就……"

到了吕奇的家门前,一个大红的双喜字,迎面扑来,我头脑又"轰"一声,像被一根粗大的木头撞击

八、写作(本大题共20分)

44. 语文教师在指导学生写作时,应该“下水”与学生同步作文。现要求你与学生同步写作一篇短文。题材如下:

有学生曾大胆质疑语文教材书编辑:1. 经过查证“一日无书,百事荒芜”并非陈寿所说。2. “周瑜看到诸葛亮挺有才干,心有妒忌”这句话并不准确,周瑜所忌并非诸葛亮的才干,而是诸葛亮有才干而不为孙权所用。

请结合材料,自选角度,题目自拟,写一篇不少于800字的论述性文章。文章中不得出现真实的姓名、校名等。

# 2021年浙江省台州市(北片)教师招聘考试小学语文真题试卷(六)

**考生须知:**

1. 本试卷分试题卷和答题卷,满分100分,考试时间120分钟。
2. 答题前,在答题卷密封区内填写姓名、身份证号、报考单位、报考岗位、试场号和座位号。
3. 所有答案必须写在答题卷上,写在试题卷上无效。
4. 考试结束,上交试题卷和答题卷。

**一、单项选择题(本大题共15题,每小题1.2分,共18分)**

1. 下列词语中加点的字,每组读音都相同的一项是(　　)

A. 哀戚/契约　忸怩不安/泥古不化　　B. 景观/旌旗　有恃无恐/视而不见

C. 溃烂/魁首　色厉内荏/坚韧不拔　　D. 潜客/潜能　趑趄不前/锱铢必较

2. 下列选项中没有错别字的一项是(　　)

A. 上世纪90年代初,由于天津百花文艺出版社资深编揖范希文的热心,全国各地十来位作家,沿河西走廊去敦煌莫高窟进行了一番艺术朝圣活动。

B. 作为经济的"晴雨表",就业稳中向好,也从一个侧面反映出,中国经济正在持续稳定恢复。

C. 广西不仅有独特的区位优势、开放优势,而且红色资源、生态资源丰富,民族发展、产业发展欣欣向荣,彰显了勃发的活力。

D. 每到迅期,总有一些城市出现内烙积水,造成交通出行不便,甚至是人员被捆。

3. 依次填入下列横线中的词语,最恰当的一项是(　　)

尽管柯文本人也承认他提出的"中国中心观"并不完善,但这部著作的问世,却________,在美国学术界掀起巨大波澜,成为美国中国史研究具有转变性的________。

A. 石破天惊;里程碑　　B. 翻天覆地;里程碑

C. 翻天覆地;奠基石　　D. 石破天惊;奠基石

4. 将以下六个句子重新排列,语序正确的是(　　)

①啮齿动物在进化上获得成功的原因可能是多样的

②其次是啮齿动物食性杂、牙口好,他们吃的比较杂,无论种子、青草、树叶,还是昆虫、蠕虫和各种小脊椎动物都能吃

③此外啮齿动物繁殖力强、生长发育快

④首先是啮齿动物个体小。小的个体,每日的食量相对就少,就可以去开辟、适应个体大的动物所不适宜的环境,从而建立大的种群

三、简答题(本大题共3小题,每小题4.5分,共13.5分)

21. 请简述鲁迅的作品《药》中夏瑜的人物形象。

22. 李清照从本体论角度提出词"别是一家"理论,举例说明李清照词的艺术特色。

23. 请简述近义词在语言系统和语言运用中的作用。

四、鉴赏题(本大题共5小题,共15分)

(一)现代文阅读

带白蘑菇回家

毕淑敏

①妈妈爱吃蘑菇。

②到青海出差,在幽蓝的天穹与黛绿的草原之间,见到点点闪烁的白星。那不是星星,是草原上的白蘑菇。从鸟岛返回的途中,我买了一袋白蘑菇,预备两天后坐火车带回北京。

③回到宾馆,铺下一张报纸,将蘑菇一柄柄小伞朝天,摆在地毯上,一如它们生长在草原时的模样。

④小姐进来整理卫生,细细的眉头皱了起来。我忙说,我要把它们带回去送给妈妈。小姐就暖暖地笑了,说您必须把蘑菇翻个身,让菌根朝上,不然蘑菇会烂的。草原上的白蘑菇最难保存。听了小姐的话,我让白蘑菇趴在地上,好像晒太阳的小胖孩儿,温润而圆滑地裸露在空气中。

⑤上火车的日子到了。小姐帮我找来一只小纸箱,用剪刀戳了许多梅花形的小洞,把白蘑菇妥妥

地安放进去。

⑥进了卧铺车厢，我小心翼翼地把纸箱塞在床下。对面一位青海大汉说，箱子上捅了那么多的洞，想必带的是活物了。小鸡？小鸭？怎么没听见叫？天气太热，可别憋死了。

⑦我说，带的是草原上的白蘑菇，送给妈妈。

⑧他轻轻地重复，哦，妈妈……好像这个词语对他已十分陌生。半晌后他才接着说，只是你这样的带法，到不了兰州，蘑菇就得烂成污水。

⑨我大惊失色说，那可怎么办？他说，你在卧铺下面铺开几张纸，把蘑菇晾开，保持它的通风。我依法处置，摆了一床底的蘑菇。每日数次拨弄，好像育秧的老农。蘑菇们平安地穿兰州，越宝鸡，直逼郑州……不料中原一带，酷热无比，车厢内闷如桑拿浴池，令人窒息。青海汉子不放心地蹲下检查，突然叫道：快想办法！蘑菇表面已生出白膜，再捂下去，就不能吃了！

⑩我束手无策。大汉二话不说，把我的白蘑菇重又装进浑身是洞的纸箱。我说，这不是更糟了？他并不解释，三下五去二，把卧铺小茶几上的水杯食品拢成一堆，对周围的人说，烦请各位把自家的东西拿到别处去放，腾出这个小桌来放小箱子。箱子里装的是咱青海湖的白蘑菇，她要带回北京给妈妈。我们把窗户开大，让风不停地灌进箱子，蘑菇就坏不了啦。大家帮帮忙，我们都有妈妈。

⑪人们无声地把面包、咸鸭蛋和可乐瓶子端开，为我腾出一方洁净的桌面。

⑫风呼啸着。郑州的风，安阳的风，石家庄的风……穿箱而过。白蘑菇黑色的血液，渐渐被蒸发了，烘成干燥的标本。

⑬终于，北京到了。我拎起蘑菇箱子同车友们告别，对大家说，我代表自己和妈妈谢谢你们！大家说，你快回家去看妈妈吧。

⑭由于路上蒸发了水分，白蘑菇比以前轻了许多。我走得很快，就要出站台的时候，青海汉子追上我，说，有一件很要紧的事，忘了同你交代——白蘑菇炖鸡最鲜。

⑮妈妈喝着鸡汤说，青海的白蘑菇味道真好！

（有删改）

24. 简要概括文章第②段景物描写的作用。（2分）

师:真神奇呀！让我们一起来看一看吧!(播放蒲公英张开、合上的画面)看来,这奥秘就在蒲公英身上了。(出示:蒲公英的花就像我们的手掌,可以张开、合上)多么形象的句子呀！谁能加上动作演示,让大家了解蒲公英的奥秘?

(学生一边读句子,一边做动作演示)

师:终于知道草地为什么会变颜色了！现在这样美妙的画面就展现在我们面前(播放不同时间不同颜色的草地),那你们能按照时间顺序,结合蒲公英的这一特点,为这些美妙的画面配音,介绍变色的原因吗?

(学生分小组练习复述)

师:面对这片草地,作者发出这样的感叹——

生:多么可爱的草地！多么有趣的蒲公英！

[问题]请对案例中何老师的教学行为进行评析。

## 六、教学设计题(本大题共1题,共15分)

30. 下面是小学六年级下册教材中《匆匆》一课的课文内容,如果你来设计课堂教学,请写出《匆匆》第一课时的教学设计。(附:教材内容节录)

(1)请你对下列这篇课文作简要说明。

(2)请为本课的教学设计一则有趣的导入。

(3)在教学过程中设计一个或两个教学互动情节。

### 匆 匆

朱自清

燕子去了,有再来的时候;杨柳枯了,有再青的时候;桃花谢了,有再开的时候。但是,聪明的,你告诉我,我们的日子为什么一去不复返呢?——是有人偷了他们吧:那是谁?又藏在何处呢?是他们自己逃走了吧:现在又到了哪里呢?

我不知道他们给了我多少日子,但我的手确乎是渐渐空虚了。在默默里算着,八千多日子已经从我手中溜去,像针尖上一滴水滴在大海里,我的日子滴在时间的流里,没有声音,也没有影子。我不禁头涔涔而泪潸潸了。

去的尽管去了,来的尽管来着,去来的中间,又怎样地匆匆呢?早上我起来的时候,小屋里射进两三方斜斜的太阳。太阳他有脚啊,轻轻悄悄地挪移了,我也茫茫然跟着旋转。于是——洗手的时候,日子从水盆里过去;吃饭的时候,日子从饭碗里过去;默默时,便从凝然的双眼前过去;我觉察他去的匆匆了,伸出手遮挽时,他又从遮挽着的手边过去;天黑时,我躺在床上,他便伶伶俐俐地从我身上跨过,从我脚边飞走了;等我睁开眼和太阳再见,这算又溜走了一日;我掩面叹息,但是新来的日子的影儿又开始在叹息里闪过了。

在逃去如飞的日子里,在千门万户的世界里的我能做些什么呢?只有徘徊罢了,只有匆匆罢了。在八千多日的匆匆里,除徘徊外,又剩些什么呢?过去的日子如轻烟,被微风吹散了,如薄雾,被初阳蒸融了。我留着些什么痕迹呢?我何曾留着像游丝样的痕迹呢?我赤裸裸来到这世界,转眼间也将赤裸裸地回去吧?但不能平的,为什么偏要白白走这一遭啊?

你聪明的,告诉我,我们的日子为什么一去不复返呢?

## 七、写作题(本大题共1题,共25分)

31. 阅读材料,完成作文。

[材料]

在庆祝建党100周年之际,为了丰富学生的校园课余生活,激发爱国情感,提升审美素养,陶冶情操,培养学生的创新精神,激发创造活力,A市实验小学通过多学科融合,将爱国主义教育与美育工作相结合,举行首届“桃之夭夭灼灼其华”桃花音乐节活动。

开幕式上,学校的行进打击乐团首先进行了精彩的开场表演——《十面埋伏》。而后篮球队的同学们,伴着欢乐的音乐,表演了《律动篮球》。尤克里里社团的同学带来了一曲青春洋溢、积极向上的《少年》。“七彩阳光”合唱团的同学们映着桃花、伴着国旗,唱响了《桃花笑》和《我仰望五星红旗》。全校同学们共同吟诵了古诗《惠崇春江晚景二首》,感受了美好的意境。最后,管乐社团的同学们为我们献上了精彩的曲目《我的家乡在日喀则》《蓝色山脉传奇》以及《我和我的祖国》,为党的100周年华诞献礼!

开幕式结束后,学校还安排了精彩的互动体验环节。除了以上开幕式上表演的社团外,拉丁、民族舞蹈社团,童绘美术社团,朗诵社团,多媒体社团,足球、棒球等社团的同学们在各个展位也准备了精彩的节目。同学们可以自由地去到各个展位进行互动体验,感受音乐的美妙和艺术的乐趣!

渐者然也。故君子居必择乡，游必就士，所以防邪辟而近中正也"，荀子的这种观点属于(　　)

A. 遗传决定论　　B. 环境决定论

C. 教育主动论　　D. 主观能动论

17. 下列对《学记》表述错误的是(　　)

A. 是世界上最早论述教育和教学问题的论著。

B. 它是一本比较系统、全面总结和概括了中国秦汉时期教育经验的著作。

C. 认为教育与个人发展和社会进步密切相连。

D. "道而弗牵，强而弗抑，开而弗达"出自《学记》。

18. 下列关于教育功能说法错误的是(　　)

A. 教育功能有正向和负向之分。

B. 教育功能即教育价值。

C. 教育政治功能自学校出现就出现了。

D. 教育功能有隐性和显性之分。

19. 下列组合不正确的是(　　)

A. 夸美纽斯—泛智教育　　B. 布鲁纳—结构主义学说

C. 裴斯泰洛齐—五段教学法　　D. 苏霍姆林斯基—和谐教育

20. 小强很快就要参加期末考试了，爸爸问："儿子，你估计自己有多大把握能考到100分？"小强想了想，答："八成吧。"在这段对话中，小强对自己考满分可能性的主观估计在心理学上被称为(　　)

A. 信心　　B. 自我效能感　　C. 自我概念　　D. 自尊感

21. 维果斯基强调社会文化历史在心理发展中的作用，特别强调活动和(　　)在人的高级心理机能发展中的突出作用。

A. 社会交往　　B. 文化素养　　C. 道德教育　　D. 生活态度

22. 罗杰斯认为，人格形成的原动力来自于自我实现的需要，人格发展的关键在于形成和发展正确的(　　)

A. 自我评价　　B. 自我认同　　C. 自我实现　　D. 自我观念

23. 小李在阅读课文时，喜欢对重点内容进行"画线"和"摘录"，这属于(　　)

A. 复述　　B. 精细加工　　C. 组织　　D. 元认知

24. 一名学生上课举手发言，得到老师表扬后，举手发言的频率高了，相应的心理学解释是(　　)

A. 经典型条件反射　　B. 操作性条件反射

C. 社会学习　　D. 顿悟

25. 根据《中华人民共和国教育法》，下列说法错误的是(　　)

A. 国家实行教育与宗教相分离，任何组织和个人不得利用宗教进行妨碍国家教育制度的活动。

B. 国家采取措施促进教育公平，推动教育均衡发展。

C. 国家采取措施,为少数民族学生为主的学校及其他教育机构实施双语教育提供条件和支持。

D. 初等教育和高等教育均在国务院领导下,由地方人民政府管理。

26. 以下各项加点字中,读音全部正确的一项是(　　)

A. 徇私(xún)　　发酵(jiào)　　新冠肺炎(guān)

B. 皂甙(gān)　　穴位(xué)　　唯唯诺诺(wéi)

C. 汤匙(chí)　　落价(lào)　　强词夺理(qiáng)

D. 蹊跷(qiao)　　瓦窑堡(bǔ)　　诲人不倦(huì)

27. 下列各项中,没有通假字的一项是(　　)

A. 因击沛公于坐　　B. 君子生非异也

C. 当于秦相较　　D. 刑人如恐不胜

28. 下列现代小说作品中,题材与其他三项不同的是(　　)

A. 叶绍钧《倪焕之》　　B. 许地山《命命鸟》

C. 沈从文《八骏图》　　D. 钱锺书《围城》

29. 下列句子没有语病的一项是(　　)

A. 以三国时期的《皇览》为开端,再至清末的近2000年间,或为资治通鉴,或为科考应试,或为诗文撰著,我国共编撰各种类书约1600种。

B. 年代剧《共和国血脉》全面展现了新中国成立初期,百废待兴,内忧外患使石油成为共和国急需的血液,石兴国、许茹为代表的石油师人的光辉事迹。

C. 绝大多数孩子都不会成为武亦姝,这固然不错,不过也不能因此与"绝大多数孩子"对立起来。

D. 睡眠三忌:一忌睡前不可恼怒,二忌睡前不可饱食,三忌卧处不可当风。

30. 下列文学常识说法正确的是(　　)

A."四书"指《论语》《孟子》《大学》《中庸》,"五经"指《诗经》《尚书》《左传》《易经》《春秋》。

B.《吕氏春秋》又称《吕览》,为秦相吕不韦所编著。

C. 乐府为汉代音乐机关所搜集的诗,《孔雀东南飞》是汉代乐府叙事诗发展的高峰。

D.《扁鹊见蔡桓公》《劝学》《智子疑邻》均为荀子的代表作。

## 三、现代文阅读题(本大题共5小题,共10分)

阅读以下文字,回答第31~35小题。

太湖是中国第三大淡水湖,碧波三万六千顷,连绵七十二峰,风景异常秀美。富饶的环太湖地区,北至长江、南抵钱塘,东面是一望无际的大海,西部有茅山、天目山脉为天然屏障,地理环境优越,自古便是鱼米之乡、丝绸之府,独享"上有天堂,下有苏杭"的美誉。西施浣纱的凄美、勾践卧薪的胆色、干将莫邪的壮烈,吴越故地曾为后人留下了无数传奇。然于春秋之前,这里却予人一种"若明若昧"的感觉,似是一片"化外之地"……

34. 文章为何说良渚遗址是“中华五千年文明的实证”？试结合上下文加以分析。(2分)

35. 请结合文字内容理解“罗马不是一天建成的，良渚古城也不是”，并简单梳理良渚古城遗址的发展历程。(3分)

**四、文言文阅读题(本大题共3小题，共10分)**

阅读以下文言文，回答第36～38小题。

**郦生见沛公**

沛公引兵西，遇彭越昌邑，因与俱攻秦军，战不利。还至栗，遇刚武侯，夺其军，可四千余人，并之。与魏将皇欣、魏申徒武蒲之军并攻昌邑，昌邑未拔[①]。西过高阳。郦食其为监门，曰：“诸将过此者多，吾视沛公大人长者。”乃求见说沛公。沛公方踞[②]床，使两女子洗足。郦生不拜，长揖，曰：“足下必欲诛无道秦，不宜踞见长者。”于是沛公起，摄衣谢之，延上坐。

汉元年十月，沛公兵遂先诸侯至霸上。秦王子婴素车白马，系颈以组[③]，封皇帝玺符节，降轵道旁。诸将或言诛秦王。沛公曰：“始怀王遣我，固以能容；且人已服降，又杀之，不祥。”乃以秦王属吏，遂西入咸阳。

欲止宫休舍，樊哙、张良谏，乃封秦重宝财物府库，还军霸上。召诸县父老豪杰曰：“父老苦秦苛法久矣，诽谤者族，偶语者弃市。吾与诸侯约，先入关者王之，吾当王关中。与父老约法三章耳：杀人者死，伤人及盗抵罪。余悉去秦法。诸吏人皆案堵如故[④]。凡吾所以来，为父老除害，非有所侵暴，无恐！且吾所以还军霸上，待诸侯至而定约束耳。”乃使人与秦吏行县乡邑，告谕之。秦人大喜，争持牛羊酒食献飨[⑤]军士。沛公又让不受，曰：“仓粟多，非乏，不欲费人。”人又益喜，唯恐沛公不为秦王。

（节选自《史记·高祖本纪》，有删改）

【注】①拔：攻下。②踞：盘踞，坐着。③组：丝绳。④案堵如故：形容秩序良好，百姓和原来一样安居乐业。案堵，同“安堵”，安居。⑤飨(xiǎng)：用酒食招待客人，泛指请人受用。

36. 解释下列句子中画横线的词语。(4分)

(1)不宜踞见长者　　宜：________

(2)延上坐　　延：________

(3)诸将<u>或</u>言诛秦王　　或:________

(4)<u>固</u>以能宽容　　　固:________

37. 句子翻译。(4分)

(1)诸将过此者多,吾视沛公大人长者。

(2)父老苦秦苛法久矣,诽谤者族,偶语者弃市。

38. 从选文看,沛公被郦食其尊为“长者”的原因有哪些?(2分)

## 五、古诗词鉴赏题(本大题共10分)

39. 飞花令,得名于唐代诗人韩翃《寒食》中的名句“出城无处不飞花”,原是饮酒时的一种助兴游戏。行飞花令时可选用诗词曲中的句子,但选择的句子一般不超过7个字。

请你在横线处填入五句带有“乡”字的诗词,不得重复。(每空1分)

(1)________________,________________。(2)________________,________________。

(3)________________,________________。(4)________________,________________。

(5)________________,________________。

## 六、教材教法题(本大题共2小题,共10分)

阅读以下材料,回答第40~41小题。

**材料一:**

### 天上的街市

郭沫若

远远的街灯明了,

好像闪着无数的明星。

## 七、材料作文题(本大题共30分)

42. 阅读以下材料,根据要求作文。

上课的第一天,佛罗里达大学的杰里尤尔斯曼教授将他的电影摄影学生分成两组,他解释说,教室左侧的每个人都属于数量组,他们的作品的数量成为评定他们成绩的唯一标准,在上最后一天课时,他会统计每个学生提交的照片的数量,例如提交了100张,可以得到A,90张可以拿到B,80张会被评为C,以此类推。

与此同时,教室右侧的每个学生都属于质量组,他们作品的品质是唯一标准,他们在整个学期里只制作一张照片,但是想得到A,它必须近乎完美。

学期结束时,他惊讶地发现,所有的优秀作品都出自数量组的学生之手。在该学期中,这些学生忙于拍照,尝试各种组合和照明,在暗室里测试各种曝光手法并吸取教训,在制作数百张照片的过程中,他们磨炼了自己的技能。而质量组堂而论之,空想着如何达到完美,最后,除了未经证实的理论和一张平庸的照片之外,他们再无其他能表明自己曾经努力过的证据。

阅读上述材料,自选角度,自拟题目,写一篇800字左右的论述性文章。要求:中心明确,内容充实,论述深刻,说服力强。

# 2020年1月浙江省杭州市教师招聘考试中学语文真题试卷(八)

考生须知:

1. 本试卷分试题卷和答题卷,满分100分,考试时间120分钟。
2. 答题前,在答题卷密封区内填写姓名、身份证号、报考单位、报考岗位、试场号和座位号。
3. 所有答案必须写在答题卷上,写在试题卷上无效。
4. 考试结束,上交试题卷和答题卷。

## 一、基础知识及应用(本大题共9小题,每小题2分,共18分)

1. 下列词语中加点的字,注音全都正确的一项是(　　)(易混)

A. 灰烬(jìn)　　摇曳(yì)　　脊骨(jǐ)　　峥嵘岁月(zhēng)

B. 猝然(cù)　　浙江(zhé)　　饿殍(piǎo)　　休戚相关(qì)

C. 匀调(tiáo)　　赭色(zhě)　　庇护(bì)　　亘古不变(gèng)

D. 形骸(hái)　　熨帖(yù)　　恣意(zì)　　舳舻千里(zhú)

2. 下列句子中加点的词语,使用最恰当的一项是(　　)

A. 这家餐厅极力宣传,以无线畅饮、无限添加来吸引顾客。

B. 他一直以来都身首矫健,如今竟然因车祸而身手异处,令人叹息。

C. 无论遭遇多少不公,放下报仇的想法,就是给予灵魂最大的报酬。

D. 在这个世界上,权利再大的人,也不能随意侵犯他人的权力。

3. 下列各句中,加点的成语使用恰当的一项是(　　)

A. 其中所收藏的埃及、希腊、罗马古文物不可胜数,所收藏的名画只有巴黎的卢浮宫可与之分庭抗礼。

B. 你请我下月到贵校作报告,我刚动过手术,行动不便,你这个不情之请让我很为难。

C. 若我们抱残守缺,在创作上不能创新,我担心有一天我们的孩子将把童话弃如敝屣。

D. 在学习上也是这样,吃别人嚼过的馍不香,要善于动脑筋,师心自用,才能学深学透。

4. 下列各句中,没有语病的一项是(　　)(常考)

A. 朦朦胧胧的北京城里,远方田境上老农夫的深皱纹,清晰地映入我们的眼帘。

B. 昔日的飞黄腾达是今日的穷困潦倒所致,往往能这么想的人心中会宽解不少。

C. 他们并肩坐在窗前,经过彻夜的通宵长谈,隔在两人心里的壁垒在慢慢融化。

D. 老是心存顾虑而不敢拒绝他人,在以后的生活中将为自己带来无谓的困扰。

“这是怎么了?”妹妹慌慌地说。

“月亮出来了。”我说。

“月亮出来了为什么星星就少了呢?”

我们面面相觑,闷闷不得其解。坐了一会儿,似乎就明白了:这漠漠的夜空,恐怕是属于月亮的,它之所以由红变黄,由黄变白,一定是生气,嫌星星们不安分,在吓唬它们哩!

“哦,月亮是天上的大人。”妹妹说。

我们都没有了话说。我们深深懂得大人的威严,又深深可怜起星星了:月亮不在的时候,它们是多么有精光灵气;月亮出现了,它们就变得这般猥琐了。

我们再也不忍心看那些星星了,低了头走到门前的小溪边,要去洗洗手脸。

溪水浅浅地流着,我们探手下去,才要掬起一抔来,但是,我们差不多全看见了,就在那水底里,有着无数的星星。

“啊,它们藏在这儿了。”妹妹大声地说。

我们赶忙下溪去捞,但无论如何也捞不上来,看那哗哗的水流,也依然冲不走它们。我们明白了,那一定是星星不能在天上,就偷偷躲藏在这里了。我们就再不声张,不让大人们知道,让它们静静地躲在那里好了。

于是,我们都走回屋里,上床睡了。却总是睡不稳——那躲藏在水底的星星会被天上的月亮发现吗?可惜藏在水底的星星太少了,更多的还在天上闪着光亮。它们虽然很小,但天上如果没有它们,那会是多么寂寞啊!

大人们又骂我们不安生睡觉了,骂过一通,就打起了鼾。我们赶忙爬起来,悄悄溜到门外,将脸盆儿、碗盆儿、碟缸儿都拿了出去,盛了水,让更多更多的星星都藏在里边吧。

10. 下列文学作品中关于孩子和大人的关系,与本文最为吻合的一项是(　　)(3分)

A. 鲁迅《五猖会》　B. 冰心《荷叶·母亲》　C. 泰戈尔《金色花》

11. “月亮不在的时候,它们是多么有精光灵气;月亮出现了,它们就变得这般猥琐了。”文中的星星在小孩子的心里就是他们自己。请你概括说说文中的儿童形象。(3分)

12. 阅读【链接材料】,从画线的三个方面中任选一个结合文章内容举例谈谈采用"儿童视角"写作的好处。(5分)

【链接材料】儿童视角的运用,是通过另一种眼光的观察和透视。相对于成人视角,儿童视角在观察、描摹事物,讲述和理解事件时表露出儿童所特有的思维习惯、认知方式和价值取向,易于揭示成人所难以体察到的生存世界的可能面貌。

13. "大人们快活了,对我们就亲近""他们烦恼了,却要随意骂我们讨厌"。作为儿童,怎样评价这样的行为?假设父母读到了这篇文章,他们又会怎样评价?请从"儿童"或"父母"两种角色任选一种谈一谈。(5分)

## 三、古诗文阅读及默写(本大题共3小题,共16分)

阅读下面这首宋诗,回答14~16小题。

### 戏答元珍①

欧阳修

春风疑不到天涯,二月山城未见花。
残雪压枝犹有橘,冻雷惊笋欲抽芽。
夜闻归雁生乡思,病入新年感物华。
曾是洛阳花下客②,野芳虽晚不须嗟。

【注】①本诗写于欧阳修降职为峡州夷陵(今湖北宜昌市夷陵区)县令任上。元珍:丁宝臣,字元珍,常州晋陵(今江苏常州市)人,时为峡州军事判官。曾写《花时久雨》一诗给欧阳修,欧阳修写此诗作答。②洛阳花下客:宋仁宗天圣八年(1030)至景元年(1034),欧阳修曾任西京(洛阳)留守推官。北宋时洛阳的花最盛,牡丹尤其著名。作者曾写过《洛阳牡丹记》和《洛阳牡丹图》等诗。

但这窗口没安装遮雨棚，渐渐下大的雨，必会浇湿它们一身。他心疼它们，轻轻走过去，想把窗户打开，这样它们可以进到屋子里。当把窗户打开时，麻雀竟然还是大都惊飞了，只有两只蜷缩在角落里，浑身颤抖。

他只能强行把它们请进屋来，关上了窗户。它们温顺地趴在他的手心，眼神有一丝惊恐。他安慰它们，别害怕，我不会伤害你们。他用手抚摸它们灰黑的羽毛，手上觉得粘粘的，脏兮兮的感觉。

他倒了一脸盆清水，将两只麻雀放了进去。雀儿目光起先惊慌，随之欢快地扑腾起来。

他好高兴，打了一个电话，让秘书进来，说有客。之后，再转身，他愣住了：刚才那两只灰黑的雀儿已经变样了，一身灰白的羽毛，正湿漉漉地紧贴在它们的脊背上，那眼睛似乎也愈发明亮起来，正昂首望着他……

秘书进来了，见屋里并无他人，一头雾水地问："哪里，客人？"

他好久才缓缓说道："是特殊的上访者……"

如果这篇文章作为九年级下第二单元的教读课，请结合单元要求，为这篇文章进行教学设计。

单元目标：小说往往通过塑造人物形象来表现社会生活。小说中人物的喜怒哀乐、悲欢离合，常常能折射出世态人情和时代风貌。这个单元的小说题材多样，意蕴丰富，人物形象鲜明，读来令人难忘。

学习本单元，要在梳理情节、分析人物形象的基础上，对作品的内容、主题有自己的看法，理解小说的社会意义。还要学习欣赏小说语言，了解小说多样化的风格。

17. 确定教学的目标。(3分)

18. 写出具体的教学实施步骤。(4分)

19. 为教学设计板书。(3分)

(二)阅读下面文字,完成对文本的赏析和设计。

## 鸣机夜课图记(节选)

(清)蒋士铨

铨四龄,母日授“四子书”数句,苦儿幼不能执笔,乃镂竹枝为丝,断之,诘屈作波磔点画,合而成字,抱铨坐膝上教之。既识,即拆去。日训十字,明日令铨持竹丝合所识字,无误乃已。至六龄,始令执笔学书。先外祖家素不润,历年饥大凶,益窘乏。时,铨及小奴衣服冠履,皆出于母。母工纂绣组织,凡所为女红,令小奴携于市,人辄争购之;以是铨及小奴无褴褛状。

记母教铨时,组𬘘纺绩之具,毕置左右,膝置书,令铨坐膝下读之。母手任操作,口授句读,咿唔之声,与轧轧相间。儿怠,则少加夏楚[注],旋复持儿而泣曰:“儿及此不学,我何以见汝父!”至夜分寒甚,母坐于床,拥被覆双足,解衣以胸温儿背,共铨朗诵之;读倦,睡母怀,俄而母摇铨曰:“可以醒矣。”铨张目视母面,泪方纵横落,铨亦泣。少间,复令读;鸡鸣,卧焉。诸姨尝谓母曰:“妹一儿也,何苦乃尔!”对曰:“子众可矣;儿一,不肖,妹何托焉!”

铨九龄,母授以《礼记》《周易》《毛诗》,皆成诵;暇更录唐、宋人诗,教之为吟哦声。母与铨皆弱而多病,铨每病,母即抱铨行一室中,未尝寝;少痊,辄指壁间诗歌,教儿低吟之以为戏。母有病,铨则坐枕侧不去。母视铨,辄无言而悲。铨亦凄楚依恋,尝问曰:“母有忧乎?”曰:“然!”“然则何以解忧?”曰:“儿能背诵所读书,斯解也。”铨诵声琅琅然,争药鼎沸。母微笑曰:“病少差矣。”由是,母有病,铨即持书诵于侧,而病辄能愈。

【注】夏楚:打。

20. 就上面文章,请写一段200字以上的赏析文字。(5分)

21. 如果你教学这篇文章,请你选择另一篇与之构成群文阅读。写出所选择的篇目、选择该篇目的理由及教学设计。(5分)

子。生了第二个,才过三天,忽然周少爷不要她了。大孩子就放在周公馆,刚生的孩子她抱在怀里,在年三十夜里投河死的。

A. 委婉地告诉周朴园事实的真相。　　B. 希望周朴园因良心的谴责而幡然改悔。

C. 鞭挞周朴园的卑鄙,揭露他的伪善面目。　D. 暗示自己就是当年的梅侍萍。



## 二、填空题(本大题共2小题,每空1分,共7分)

1. 古诗词填空。

(1)潮平两岸阔,________________。

(2)________________? 往事知多少。

(3)春色满园关不住,________________。

(4)描写新妇化妆的闺房场景的诗句是"妆罢低声问夫婿,________________"。

(5)用来比喻某种力量或势力无可挽回地落寞,是指诗句"________________,似曾相识燕归来"。

2. 默读的评价,应从学生默读的方法、速度、________和________等方面进行综合考察。

## 三、简答题(本大题共3小题,每小题5分,共15分)

1. 简述《边城》的心理描写艺术。

2. 试分析茹志鹃的小说《百合花》中"百合花"的象征意义。

3. 谈谈写作的评价要点。

## 四、鉴赏题(本大题共2小题,共16分)

1. 阅读下面这篇文章,回答后面的问题。

### 垂　钓

余秋雨

去年夏天我与妻子买票参加了一个民间旅行团,从牡丹江出发,到俄罗斯的海参崴游玩。海参崴的主要魅力在于海,我们下榻的旅馆面对海,每天除了在阳台上看海,还要一次次下到海岸的最外沿,静静地看。

海参崴的海与别处不同,深灰色的迷蒙中透露出巨大的恐怖。我们眯缝着眼睛,把脖子缩进衣领,立即成了大自然凛冽威仪下的可怜小虫。其实岂止是我们,连海鸥也只在岸边盘旋,不敢远翔,四五条猎犬在沙滩上对着海浪狂吠，但才吠几声又缩脚逃回。逃回后又回头吠叫，呜呜的风声中永远夹带着这种凄惶的吠叫声，直到深更半夜。只有几艘兵舰在海雾中隐约，海雾浓了它们就淡，海雾淡了它们就浓，有时以为它们驶走了，定睛一看还在，看了几天都没有移动的迹象，就像一座座千古冰山。我们在海边说话，尽量压低了声音，怕惊动了冥冥中的什么。

在一个小小的弯角上，我们发现，端坐着一胖一瘦两个垂钓的老人。

胖老人听见脚步声朝我们眨了眨眼算是打了招呼，他回身举起钓竿把他的成果朝我们扬了一扬，原来他的钓绳上挂了六个小小的钓钩，每个钓钩上都是一条小鱼。他把六条小鱼摘下来放进身边的水桶里，然后再次下钩，半分钟不到他又起竿，又是六条挂在上面。就这样，他忙忙碌碌地下钩起钩，我妻子走近前去一看，水桶里已有半桶小鱼。

奇怪的是，只离他两米之远的瘦老人却纹丝不动。为什么一条鱼也不上他的钩呢？正纳闷，水波轻轻一动，他缓缓起竿，没有鱼，但一看钓钩却硕大无比，原来只想钓大鱼。

在他眼中，胖老人忙忙碌碌地钓起那一大堆鱼，根本是在糟践钓鱼者的取舍标准和堂皇形象。伟大的钓鱼者是安坐着与大海进行谈判的人类代表，而不是在等待对方琐碎的施舍。

胖老人每次起竿摘鱼都要用眼角瞟一下瘦老人，好像在说："你就这么熬下去吧，伟大的谈判者！"而瘦老人只以泥塑木雕般的安静来回答。

两人都在嘲讽对方，两人谁也不服谁。

过了不久，胖老人起身，提起满满的鱼桶走了，快乐地朝我们扮了一个鬼脸，却连笑声也没有发出，脚步如胜利者凯旋。瘦老人仍然端坐着，夕阳照着他倔强的身躯，他用背影来鄙视同伴的浅薄。

暮色苍茫了，我们必须回去，走了一段路回身，看到瘦小的身影还在与大海对峙。此时的海，已经更加狰狞昏暗。狗吠声越来越响，夜晚开始了。

妻子说："我已经明白，为什么一个这么胖，一个这么瘦了。一个更加物质，一个更加精神。人世间的精神总是固执而瘦削的，对吗？"

我说："说得好。但也可以说，一个是喜剧美，二个是悲剧美。他们天天在互相批判，但加在一起才是完整的人类。"

确实，他们谁也离不开谁。没有瘦老人，胖老人的丰收何以证明？没有胖老人，瘦老人固守有何意义？

大海中多的是鱼，谁的丰收都不足挂齿；大海有漫长的历史，谁的固守都是一瞬间。因此，他们的价值都得由对手来证明。可以设想，哪一天，胖老人见不到瘦老人，或瘦老人见不到胖老人，将会是何等惶恐。在这个意义上，最大的对手也就是最大的朋友，很难分开。

两位老人身体都很好，我想此时此刻，他们一定还坐在海边，像两座恒久的雕塑，组成我们心中的海参崴。

(1)海参崴的海与别处的海有什么不同？它使人产生哪些联想？(2分)

有的人

他活着为了多数人更好地活。

骑在人民头上的
人民把他摔垮；
给人民作牛马的
人民永远记住他！

把名字刻入石头的
名字比尸首烂得更早；
只要春风吹到的地方
到处是青春的野草。

他活着别人就不能活的人，
他的下场可以看到；
他活着为了多数人更好地活的人
群众把他抬举得很高，很高。

问题：思考一篇课文“教什么”几乎是所有语文教师经常遇到的难题。归根结底，语文教学的问题大致可以分为三大类，一是“教什么”，二是“怎样教”，三是“教得怎么样”。请以《有的人》教学设计为例，分析三者在教学实践中的关系。

**七、材料作文题（本大题共30分）**

记者采访著名雕塑家安尼什·卡普尔时，问他当好一个雕塑家的秘密是什么。安尼什说：“其实，根本没有什么秘诀，要当好一名塑像师，只要做到两点就行了。第一是要把鼻子雕大一点，第二是要把眼睛雕小一点。”

记者不明白，安尼什继续解释道：“鼻子大眼睛小，就有修改的余地呀。如果鼻子大了，可以往小改，眼睛小了可以向外扩大。可如果鼻子小了，眼睛大了，就没法改回去了。”

阅读上述材料，自选角度，自拟题目，写一篇800字左右的论述性文章。

要求：中心明确，内容充实，论述深刻，说服力强。

# 2019年浙江省教师招聘考试小学语文真题试卷(十)

考生须知:

1. 本试卷分试题卷和答题卷,满分100分,考试时间150分钟。
2. 答题前,在答题卷密封区内填写姓名、身份证号、报考单位、报考岗位、试场号和座位号。
3. 所有答案必须写在答题卷上,写在试题卷上无效。
4. 考试结束,上交试题卷和答题卷。

## 一、单项选择题(本大题共6小题,每小题2分,共12分)

1. “撸起袖子拼命干”,拼音正确的一项是(　　)(常考)

A. Lùqǐ xiùzi pīnmìng gàn　　B. Lǚqi xiùzi pīngmìn gàn

C. Lūqi xiùzi pīnmìng gàn　　D. Lúqi xiùzi pīngmìn gàn

2. 下列主谓短语中正确的一项是(　　)

A. 校长赵祥　三名男子　阳光灿烂　　B. 天气凉爽　豆浆好喝　苹果好吃

C. 明确任务　心情舒畅　工作繁忙　　D. 一杯酸奶　彻底解放　意志坚定

3. 红眼睛阿义这一人物出自鲁迅的哪部作品(　　)

A.《药》　B.《风波》　C.《祝福》　D.《阿Q正传》

4. 下列作品、作家、朝代搭配完全正确的一组是(　　)(易混)

A.《早春呈水部张十八员外》—杜甫—唐

B.《叶甫盖尼·奥涅金》—屠格涅夫—俄国

C.《蜂》—罗隐—唐代

D.《汤姆索亚历险记》—萧伯纳—美国

5. “为什么我的眼里常含泪水？因为我对这土地爱得深沉……”这句诗的作者是(　　)

A. 舒婷　B. 戴望舒　C. 顾城　D. 艾青

6. 下列关于第二学段教学目标的表述错误的是(　　)(易错)

A. 累计认识常用汉字2500个左右,其中1600个左右会写。

B. 能用普通话正确、流利、有感情地朗读课文。

C. 能用简短的书信、便条进行交流。

D. 听人说话能把握主要内容,并能简要转述。

## 二、填空题(本大题共6小题,每空1分,共10分)

1. (1)千门万户曈曈日,______________。(王安石《元日》)

3. 李白写离愁别绪的诗句不少,再写两句。(2分)

## 六、案例分析题(本大题共8分)

下面是某教师教学《鹿柴》时的教学实录片段,阅读并回答问题。

师:同学们,“鹿柴”是什么意思? 谁能告诉老师?

(学生交头接耳,没有人举手回答)

师:××,你来回答。

生:……(回答不出)

师:坐下吧。同学们,在这首诗中,“柴”同“寨”,栅栏的意思,“鹿柴”在这里是一个地名,是王维辋川别墅之一。

师:那么,谁能来翻译一下这篇课文?(学生翻译不出来)

师:不会吗? 那大家一起来看课件。

(出示PPT:“空山不见人”——幽静的山谷里看不见人;“但闻人语响”——只听得说话的人语声响;“返景入深林”——落日的影晕映入了深林;“复照青苔上”——又照在幽暗处的青苔上。)

师:大家一起来读一读,并背诵下来。

(生读,背诵)

师:好了,同学们已经知道这首诗的意思了,那么,谁能说说这首诗的语言特色?(无人应答,教室里一片沉静)

师:那么我们先从第一句说,“空山不见人”这句话从正面描写了空山的杳无人迹……(师讲解)

[问题]结合新课标分析该教师的行为。

七、教学设计题(本大题共4小题,共17分)

《火烧云》是部编版小学语文三年级下册的一篇课文,如果你来执教这篇课文,请按要求完成教学设计。

**火烧云**

晚饭过后,火烧云上来了。霞光照得小孩子的脸红红的。大白狗变成红的了。红公鸡变成金的了。黑母鸡变成紫檀色的了。喂猪的老头儿在墙根靠着,笑盈盈地看着他的两头小白猪变成小金猪了。他刚想说“你们也变了……”,旁边走来个乘凉的人对他说:“您老人家必要高寿,您老是金胡子了。”

天上的云从西边一直烧到东边,红彤彤的,好像是天空着了火。

这地方的火烧云变化极多,一会儿红彤彤的,一会儿金灿灿的,一会儿半紫半黄,一会儿半灰半百合色。葡萄灰、梨黄、茄子紫,这些颜色天空都有。还有些说也说不出来、见也没见过的颜色。

一会儿,天空出现一匹马,马头向南,马尾向西。马是跪着的,像等人骑上它的背,它才站起来似的。过了两三秒钟,那匹马大起来了,腿伸开了,脖子也长了,尾巴却不见了。看的人正在寻找马尾巴,那匹马变模糊了。

忽然又来了一条大狗。那条狗十分凶猛,在向前跑,后边似乎还跟着好几条小狗。跑着跑着,小狗不知哪里去了,大狗也不见了。

接着又来了一头大狮子,跟庙门前的石头狮子一模一样,也那么大,也那样蹲着,很威武很镇静地蹲着。可是一转眼就变了,再也找不着了。

一时恍恍惚惚的,天空里又像这个又像那个,其实什么也不像,什么也看不清了。必须低下头,揉一揉眼睛,沉静一会儿再看。可是天空偏偏不等待那些爱好它的孩子。一会儿工夫,火烧云就下去了。

1. 简述这篇课文的教学价值。(4分)

2. 为本文教学制定三维融合的教学目标。(3分)

官员)履行职责的时候了"。

D. 我回到家乡一看,嗬!一幢幢美丽的瓦房;一片片葱翠的农田;一条条笔直的渠道;真是翻天覆地的变化。



5. 下列句子中没有语病的一项是(　　)(3分)

A. 冬天的长白山是一年中最危险的季节。

B. 强强联合制作的大戏,让人们不仅看到了中国戏曲在现代化问题上迈出了可喜的一步,还看到了中国戏曲的整体进步。

C. 在老师的帮助下,逐渐养成了良好的学习习惯。

D. 通过中国男子足球队的表现,使我们认识到有良好的心态是非常重要的。

6. 将下列一组语句组成一段话,最恰当的语序是(　　)(3分)

①乐则是调和礼制内人与人之间的思想感情。

②因此,美善结合,以善统美,这是中国审美文化的基本特征。

③中国传统审美文化是与它的社会形态相一致的。

④礼不仅包含宗教仪式,而且包括各种规章制度。

⑤中国自古以来就是农业国度,就决定了它的文化精神重视天人合一与人人相合。

⑥礼乐便是这个系统的体现。

A. ⑤②③⑥①④　　B. ⑤③②④①⑥

C. ③②⑤①④⑥　　D. ③⑤⑥④①②

7. 下列有关文化常识、文学常识的表述,有误的一项是(　　)(3分)

A.《左传》即《春秋左氏传》,是我国第一部较为完备的编年体史书,与《春秋公羊传》《春秋穀梁传》合称"春秋三传"。

B. 我国古代历法是农历,有些日子有专门的称谓,如每月第一天为"晦",十五日为"望",十六日叫"既望",最后一天为"朔"。

C. 我国古代官位和座位常以"左""右"来表示大小尊卑。官位以右为大,如"位在廉颇之右";座位以左为尊,如信陵君请谋士侯嬴就是"虚左"(空出左边的尊位)的。

D.《史记》是西汉史学家司马迁编写的一部纪传体通史,记载了上至黄帝时代,下至汉武帝元狩元年的历史,被鲁迅先生誉为"史家之绝唱,无韵之离骚"。

8. 以下诗句,表述正确的请打"√",表述错误的请打"×"。(4分)

(1)豪放派是宋代词坛上的一大流派,其作品气势豪放,意境雄浑,充满豪情壮志,如苏轼《江城子·密州出猎》:会挽雕弓如满月,西北望,射天狼。(　　)

(2)《卖炭翁》是唐朝诗人杜甫的名篇。其中,"满面尘灰烟火色,两鬓苍苍十指黑"生动地描绘了老翁的外貌,揭示了他的穷困处境。(　　)

(3)"明月别枝惊鹊,清风半夜鸣蝉"出自宋代辛弃疾的《清平乐·村居》。全词从视觉、听觉和嗅觉三

方面抒写夏夜的山村风光，是宋词中以农村生活为题材的佳作。(　　)

(4)苏轼的《泊秦淮》讽刺那些不从历史中吸取教训而醉生梦死的晚唐统治者，表现了作者对国家命运的无比关怀和深切忧虑的情怀。其中“烟笼寒水月笼沙，夜泊秦淮近酒家”是互文修辞的名句。(　　)

**(二)文言文阅读**

王勃字子安，绛州龙门人。勃六岁解属文，构思无滞，词情英迈，与兄勔、励，才藻相类。父友杜易简常称之曰：“此王氏三珠树也。”沛王贤闻其名，召为沛府修撰，甚爱重之。诸王斗鸡，互有胜负，勃戏为《檄英王鸡文》。高宗览之，怒曰：“据此，是交构之渐！”即日斥勃，不令入府。久之，补虢州参军。

勃恃才傲物，为同僚所嫉。有官奴曹达犯罪，勃匿之，又惧事泄，乃杀达以塞口。事发，当诛，会赦除名。时勃父福畤为雍州司户参军，坐勃左迁交趾令。上元二年，勃往交趾省父。渡南海，堕水而卒，时年二十八。

初，吏部侍郎裴行俭有知人之鉴。李敬玄尤重杨炯、卢照邻、骆宾王与勃等四人，必当显贵。行俭曰：“士之致远，先器识而后文艺。勃等虽有文才，而浮躁浅露，岂享爵禄之器耶！杨子沉静，应至令长，余得令终为幸。”果如其言。

父福畤坐是左迁交趾令。勃往省覲，途过南昌，时都督阎公新修滕王阁成，九月九日大会宾客，宿命其婿作序以夸客。因出纸笔遍请客，莫敢当，至勃，欣然不辞。都督怒，起更衣，遣吏伺其文辄报。一再报，语益奇，乃矍然曰：“天才也！”请遂成文，极欢罢。勃属文，初不精思，先磨墨数升，则酣饮，引被覆面卧，及寤，援笔成篇，不易一字，时人谓勃为腹稿。

勃与杨炯、卢照邻、骆宾王皆以文章齐名，天下称王、杨、卢、骆“四杰”。炯尝曰：“吾愧在卢前，耻居王后。”议者谓然。

(选自《唐才子传》《新唐书·文艺上》，有删改)

9. 下列各句中加点字的解释正确的一项是(　　)(3分)

A. 据此，是交构之渐　　构：构陷，陷害

B. 事发，当诛，会赦除名　　当：应当，应该

C. 父福畤坐是左迁交趾令　　坐：坐守

D. 及寤，援笔成篇，不易一字　　寤：睡觉

10. 下面对原文的叙述和分析不正确的一项是(　　)(3分)

A. 王勃六岁时就才情过人，与其兄王勔、王励才华相当。兄弟三人为父亲的朋友杜易简所赞赏。他写文章时的独特习惯，给世人留下了“腹稿”的典故。

B. 当时吏部侍郎裴行俭认为，王勃将不如杨炯显赫富贵，能善终就已是万幸。果然，后来王勃专门写了《檄英王鸡文》严厉批评诸王，结果差点被诛杀。

C. 王勃因官奴曹达而获罪，他的父亲也被连累贬谪到非常偏远的交趾。当王勃前往探望，路过南

C. 古代书法的各种书迹，都是实用性书写，不是为艺术的艺术。

D. 个体汉字的字形，不具有审美意义和独立的文化意义。

(3)下列对文章内容理解和分析不正确的一项是(　　)

A. 提出书法是一种文化，既是对其范围的界定，也是为其下定义。

B. 字体书法的形态，是书法“本体”结构的“外显”的表层部分。

C. 书法作品的外在“形式”，从根本上说是服从于表达内容的需要。

D. 汉字符号的审美效果，是体现在书法文化结构的物态文化层面的。

(4)研究者认识汉字及其显示形态的功能价值的原因是(　　)

A. 书写者总是为显“义”而构形。

B. 书写者总是为构“形”而构“形”。

C. “书法”研究者着眼书写者的构“形”。

D. “书法”研究者着眼接受者的识“形”、观“形”。

13. 第②段中作者认为一些书法研究者对书法作品“物态文化层”的分析说明是不全面的，其理由是什么？(4分)

14. 第④段“也会得出同样的结论”中的“结论”指的是什么？(3分)

15. 文章第③段说“各种书法‘作品’的文字内容体现着作者、书者的思想、意识、价值观念、思维方式、审美情趣等等”，请结合这句话，恰当举例，谈谈你对书法作品文化意义的认识。(4分)

## 二、教材教法(本大题共2小题,共20分)

《荷塘月色》是人教版高中必修上册的一篇课文。

### 荷塘月色

这几天心里颇不宁静。今晚在院子里坐着乘凉,忽然想起日日走过的荷塘,在这满月的光里,总该另有一番样子吧。月亮渐渐地升高了,墙外马路上孩子们的欢笑,已经听不见了;妻在屋里拍着闰儿,迷迷糊糊地哼着眠歌。我悄悄地披了大衫,带上门出去。

沿着荷塘,是一条曲折的小煤屑路。这是一条幽僻的路;白天也少人走,夜晚更加寂寞。荷塘四面,长着许多树,蓊蓊郁郁的。路的一旁,是些杨柳,和一些不知道名字的树。没有月光的晚上,这路上阴森森的,有些怕人。今晚却很好,虽然月光也还是淡淡的。

路上只我一个人,背着手踱着。这一片天地好像是我的;我也像超出了平常的自己,到了另一世界里。我爱热闹,也爱冷静;爱群居,也爱独处。像今晚上,一个人在这苍茫的月下,什么都可以想,什么都可以不想,便觉是个自由的人。白天里一定要做的事,一定要说的话,现在都可不理。这是独处的妙处,我且受用这无边的荷香月色好了。

曲曲折折的荷塘上面,弥望的是田田的叶子。叶子出水很高,像亭亭的舞女的裙。层层的叶子中间,零星地点缀着些白花,有袅娜地开着的,有羞涩地打着朵儿的;正如一粒粒的明珠,又如碧天里的星星,又如刚出浴的美人。微风过处,送来缕缕清香,仿佛远处高楼上渺茫的歌声似的。这时候叶子与花也有一丝的颤动,像闪电般,霎时传过荷塘的那边去了。叶子本是肩并肩密密地挨着,这便宛然有了一道凝碧的波痕。叶子底下是脉脉的流水,遮住了,不能见一些颜色;而叶子却更见风致了。

月光如流水一般,静静地泻在这一片叶子和花上。薄薄的青雾浮起在荷塘里。叶子和花仿佛在牛乳中洗过一样;又像笼着轻纱的梦。虽然是满月,天上却有一层淡淡的云,所以不能朗照;但我以为这恰是到了好处——酣眠固不可少,小睡也别有风味的。月光是隔了树照过来的,高处丛生的灌木,落下参差的斑驳的黑影,峭楞楞如鬼一般;弯弯的杨柳的稀疏的倩影,却又像是画在荷叶上。塘中的月色并不均匀;但光与影有着和谐的旋律,如梵婀玲上奏着的名曲。

荷塘的四面,远远近近,高高低低都是树,而杨柳最多。这些树将一片荷塘重重围住;只在小路一旁,漏着几段空隙,像是特为月光留下的。树色一例是阴阴的,乍看像一团烟雾;但杨柳的丰姿,便在烟雾里也辨得出。树梢上隐隐约约的是一带远山,只有些大意罢了。树缝里也漏着一两点路灯光,没精打采的,是渴睡人的眼。这时候最热闹的,要数树上的蝉声与水里的蛙声;但热闹是它们的,我什么也没有。

忽然想起采莲的事情来了。采莲是江南的旧俗,似乎很早就有,而六朝时为盛;从诗歌里可以约略知道。采莲的是少年的女子,她们是荡着小船,唱着艳歌去的。采莲人不用说很多,还有看采莲的

6. 核心素养是学生通过课程学习逐步形成的(　　),是课程育人价值的集中体现。

A. 正确价值观、必备品格和关键能力　　B. 正确世界观、必备技能和关键能力

C. 正确价值观、必备品格和关键素养　　D. 正确世界观、必备技能和关键素养



二、填空题(本大题共6小题,每空1分,共10分)

1. (1)________________,复照青苔上。(王维《鹿柴》)

(2)孤帆远影碧空尽,________________。(李白《黄鹤楼送孟浩然之广陵》)

2. 基本词汇具有________、________、全民常用性的特点。

3. 母共________笔,第三笔是________。

4. ________是新中国第一本为儿童而写的童话集,鲁迅称其“给中国的童话开了一条自己创作的路”。

5. 被恩格斯称为“中世纪的最后一位诗人,同时又是新时代的最初一位诗人”的是________,其代表作《神曲》分为《地狱》________《天堂》三部。

6. 对于阅读教学,要求学生在阅读过程中能根据提示提取文本的________,通过关键词句说出事物的特点。

三、简答题(本大题共3小题,每小题5分,共15分)

1. 汉语拼音中儿化的作用有哪些?

2. 请简述文学四要素及其关系。

3. 诗歌教学中的朗读指导方法都有哪些?

四、现代文阅读(本大题共3小题,共10分)

笑靥千秋

舒　婷

记忆中最温柔的笑容莫过于妈妈的嫣然一笑,这就是童年时代的最高奖赏。仿佛我在普通话比

赛中获奖,我在学校歌咏大会的领唱,每周成绩通知单上的"全优",都是为了获得妈妈的展颜微笑。

妈妈的牙齿细密整齐,只是牙龈偏低,每逢她开怀大笑,就虚握拳头遮羞,像扶着麦克风,那姿势有些可笑,却又令我向往。因为,当时在我们的生活里,能让妈妈如此忘情的开心事总是鲜于遇见。

这是母亲的笑容,每个亲情笃至的儿女都能在自己母亲的脸上汲取这种光辉。

我在插队时的女伴长相可以说很一般:小眼睛、塌鼻梁,生气时两片嘴唇一堵,活像两扇厚墙门,那几颗雀斑简直要暴出来。但她有足够的聪明才智,在那样单调的生活中,不仅自己笑声不断,同时让小集体洋溢欢乐的气氛。

我怀念她笑起来的样子:眼睛弯如新月,连乌黑的长眉都有感情,露出一口整齐的皓齿,要多甜有多甜!为这笑容,村村队队有多少小伙子夜间在桥头为她弹吉他。

这是青春无畏的笑容,不知何时,它们已在我们的脸上凋谢。但我们仍能从周围少男少女们的幸福中一再欣赏这些芬芳的花朵。

我的师傅是位极普通的女工。善良、勤劳、刚愎和自信混合一起的个性,使她所在的班组烽烟不息。我成为她的徒弟,不少人为我捏一把汗。但三年中,我和她相处得很亲密,甚至成了班组的避雷针。我喜欢她的笑容,常常逗她乐得前仰后合。她的沧桑的前额舒展开来,疲倦的大眼睛又有了温暖的光彩,拉成长沟的颊上有当年酒窝的影子。她一定非常美丽过,但乡下跑出来的灰姑娘和拣到她的士兵丈夫,似乎从来不曾意识到。

这种质朴的笑容让人想到野地的花,随时可见,又总被忽略。它既单纯又丰富,使你联想到劳动的艰巨与欢欣,想到生命的漫长与短暂,想到源与本,想到忘与记之间我们那些无法言喻的模糊冲动、情感的濡湿。

还有一种女政治家的笑容。女人,又是政治家。

笑容于她们像男政治家当年的中山装、当今的西装一样,是必备的披挂。司管笑容的各部门都有分寸,因对上级、同事、下属的不同调整位置,但我们仍然期待它,哪怕配备一双眼睛寒气袭人。就像在悬崖峭壁的攀援中,暂时找到一个落脚点,心一松又一紧,于是再寻找,再接触下一个落脚点。

在当年居委会主任、工厂女人班组长那儿一再经受这种考验后,我领悟到:女政治家的笑容就是让你老那么附在悬崖上,不掉下来。

有人说:笑是一门艺术。

哦,这话真可怕!

1. 你如何理解文中句子"她的沧桑的前额舒展开来"中"沧桑"一词的含义?(2分)

## 七、教学设计题(本大题共17分)

《灰雀》是三年级上册的一篇课文,请你完成一份教学设计,教学设计包括教学目标和教学过程。

### 灰 雀

有一年冬天,列宁在郊外养病。他每天到公园散步。公园里有一棵高大的白桦树,树上有三只灰雀:两只胸脯是粉红的,一只胸脯是深红的。它们在树枝间来回跳动,婉转地歌唱,非常惹人喜爱。列宁每次走到白桦树下,都要停下来,仰望这三只欢快的灰雀,还经常给它们带来面包渣和谷粒。

一天,列宁又来到公园,走到白桦树下,发现那只胸脯深红的灰雀不见了。他在周围的树林中找遍了,也没有找到。

这时,列宁看见一个小男孩,就问:"孩子,你看见过一只深红色胸脯的灰雀吗?"

男孩说:"没……我没看见。"

列宁说:"一定是飞走了或者是冻死了。天气严寒,它怕冷。"

那个男孩本来想告诉列宁灰雀没有死,但又不敢讲。

列宁自言自语地说:"多好的灰雀呀,可惜再也飞不回来了。"

男孩看看列宁,说:"会飞回来的,一定会飞回来的。它还活着。"

列宁问:"会飞回来?"

"一定会飞回来!"男孩肯定地说。

第二天,列宁来到白桦树下,果然又看到那只灰雀欢蹦乱跳地在枝头歌唱。那个男孩站在白桦树旁,低着头。

列宁看看男孩,又看看灰雀,微笑着说:"你好!灰雀,昨天你到哪儿去了?"

当然,灰雀没有告诉列宁昨天它去哪儿了。列宁也没再问那个男孩,因为他已经知道,男孩是诚实的。

## 八、写作题(本大题共20分)

学者有四失,教者必知之。人之学也,或失则多,或失则寡,或失则易,或失则止。此四者,心之莫同也。知其心,然后能救其失也。教也者,长善而救其失者也。

请根据以上材料,从教师的角度出发,写一篇文章,不少于500字。

# 浙江省教师招聘考试中小学语文预测试卷(三)

**考生须知:**

1. 本试卷分试题卷和答题卷,满分100分,考试时间120分钟。
2. 答题前,在答题卷密封区内填写姓名、身份证号、报考单位、报考岗位、试场号和座位号。
3. 所有答案必须写在答题卷上,写在试题卷上无效。
4. 考试结束,上交试题卷和答题卷。

**一、基础知识与阅读(本大题共16小题,共50分)**

**(一)基础知识**

1. 下列词语中,加点的字每对读音完全相同的一项是(　　)(3分)

A. 偌大/诺言　嗜好/谥号　掎角之势/人才济济

B. 酗酒/抚恤　饯别/栈道　步履蹒跚/潸然泪下

C. 塑料/追溯　对峙/秩序　恪尽职守/溘然长逝

D. 琵琶/毗连　辍学/啜泣　峥嵘岁月/字斟句酌

2. 下列词语中没有错别字的一组是(　　)(3分)

A. 如椽巨笔　笔走龙蛇　妙笔生花　栩栩如生

B. 国泰民安　风调雨顺　举世闻名　出类拔萃

C. 全神贯注　聚精会神　专心致志　心无旁骛

D. 鞠躬尽瘁　惮精竭虑　含辛茹苦　呕心沥血

3. 下列句子加点的词语使用错误的一项是(　　)(3分)

A. 法国大昆虫家法布尔,把科学和文学巧妙地结合起来,用富有诗意的笔触描绘了一个绚烂多姿、光怪陆离的昆虫世界。

B. 随着贝克特等人的先后逝世,荒诞戏剧作为一个流派也渐渐偃旗息鼓了。

C. "戒烟一小时,健康亿人行"的倡议发出后,一些烟民对此默默无闻。

D. 华灯初上的大丰港城,显示出年轻与绚丽,令人心驰神往。

4. 下列各句中没有语病的一项是(　　)(3分)

A. 张老师虽然退休了,但他无时无刻不在牵挂着那些孩子们。

B. 抗日战争时候,我国出现了不少抗日小英雄。

C. 公园新设了由两个英国援建的游乐项目。

宝山顿时喜眉笑眼起来，走近老奎，从怀里掏出包软烟，抽出一根，给老奎。

老奎不接，站起来，到牛栏前，看牛。牛卧在那里，慢条斯理地反刍。

老奎对牛说："老黑啊，好好吃，过了晌午，咱去西洼犁地。"

老黑没搭腔。背后的宝山却说话了："爹啊，您刚才都说答应签了，咋这会儿又说去犁地呢?"

老奎扭过头来，梗着脖子："我晚上签，没签之前，地还是我的。我愿咋样就咋样。"

宝山知道爹的脾气，不敢再说，转过身，溜溜地出了院门。

老奎进了牛栏，蹲下来，抚摸牛。牛毛不光滑，肋骨鲜明地凸着。老奎说："老了，老黑啊，你和我一样老了。"停顿了一会儿，老奎又说："老黑啊，可我心里觉着没老，你觉着呢?"

老黑扭过头来，看他。从老黑的眼里，老奎看到了自己皱纹纵横的脸。相对无言。很长时间后，老奎拍拍老黑的背，说："这事咱就这么定了啊，下午去犁地。"说完后，站起来，去库房，拾掇盖满了灰尘的犁具。

老黑是村里最后一头牛了。好几年前，就是最后一头牛了。

现在，他要带着这最后一头牛，披挂上阵。

吃过饭后，老奎用推车推着犁具，牵着老黑，一前一后出了院门。老黑很久没出院门了，走得慢慢吞吞。

一路上，很多人都和老奎打招呼，说："您这是咋啦? 都啥年代了，还牵着牛去犁地? 再说，那地不是都租出去了么?"

老奎却只是笑笑，并不答话。

终于到了地边。老奎放下车，将犁具卸下来，放开老黑，让它自己找青草去。这时的太阳，已挪到西边去，将老奎和老黑的影子拉得很长。

一袋烟后，终于要下地了。老黑套上了犁具，老奎扶着。"驾!"老奎喊了。老黑缓缓地迈开步子。

两趟过后，老奎拄着犁具，喘粗气。老黑也张大了嘴，喘粗气。老奎说："老伙计啊，再坚持一会儿。你知道吗，犁完这块地，咱俩就正式从田里退休了。"

老黑轻轻地甩了甩尾巴，算是回应。

西边的太阳越来越矮，脸越来越红，像是缀上了个秤砣，斜斜地缓慢地往下坠。

老奎的脸，和夕阳的脸差不多红。他喘粗气的声音，和牛喘粗气的声音，重叠在一起，越来越沉重，像两个老旧的风箱。

偌大的田野，一个人，一头牛，都披了夕阳的红。只剩下最后一趟了。

老奎两股战战。老牛也是，有些站不稳了。老奎喊："加把劲，老黑，最后一趟了。"

终于到头了。老奎斜倚着犁，摇晃了几下才站稳。老牛四条腿在打战。

老奎喊："老黑——"老黑回过头来。老奎看见，老黑的眼角慢慢凝聚了一滴泪。这滴泪缓缓落下去，砸疼了大地。

(有删改)

12. 阅读全文,完成情节图。(2分)

________—老奎无奈签字—________—老黑落泪

13. 老牛"老黑"的形象在小说中有哪些作用?请作具体分析。(3分)

14. 在小说主人公老奎身上,作者寄寓了怎样的情感态度?(3分)

15. 如何理解小说结尾"这滴泪缓缓落下去,砸疼了大地"这句话的深刻含义?(3分)

16. 下列对小说相关内容和艺术特色的分析鉴赏,不正确的一项是(　　)(4分)

A. 儿子宝山从不同角度苦苦劝说父亲,最后老奎极不情愿地答应签字,这表明老奎内心有一种强烈的保护耕地和环境的意识。

B. 儿子对犁地表示奇怪,老奎梗着脖子驳斥,其他人表示奇怪,老奎则笑而不答,运用映衬的表现手法使人物的形象更加丰满。

C. 文中写人和牛喘粗气的声音"重叠在一起,越来越沉重,像两个老旧的风箱",兼用比拟和比喻,凸显了人和牛的疲惫衰老。

D. 小说结尾部分叙述老奎驾牛犁地时,穿插了多处景物描写,营造出一种沉重、悲凉的氛围,有力烘托了老人和老牛的形象。

## 二、教材教法(本大题共20分)

17.《爬山虎的脚》是部编版小学语文四年级上册的一篇课文。请你完成一份教学设计,教学设计包括教学目标和教学过程。

### 爬山虎的脚

学校操场北边墙上满是爬山虎。我家也有爬山虎,从小院的西墙爬上去,在房顶上占了一大片地方。

爬山虎刚长出来的叶子是嫩红的,不几天叶子长大,就变成嫩绿的。爬山虎的嫩叶,不大引人

6. 下列关于《义务教育语文课程标准》(2022年版)“阅读与鉴赏”的表述,不正确的一项是(　　)

A. 第二学段要求学生能初步把握文章的主要内容,体会文章表达的思想感情。学习圈点、批注等阅读方法。

B. 第三学段要求学生熟练地用普通话正确、流利、有感情地朗读课文。默读有一定的速度,默读一般读物每分钟不少于500字。

C. 学生能独立阅读散文、小说、诗歌等文学作品,在阅读过程中能获取主要内容,用朗读、复述等自己擅长的方式呈现对作品内容的理解。

D. 学生能按照一定的顺序讲述见闻,说出自己的感受和想法;能尝试根据语文学习经验和生活经验解决日常生活中的问题。

**二、填空题(本大题共5小题,每空1分,共10分)**

7. 丞相祠堂何处寻?锦官城外柏森森。________________,________________。(杜甫《蜀相》)

8. 斜阳草树,寻常巷陌,________________。想当年,金戈铁马,________________。(辛弃疾《永遇乐·京口北固亭怀古》)

9. 亲贤臣,远小人,________________;亲小人,远贤臣,________________。(诸葛亮《出师表》)

10. 基本词汇具有________、________、全民常用性的特点。

11. 审美创造是指学生通过感受、________、欣赏、________语言文字及作品,获得较为丰富的审美经验,具有初步的感受美、发现美和运用语言文字表现美、创造美的能力。

**三、简答题(本大题共3小题,每小题5分,共15分)**

12. 声母和辅音有何不同?韵母和元音有何不同?

13. 简述杜甫诗歌的艺术风格。

14. 请结合《义务教育语文课程标准》(2022年版)简述核心素养基本内涵以及四个方面的关系。

## 四、鉴赏题(本大题共2小题,共18分)

15. 阅读下面一首诗,回答问题。

### 遇旧友

吴伟业

已过才追问,相看是故人。

乱离[注]何处见,消息苦难真。

拭眼惊魂定,衔杯笑语频。

移家就吾住,白首两遗民。

【注】乱离:指明、清之际的战乱。

(1)"已过才追问"一句中的"已""才"两字似不着力,实则耐人寻味,请简要说明。(3分)

(2)请简析"乱离何处见,消息苦难真"一联在全诗中的作用。(4分)

16. 阅读下文,回答问题。

### 蚂蚁和蟋蟀

佚 名

在炎热的夏天,蚂蚁们仍是辛勤地工作着,每天一大早便起床,紧接着一个劲儿的工作。蟋蟀呢?天天"叽哩叽哩,叽叽、叽叽"的唱着歌,游手好闲,养尊处优地过日子。

每一个地方都有吃的东西,满山遍野正是花朵盛开的时候,真是个快乐的夏天啊!蟋蟀对蚂蚁的辛勤工作感到非常奇怪。"喂!喂!蚂蚁先生,为什么要那么努力工作呢?偶尔稍微休息一下,像我这样唱唱歌不是很好吗?"

可是,蚂蚁仍然继续工作着,一点也不休息地说:

"在夏天里积存食物,才能为严寒的冬天作准备啊!"

"我们实在没有多余的时间唱歌、玩耍!"

蟋蟀听蚂蚁这么说,就不再理蚂蚁。"啊!真是笨蛋,干嘛老想那么久以后的事呢!"

快乐的夏天结束了,秋天也过去了,冬天终于来了,北风呼呼地吹着,天空中下着绵绵的雪花。

蟋蟀消瘦得不成样子,到处都是雪,一点食物都找不到。

"我若像蚂蚁先生,在夏天里贮存食物该多好啊!"

蟋蟀眼看就要倒下来似的,蹒跚地走在雪地上。一直劳动着的蚂蚁,冬天来了也不在乎。积存了好多食物,并且建了温暖的家。当蟋蟀找到蚂蚁的家时,蚂蚁们正快乐地吃着东西呢!

“我不明白,”父亲并不退让,“难道世界上糟糕的诗还不够多吗?”

我再也受不了了。我冲出饭厅,跑进自己的房间,扑到床上失声痛哭起来。饭厅里,父母还在为那首诗争吵着。

几年后,当我再拿起那首诗,不得不承认父亲是对的,那的确是一首相当糟糕的诗。不过母亲还是一如既往地鼓励我,因此我还一直在写作。有一次,我鼓起勇气给父亲看了一篇我新写的短篇小说。“写得不怎么样,但也不是毫无希望。”根据父亲的批语,我学着进行修改,那时我还未满十二岁。

现在我已经有了很多作品,出版了一部部小说、戏剧和电影剧本。我越来越体会到我当初是多么幸运。我有个慈祥的母亲,她常常对我说:“巴迪,这是你写的吗?精彩极了!”我还有个严厉的父亲,他总是皱着眉头,说:“这个糟糕透了。”一个作家,应该说生活中的每一个人,都需要来自母亲的力量,这种爱的力量是灵感和创作的源泉。但是仅有这个是不全面的,它可能会把人引入歧途,所以还需要警告的力量来平衡,需要有人时常提醒你:“小心,注意,总结,提高。”

这些年来,我少年时代听到的这两种声音一直交织在我的耳际。“精彩极了!”“糟糕透了!”“精彩极了!”“糟糕透了!”……它们像两股风不断地向我吹来。我谨慎地把握住我生活的小船,使它不被哪一股风刮倒。我从心底里知道,“精彩极了”也好,“糟糕透了”也好,这两个极端的断言有一个共同的出发点——那就是爱。在爱的鼓舞下,我努力地向前驶去。

## 七、写作题(本大题共20分)

19. 阅读下面的文字,根据要求作文。

生命没有高低贵贱之分。一只蜜蜂和一只雄鹰相比,虽不起眼,可它能传播花粉从而使大自然五彩斑斓;一粒沙石与一块碧玉相比,虽然普通,但它可以奠基铺路以成就万丈高楼和平坦大道。当别人对什么都漫不经心的时候,你却能对自己的学习、工作一丝不苟,丁是丁,卯是卯,这就是一种美德;当别人跟着感觉走,追求所谓潇洒时,你却能守住寂寞,认认真真做点事,这就是一种明智;当别人对社会、生活愤愤不平、满腹牢骚、喋喋不休时,你却能从我做起,从现在做起,干一番事业,这是一种高尚的情操。任何时候,都不要看轻自己。而当你对自己有了信心,你的人生也许就会揭开新的一页。

请以“看重自己”为内容,写一篇不少于600字的文章;题目自拟,文体不限。中心明确,书写工整,禁止照搬照抄上面的材料。

# 浙江省教师招聘考试中小学语文预测试卷(五)

**考生须知:**

1. 本试卷分试题卷和答题卷,满分100分,考试时间150分钟。
2. 答题前,在答题卷密封区内填写姓名、身份证号、报考单位、报考岗位、试场号和座位号。
3. 所有答案必须写在答题卷上,写在试题卷上无效。
4. 考试结束,上交试题卷和答题卷。

**一、单项选择题(本大题共6小题,每小题2分,共12分)**

1. "西安是个美丽的地方",拼音正确的一项是( )

A. Xīān shìge měilìde dìfāng　　B. Xī'ān shìge měilìdē dìfāng

C. Xīān shìge měilìdē dìfang　　D. Xī'ān shìge měilìde dìfang

2. 下列各组词语中没有错别字的一组是( )

A. 不落窠白　浅尝辄止　毋庸置疑　不可俞越

B. 消声匿迹　姹紫嫣红　步履蹒跚　残垣断壁

C. 责无旁怠　言简意该　神魂颠倒　冥顽不灵

D. 海市蜃楼　冠冕堂皇　明察秋毫　醍醐灌顶

3. 中国第一部个人创作的文言短篇小说集是( )

A. 干宝《搜神记》　　B. 蒲松龄《聊斋志异》

C. 吴承恩《西游记》　　D. 刘义庆《世说新语》

4. 下列各项中标点符号的使用正确的一项是( )

A. "生存？还是毁灭？"莎士比亚的这句名言揭示出一个最基本的哲学命题,那就是人的生存价值是什么？

B. 有人断言,先生这样的天才,"在号称有千年文明史的中国才出现一个,恐怕能跟他伦比的一个也没有"。

C. 至今为止,我们仍无法准确地解释为什么会出现像"非典"、禽流感这类闻所未闻的疾病？

D. 毛泽东同志讲过:"他写的文章不大引用马列怎么说,报刊老引用他的话,他就不舒服。"

5. 作为意大利继《木偶奇遇记》之后又一部流传各国的儿童文学佳作,给意大利和作者本人带来了世界性声誉的作品是( )

A.《爱的教育》　　B.《水孩子》

C.《小熊维尼历险记》　　D.《爱丽丝漫游奇境记》

6. 把教学评价分为诊断性评价、形成性评价和终结性评价是根据( )来划分的。

A. 评价所运用的方法和标准的不同　　B. 评价在教学活动中作用的不同

## 五、诗歌鉴赏(本大题共3小题,共8分)

阅读下面的诗歌,然后回答问题。

**书 愤**

陆 游

早岁那知世事艰,中原北望气如山。
楼船夜雪瓜洲渡,铁马秋风大散关。
塞上长城空自许,镜中衰鬓已先斑。
出师一表真名世,千载谁堪伯仲间!

1. 这首诗表达了作者怎样的思想感情?(3分)

2. 简要赏析本诗颈联。(3分)

3. 陆游抒发爱国之情的诗句不少,请再写两句。(2分)

## 六、案例分析题(本大题共8分)

阅读下面的案例,回答问题。

[案例]一班的A教师正在上课,突然,从窗外传来一阵急促的“的嘟”——“的嘟”——声,这声音犹如一块巨石落入平静的水面,教室里顿时喧闹起来。紧接着,像有谁下了一道命令——“向左看齐”,所有的学生都向左边看去。这是怎么回事?还没等该教师喊出话来,坐在靠窗边的同学已经站起来,趴在窗台上向外张望,其他的同学更是着急,他们有的站在椅子上,有的一蹦一跳,脖子伸得老长,平时上课就坐不住的索性冲出座位,涌到窗前。他们你扒我,我推他,争先恐后地向外张望——原来是两辆红色的消防车由南向北从窗前驶过……

教室里恢复平静后,A教师灵机一动,放弃了原来的教学内容,让同学们把刚才的所见、所闻、所想说出来,写下来。结果,同学们个个情绪高涨,说得头头是道,写得也很精彩,乐得老师满脸堆笑。

二班的B教师面对以上的情境板起面孔,维持纪律,让学生回到座位上,继续原来的教学。而学生却余兴未止,沉浸在刚才的氛围中……

B教师不愿意放弃原来的教学内容,否则他认为自己“没有完成教学任务”。

[问题]A、B两位教师的做法有何不同?你赞同哪位教师的做法?

## 七、教学设计题(本大题共4小题,共17分)

《梦回繁华》是部编版八年级上册的一篇课文,如果你来执教这篇课文,请按要求完成教学设计。

### 梦回繁华

毛　宁

北宋时期,商业手工业迅速发展,城市布局打破了坊与市的严格界限,出现空前的繁荣局面。北宋汴京商业繁盛,除贵族聚集外,还住有大量的商人、手工业者和市民,城市的文化生活也十分活跃。由此,绘画的题材范围在反映现实生活方面得到了极大的拓展,从唐代以描绘重大历史事件和贵族生活为主,扩展到描绘城乡市井平民生活的各个方面。张择端的《清明上河图》便是北宋风俗画作品中最具代表性的一幅。

张择端,主要活动于北宋末年至南宋初年,生卒年不详,山东东武人,字正道,又字文友。幼读书游学于汴京,徽宗朝进入翰林,据张著题跋,“后习绘画”,擅长界画,工舟车、人物、市街、城郭,自成一家。除《清明上河图》外,还有《西湖争标图》相传为他所画。据后代文人考订,《清明上河图》可能作于政和至宣和年间(1111—1125)。那正是北宋统治者在覆灭之前大造盛世假象,以此掩盖内忧外患的时期。建炎之后,南渡的北宋遗民怀念故土,在他们眼中,这幅图卷必有其特殊的意义,正是他们回首故土、梦回繁华的写照。透过此一观念来审视这幅千古名作,我们会发觉那隐藏于繁华背后的心情。

张择端画的《清明上河图》,绢本,设色,纵24.8厘米,横528.7厘米。作品描绘了都城汴京从城郊、汴河到城内街市的繁华景象。整个长卷犹如一部乐章,由慢板、柔板,逐渐进入快板、紧板,转而进入尾声,留下无尽的回味。

画面开卷处描绘的是汴京近郊的风光。疏林薄雾,农舍田畴,春寒料峭,赶集的乡人驱赶着往城内送炭的毛驴驮队。在进入大道的岔道上,是众多仆从簇拥的轿乘队伍,从插满柳枝的轿顶可知是踏青扫墓归来的权贵。近处小路上骑驴而行的则是长途跋涉的行旅。树木新发的枝芽,调节了画面的色彩和疏密,表现出北国早春的气息。画面中段是汴河两岸的繁华情景。汴河是当时南北交通的孔道,也是北宋王朝国家漕运的枢纽。巨大的漕船,舳舻相接,忙碌的船工从停泊在河边的粮船上卸下沉重的粮包,纤夫们拖着船逆水行驶,一片繁忙景象。汴河上有一座规模宏敞的拱桥,其桥无柱,以巨木虚架而成,结构精美,宛如飞虹。桥的两端紧连着街市,车水马龙,热闹非凡。一艘准备驶过拱桥的巨大漕船的细节描绘,一直为人们所称道:船正在放倒桅杆准备过桥,船夫们呼唤叫喊,握篙盘索。桥上呼应相接,岸边挥臂助阵,过往行人聚集在桥头围观。而那些赶脚、推车、挑担的人们,却无暇一顾。这紧张的一幕,成为全画的一个高潮。后段描写汴京市区的街道。在高大雄伟的城楼两侧,街道纵横,房屋林立,茶坊、酒肆、脚店、肉铺、寺观、公厕等一应俱全。各类店铺经营着罗锦布匹、沉檀香料、香烛纸马。另有医药门诊、大车修理、看相算命、修面整容,应有尽有。街上行人摩肩接踵,络绎不绝,士农工商,男女老少,各行各业,无所不备。

《清明上河图》采用了中国传统绘画特有的手卷形式,以移动的视点摄取对象。全图内容庞大,却繁而不乱,长而不冗,段落清晰,结构严谨。画中人物有五百多个,形态各异。采用兼工带写的手法,线条遒劲,笔法灵动,有别于一般的界画。《清明上河图》是一幅写实性很强的作品,画中所绘景物,与

6. 语文学习应注重听说读写的相互联系,注重________的结合,注重知识与能力、过程与方法、情感态度与价值观的整体发展。(　　)

A. 语文与生活　　B. 语文与实践

C. 生活与实践　　D. 思想与生活

二、填空题(本大题共6小题,每空1分,共10分)

1. (1)桃花潭水深千尺,________________。(李白《赠汪伦》)

(2)________________,白银盘里一青螺。(刘禹锡《望洞庭》)

2. "秘"和"朴"作为姓氏使用,分别读________和________。

3. 擎的笔画是十六,部首查______,音节查字法查______。

4. 胡适的《________》是"五四"新文化运动时期第一部白话诗集;鲁迅的《________》是现代白话小说的发轫之作。

5. 艾略特的代表作________是象征主义文学中最有代表性的作品,表达了西方一代人精神上的幻灭,被认为是西方现代文学中具有划时代意义的作品。

6. 学生是语文学习的主体,教师是学习活动的______________和组织者。

三、简答题(本大题共3小题,每小题5分,共15分)

1. 请简述意境的内涵及其特征。

2. 苏轼词作的艺术风格有哪些?

3. 请简述教学评价的种类及分类依据。

四、现代文阅读(本大题共3小题,共10分)

## 小黑鱼

(美)李欧·李奥尼

大海的一个小角落里,生活着一群快乐的小鱼。他们全都是红色的,不过当中有一条小鱼是黑色的。也就这么一条是黑色的,像黑贝那么的黑,大伙都叫他"小黑"。小黑游得比所有的兄弟姊妹都快。

那是一个小红鱼们很不幸的日子。那天,从汹涌的浪涛中冲出一条大虎头鲨。这种鲨鱼本来就很凶很恶,这会儿他肚子正饿。他饿着肚子也能游得很快。他在小红鱼群的后头悄悄地游着,一口一口又一口,把所有的小红鱼都吞到自己肚子里了。一群小红鱼就这样没有了,可同小红鱼一样小的小黑却逃开了。

深水是黑乎乎的。小黑吱溜一下潜进了深水里,虎头鲨就再也看不见他了。他逃掉了。他又害怕,又寂寞,又难过。

大海里到处都有奇妙的生物。小黑游啊游啊,他碰见了各种稀奇古怪的事物。所以,他又高兴起来了。

他看见了像彩虹果冻一般的水母,看见了走起路来像怪兽似的大龙虾,看见了像是被看不见的线牵着游的怪怪鱼,看见了像糖果一样漂亮的岩石上长着的森林似的海草,看见了长得几乎不知道自己尾巴在哪儿的长长、长长的鳗鱼,还有海葵,就像是粉红色的棕榈树在风中轻轻摇动。后来他在岩石和海草的黑影子里看到一群小鱼,就是被恶鱼吞吃掉的那种小红鱼。

“来,咱们一道游出去,到处玩玩,到处看看!”他高兴地说。

“不行啊,”小红鱼们说,“我们个儿瘦小,游得又慢,许多像我们这样的鱼都被吃掉了。我们也会被吃掉的!”

“可是,你们不能老待在这里啊!”小黑说,“咱们一块儿来想个法子,叫大鱼怕我们。”

小黑想啊想,想啊想。

突然,他说:“有了!”

“咱们可以游在一块儿,”他接着说,“变成海里最大的鱼!让所有的大鱼、恶鱼见了咱们都害怕!”

他教大伙个儿挨个儿,密密地游在一起。等到大家都练熟了,能游得像一条大鱼了,他说:“我来当大伙的眼睛。”

于是,他们在清凉的早晨游,也在充满阳光的中午游。大鱼一见,弄不清这是什么鱼,通身红红的,这么大——这家伙一定很厉害吧,于是大鱼就都纷纷逃开了。

1. 分析大海的特点。(3分)

解冻的小溪叮叮咚咚,那是春天的琴声吧?

春天来了!我们看到了她,我们听到了她,我们闻到了她,我们触到了她。她在柳枝上荡秋千,在风筝尾巴上摇哇摇;她在喜鹊、杜鹃嘴里叫,在桃花、杏花枝头笑……

1. 请对这篇课文作简要说明。(4分)

2. 请为本课的教学设计一则富有情趣的导入。(3分)

3. 设计一个有助于学生品味语言、理解课文的朗读活动。(6分)

4. 设计完整的板书。(4分)

## 八、写作题(本大题共20分)

我这一生的嗜好,除了革命之外,就是读书。我一天不读书,就不能够生活。——孙中山

请结合材料,联系现实生活,自选角度,自拟题目,写一篇文章,不少于500字。

# 浙江省教师招聘考试中小学语文预测试卷(七)

**考生须知:**

1. 本试卷分试题卷和答题卷,满分100分,考试时间150分钟。
2. 答题前,在答题卷密封区内填写姓名、身份证号、报考单位、报考岗位、试场号和座位号。
3. 所有答案必须写在答题卷上,写在试题卷上无效。
4. 考试结束,上交试题卷和答题卷。

**一、单项选择题(本大题共6小题,每小题2分,共12分)**

1. 下列词语中,没有错别字的一项是(　　)

A. 战战兢兢　滑稽可笑　听信谗言　分庭抗礼

B. 哀声叹气　沽名钓誉　噩梦连连　推心置腹

C. 没精打采　通宵做梦　安然无恙　哄堂大笑

D. 侧隐之心　性情孤僻　心神不定　周济穷人

2. 在下面这段话空缺处依次填入词语,最恰当的一组是(　　)

在注重教化的中国文化里,尊师重教是________的价值基因。《礼记》有言,建国君民,教学为先;《荀子》有言,国将兴,贵师而重傅。孔子是中国第一位民间教师,提出"有教无类"的教育________,第一次将"教育公平"________在人类的价值图谱上。今天,教师更是被誉为人类灵魂的工程师,"一个肩膀挑着学生的未来,一个肩膀挑着民族的未来"。

A. 薪火相传　理论　铭刻　　B. 薪火相传　理念　镌刻

C. 衣钵相传　理念　镌刻　　D. 衣钵相传　理论　铭刻

3. 下列作品、作家、朝代、国籍搭配完全正确的一组是(　　)

A.《泊船瓜洲》—王安石—宋　　B.《自己的园地》—林语堂—中国现代

C.《巴黎圣母院》—雨果—英国　　D.《爱丽丝漫游奇境记》—弗兰克·鲍姆—美国

4. "小时候/乡愁是一枚小小的邮票"这句诗的作者是(　　)

A. 席慕蓉　　B. 冰心　　C. 余光中　　D. 艾青

5. 下列有关文学常识的表述正确的一项是(　　)

A. 屈原是我国古代的伟大诗人,是"骚体诗"的创始者。

B. 王实甫是元散曲的最高成就者之一,被称为"秋思之祖"。

C. 唐宋八大家指的是唐代的韩愈、柳宗元和宋代的苏洵、苏轼、苏辙、欧阳修、王安石、黄庭坚。

胡蝶梦中家万里，子规枝上月三更。

故园书动经年绝，华发春唯满镜生。

自是不归归便得，五湖[②]烟景有谁争？

【注】①崔涂：唐代诗人，浙江人。公元888年举进士，终生漂泊，久在湘、鄂等地做官，自称是“孤独异乡人”，此诗是诗人旅居湘鄂的时候写的。②五湖：春秋时越国大夫范蠡的归隐之处。这里诗人指他的家乡浙江桐庐一代的大好山水。

1. 全诗表达了作者怎样的思想感情？请结合诗歌内容分析。(4分)

2. 颔联运用了多种表现手法，请分析其中两种。(4分)

## 六、案例分析题(本大题共8分)

阅读下面的教学片段，试从课堂教学评价方面谈谈你的看法。

师：作为有志于保护大熊猫的我们，能不能为“大熊猫栖息地申遗”做一些我们能做的事情呢？比如设计申遗主题词或策划一个保护大熊猫的宣传广告。

屏幕出示：用一两句话来设计申遗主题词或设计一则保护大熊猫的公益广告。

师：有困难吗？老师举个例子。比如，北京2008年奥运会的申请主题就是“绿色奥运，人文奥运，科技奥运”。再比如，中央电视台保护水资源的公益广告是这样的：“如果人类再不节约用水，那么，地球上的最后一滴水，将是我们自己的眼泪。”这项任务可以单独完成，也可以小组合作，现在开始。(几分钟后，教师组织学生反馈。)

生1：我写了三条。第一条，保护大熊猫，别让大熊猫成为灭绝动物；第二条，保护大自然，让大熊猫快乐地生活；第三条，别让“活化石”成为博物馆的标本。

师：哇，太棒了，一下子就来了个高产作家！(笑)

生2：杨柳枯了，有再青的时候；熊猫走了，没有再回的时候。

师：哈哈，当代朱自清！(笑，掌声)

生3：保护大熊猫，为中国添一份荣耀！

师：掷地有声！(掌声)

生4：等到大熊猫灭绝的时候，你的记忆里是否还有它的模样？

师：诗一般的语言。

生5：茂密箭竹，绵绵白云，清清泉水，可爱熊猫……

师:一幅画!一首诗!当代小诗人。

生6:地球已经有很多遗憾,别让大熊猫的成功成为新的遗憾。

师:成功?这个怎么说?我帮你改一下好吗?地球已经有很多遗憾,别让大熊猫的离去成为新的遗憾。

生6:地球已经有很多遗憾,别让大熊猫的离去成为新的遗憾。(掌声)

生7:老师,我这个是一幅画,大熊猫妈妈对孩子说:"亲爱的,过来吃早餐!"(笑,掌声)

师:哈哈,真好!老师忽然觉得这是个绝妙的广告创意。广告画面中,大熊猫妈妈指着小溪对竹林里的孩子说:"亲爱的,过来喝早茶!"(笑)然后响起背景音乐,(教师用流行歌曲《两只蝴蝶》的旋律唱道)亲爱的,你慢慢来,穿过竹林来喝小溪水……(全场笑声,掌声,气氛热烈)

**七、教学设计题(本大题共4小题,共17分)**

《总也倒不了的老屋》是部编版小学语文三年级上册的一篇课文,如果你来执教这篇课文(一课时),请设计一篇完整的教学设计。

**总也倒不了的老屋**

老屋已经活了一百多岁了。它的窗户变成了黑窟窿,门板也破了洞。它很久很久没人住了。

"好了,我到了倒下的时候了!"它自言自语着,准备往旁边倒去。

"等等,老屋!"一个小小的声音在它门前响起,"再过一个晚上,行吗?今天晚上有暴风雨,我找不到一个安心睡觉的地方。"

老屋低下头,把老花的眼睛使劲往前凑:"哦,是小猫啊!好吧,我就再站一个晚上。"

第二天,天晴了。小猫从门上的破洞跳了出来:"喵喵,谢谢!"

老屋说:"再见!好了,我到了倒下的时候了!"

"等等,老屋!"一个小小的声音在它门前响起,"再过二十一天,行吗?主人想拿走我的蛋,可是我想孵小鸡。我找不到一个安心孵蛋的地方。"

老屋低头看看,墙壁吱吱呀呀地响:"哦,是老母鸡啊。好吧,我就再站二十一天"。

二十一天后,老母鸡从破窗户里走了出来,九只小鸡从门板下面叽叽叫着钻了出来:"叽叽,谢谢!"

老屋说:"再见!好了,我到了倒下的时候了!"

6. 关于《义务教育语文课程标准》(2011年版)对写作教学的要求,下列说法错误的一项是(　　)

A. 应贴近学生实际,引导学生关注现实。

B. 关于"写作"的目标,第一学段定位于"习作"。

C. 应注重培养学生观察、思考、表达和创造的能力。

D. 减少对学生写作的束缚,鼓励自由表达和有创意的表达。



**二、填空题(本大题共5小题,每空1分,共10分)**

7. 乱花渐欲迷人眼,浅草才能没马蹄。________________,________________。(白居易《钱塘湖春行》)

8. 独怜幽草涧边生,上有黄鹂深树鸣。________________,________________。(韦应物《滁州西涧》)

9. ________________,________________,古道西风瘦马。夕阳西下,断肠人在天涯。(马致远《天净沙·秋思》)

10. 句子可以根据不同的标准来分类,根据句子的语气分出的叫________,根据结构特点分出的叫________。

11. 口语交际是听与说双方的________过程。教学活动主要应在________中进行。

**三、简答题(本大题共3小题,共16分)**

12. 简述各级词汇单位。(5分)

13. 简述郭沫若《女神》的艺术特色。(5分)

14. 简析塞万提斯《堂吉诃德》中主人公堂吉诃德的形象。(6分)

**四、鉴赏题(本大题共7小题,共17分)**

**(一)古诗词鉴赏**

**雨过山村**

(唐)王建

雨里鸡鸣一两家,竹溪村路板桥斜。

妇姑相唤浴蚕去,闲着中庭栀子花。

15. 诗的前两句描绘了山村景色怎样的特点?(1分)

16. 诗人是怎样表现农忙气氛的?请简要分析。(2分)

17. 试分析"闲着中庭栀子花"中的"闲"字。(3分)

18. 对这首诗的赏析,不正确的一项是(　　)(2分)

A. 这首山水田园诗充满生活气息。

B. 诗中"雨里鸡鸣一两家,竹溪村路板桥斜"两句写出了山村的平和宁静。

C. "妇姑相唤浴蚕去,闲着中庭栀子花"体现姑嫂关系十分和谐。

D. 整首诗描绘了一幅春雨过后山村闲适恬静的生活画。

**(二)阅读下文,回答问题。**

**科学巨人玻尔**

1927年,第五届索尔维物理学会议在布鲁塞尔召开,激烈的辩论很快就变成了一场爱因斯坦与玻尔之间的"决斗"。这场辩论在三年后的第六届索尔维会议上战火再续,玻尔获得胜利,他所代表的哥本哈根学派因此获得了大多数物理学家的认同,他们对量子力学的解释也被奉为正统解释。这次辩论就是著名的"爱因斯坦——玻尔论战",有人称之为物理学史上的"巅峰对决"。

爱因斯坦和玻尔这两位科学巨人的背后,是现代物理学的两大基础理论——相对论和量子力学。他们的争论旷日持久,几乎所有理论物理学家都被吸引并参与进来,乐此不疲。尽管两人的科学理论和思想观点始终没能调和,但他们却结下了长达数十年的友谊。玻尔高度评价他与爱因斯坦的学术之争,认为它是自己"许多新思想产生的源泉"。爱因斯坦也称赞说:"很少有谁像玻尔那样,对隐秘的事物具有如此敏锐的直觉,同时又兼有如此强有力的批判能力。他是我们时代科学领域伟大的发现者之一。"

与爱因斯坦更个性化的独自研究不同,玻尔周围聚集着许多杰出的理论物理学家。他不但有革新的勇气,更是一位伟大的伯乐。他为量子物理学培养和组织了一支创新发展的队伍,人们称之为"哥本哈根学派"。后来的诺贝尔物理学奖获得者玻恩、海森伯、泡利以及狄拉克等都曾是其主要成员。

哥本哈根学派活动的大本营就是哥本哈根理论物理研究所。该所是玻尔在1917年申请,并于地飞着,满身绒毛,落到一朵花上,胖乎乎,圆滚滚,就像一个小毛球似的不动了。

花园里边明晃晃的,红的红,绿的绿,新鲜漂亮。

据说这花园,从前是一个果园。祖母喜欢养羊,羊把果树给啃了,果树渐渐地都死了。到我有记忆的时候,园子里就只有一棵樱桃树、一棵李子树,因为樱桃和李子都不大结果子,所以觉得它们并不存在。小的时候,只觉得园子里边就有一棵大榆树。这榆树在园子的西北角上,来了风,榆树先呼叫,来了雨,榆树先冒烟。太阳一出来,榆树的叶子就发光了,它们闪烁得和沙滩上的蚌壳一样。

祖父整天都在园子里,我也跟着他在里面转。祖父戴一顶大草帽,我戴一顶小草帽;祖父栽花,我就栽花;祖父拔草,我就拔草。祖父种小白菜的时候,我就跟在后边,用脚把那下了种的土窝一个一个地溜平。哪里会溜得准,不过是东一脚西一脚地瞎闹。有时不但没有把菜种盖上,反而把它踢飞了。

祖父铲地,我也铲地。因为我太小,拿不动锄头,祖父就把锄头杆拔下来,让我单拿着那个锄头的“头”来铲。其实哪里是铲,不过是伏在地上,用锄头乱钩一阵。我认不得哪个是苗,哪个是草,往往把韭菜当作野草割掉,把狗尾草当作谷穗留着。

祖父发现我铲的那块地还留着一片狗尾草,就问我:“这是什么?”

我说:“谷子。”

祖父大笑起来,笑够了,把草拔下来,问我:“你每天吃的就是这个吗?”

我说:“是的。”

我看祖父还在笑,就说:“你不信,我到屋里拿来给你看。”

我跑到屋里拿了一个谷穗,远远地抛给祖父,说:“这不是一样的吗?”

祖父把我叫过去,慢慢讲给我听,说谷子是有芒针的,狗尾草却没有,只是毛嘟嘟的,很像狗尾巴。

我并不细看,不过马马虎虎承认下来就是了。一抬头,看见一个黄瓜长大了,我跑过去摘下来,吃黄瓜去了。黄瓜还没有吃完,我又看见一只大蜻蜓从旁边飞过,于是丢下黄瓜追蜻蜓了。蜻蜓飞得那么快,哪里会追得上?好在一开始我也没有存心一定要追上,跟着蜻蜓跑了几步就又去做别的了。采一朵倭瓜花,捉一个绿蚂蚱,把蚂蚱腿用线绑上,绑了一会儿,线头上只拴着一条腿,而不见蚂蚱了。

玩腻了,我又跑到祖父那里乱闹一阵。祖父浇菜,我也过来浇,但不是往菜上浇,而是拿着水瓢,拼尽了力气,把水往天空一扬,大喊着:“下雨啰!下雨啰!”

太阳在园子里是特别大的,天空是特别高的。太阳光芒四射,亮得使人睁不开眼睛,亮得蚯蚓不敢钻出地面来,蝙蝠不敢从黑暗的地方飞出来。凡是在太阳下的,都是健康的、漂亮的。拍一拍手,仿佛大树都会发出声响;叫一两声,好像对面的土墙都会回答似的。

花开了,就像睡醒了似的。鸟飞了,就像在天上逛似的。虫子叫了,就像在说话似的。一切都活了，要做什么，就做什么。要怎么样，就怎么样，都是自由的。倭瓜愿意爬上架就爬上架，愿意爬上房就爬上房。黄瓜愿意开一朵花，就开一朵花，愿意结一个瓜，就结一个瓜。若都不愿意，就是一个瓜也不结，一朵花也不开，也没有人问它。玉米愿意长多高就长多高，它若愿意长上天去，也没有人管。蝴蝶随意地飞，一会儿从墙头上飞来一对黄蝴蝶，一会儿又从墙头上飞走一只白蝴蝶。它们是从谁家来的，又要飞到谁家去？太阳也不知道。

天空蓝悠悠的，又高又远。

可是白云一来，一大团一大团的，从祖父的头上飘过，好像要压到祖父的草帽了。

我玩累了，就在房子底下找个阴凉的地方睡着了。不用枕头，不用席子，把草帽遮在脸上就睡了。

(1)简述这篇课文的教学价值。(4分)

(2)为本文教学制定三维融合的教学目标。(4分)

(3)设计一个教学环节，引导学生理解品味文中含义深刻的语段。(6分)

(4)设计完整的板书。(3分)

## 七、写作题(本大题共20分)

24.阅读下面的材料，根据要求作文。

被誉为“最美乡镇干部”的某乡党委书记，在一个其他人不肯去，去了也待不到两年的地方，一干就是八年，他以坚定的信念和顽强的意志，带领村民发奋图强，将穷乡僻壤建设成了美丽乡村。面对洒满心血与汗水的山山水水，他深有感触地说：“心在哪里，风景就在哪里。”

请根据上面的材料，自选角度，自拟题目，写一篇不少于800字的记叙文或议论文。

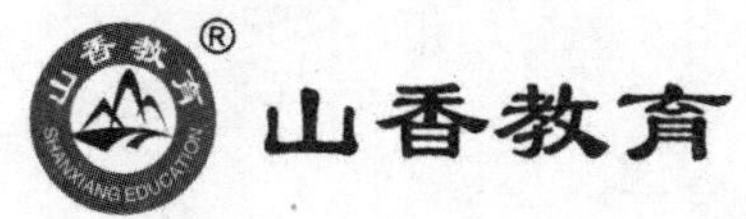


# 浙江省
# 中小学教师招聘考试
# 历年真题解析及预测试卷
# 参考答案及解析
## 语文

山香教师招聘考试命题研究中心　主编

# 目　录

**真题试卷**



**预测试卷**

# 真题试卷

## 2022年浙江省宁波市江北区教师招聘考试小学语文真题试卷(一)

**一、基础常识**

1. ①践;②竭;③孕;④B

2. ①会当凌绝顶
②星汉灿烂
③行到水穷处
④纷纷开且落
⑤仍怜故乡水
⑥醉翁之意不在酒;在乎山水之间也
⑦一山放出一山拦
⑧海日生残夜
【甲】蕴含哲理

3. ①C 【解析】朱自清散文《温州的踪迹》中有“月朦胧,鸟朦胧,帘卷海棠红”一句。
②A 【解析】南宋投降后,元世祖屡劝文天祥投降,文天祥坚贞不屈,后被杀于柴市口。上联是说文天祥的一腔热血洒在柴市口,连杜鹃鸟都为之凄切;下联是说文天祥的美梦未能实现,连瓯江都为之哭泣。
③B 【解析】池上楼位于温州市,为纪念南朝诗人谢灵运所建造。名句“池塘生春草,园柳变鸣禽”出自其《登池上楼》,后人遂称该楼为“池上楼”。

4. C 【解析】本题考查诗句理解。A项,“日暮汉宫传蜡烛,轻烟散入五侯家”中“汉宫”是借古讽今,实指唐朝的皇宫,“五侯”一般指东汉时,同日封侯的五个宦官。这里借汉喻唐,暗指中唐以来受皇帝宠幸、专权跋扈的宦官。B项,“一水护田将绿绕,两山排闼送青来”中,“护田”指护卫、环绕着园田,据《汉书·西域传序》记载,汉代西域置屯田,派使者校尉加以领护;“排闼”形容气势非凡,据《汉书·樊哙传》记载,汉高祖刘邦值黥布反叛而卧病不起、心绪烦乱,令守护之官不准群臣入见,群臣于是不敢入。十余日后,樊哙不顾禁令排闼直入,群臣亦随之而向刘邦陈言利害,终使高祖解颜起床,后“排闼”成为咏樊哙的典故。C项,“晚泊孤舟古祠下,满川风雨看潮生”中没有运用典故,意思是:在一个风雨的夜晚,把船停放在江边古祠下,看着满川风雨与浪潮涨退的情景。D项,“怀旧空吟闻笛赋,到乡翻似烂柯人”中“闻笛赋”指曹魏后期向秀的《思旧赋》,向秀写《思旧赋》来表示对嵇康、吕安的怀念;“烂柯人”,据《述异记》所载,晋人王质入山砍柴,见二童子对弈,他观棋至终局,发现手中的“柯”(斧头的木柄)已经朽烂了。王质下山,回到村里,才知道已经一百年过去了,同时代的人都已死尽。

5. B 【解析】本题考查中国现代文学知识的识记。《子夜》是茅盾的长篇小说,是中国现代长篇小说发展成熟的标志。

6. A 【解析】本题考查中国古代文化常识。建安七子包括孔融、陈琳、王粲、徐幹、阮瑀、应玚、刘桢。嵇康是竹林七贤中的人物。

**二、阅读鉴赏**

7. 【参考答案】(1)祥子的“回来”刻画了其软弱、屈服于命运的人物形象。虎妞的“怀孕”让他深感焦虑,老马的经历让他觉得前途暗淡,辛苦积攒的买车钱又被孙侦探敲诈走,生活的巨变和黑暗势力的剥削,让他虽然心里不乐意,但又不得不向命运低头。(2)简·爱的“回来”刻画了其专一执着、勇敢的人物形象。简·爱深爱罗切斯特,在得知他被火烧伤、疯妻离世后,义无反顾回到他的身边,与他共担风雨。
(本题共4分。答出祥子的人物形象1分,结合故事情节分析1分;答出简·爱人物形象1分,结合故事情节分析1分)

8. 【参考答案】(1)发现新列车运行时刻表的变更。
(2)问事处的职员能回答铁路方面的任何问题。
(3)记住每一处台阶的级数。
(本题共3分,每答出一点得1分)

9. 【参考答案】不矛盾。问事处职员能回答铁路方面的任何问题,使“好记性的人”感到自己的地位受到威胁,大为恼火,于是决定放弃记铁路信息这项爱好,转而全身心投入记台阶级数这项新爱好。他对前一项爱好的主动放弃和在数台阶一事中投入全部精力使他记忆里“所有关于列车的事都荡然无存了”,是合情合理的。

(本题共3分。亮明观点0.5分,简要说明“好记性的人”爱好变化的前因后果2分,最后总述观点0.5分)

10.【参考答案】(1)这一句连续使用“不”“没有”等否定词,写出“好记性的人”与社会生活脱节,将全部精力都投入到记忆铁路信息一事的生活状态,写出他荒唐可笑的特点,也为下文他转而数台阶级数这一情节起到铺垫作用。

(本题共2分。写出“与社会生活的脱节”,0.5分;写出“专心记忆铁路信息”,0.5分;写出“生活荒唐可笑”,0.5分;写出“为下文情节作铺垫”,0.5分)

(2)“好记性的人”细数这些地名,可见他对铁路信息的透彻了解。他只记铁路信息,却反对坐火车去做任何事,可见他的知识和观点与社会生活脱离,是纸上谈兵和无意义的行为,突出了本文对这种人、这种现象进行讽刺的主旨。

(本题共2分。写出“对铁路信息的透彻了解”,0.5分;写出“知识和观点与社会生活脱离”,0.5分;写出“对这种人、这种现象进行讽刺的主旨”,1分)

11.【参考答案】链接材料提示了喜剧以夸张的手法、诙谐的台词等,引发人们对生活中丑的事物的嘲笑。本文中“好记性的人”将全部精力投入到记忆铁路信息中,不参与任何社会生活,并且反对坐火车,他的想法和做法都是与社会生活脱节的。当他感觉这件事无法证明自己时,就转而进行数台阶级数这一件更没有意义的事情。作者以此讽刺了那些仅为证明自己,行为却脱离生活实际、毫无意义的人及现象。

(本题共3分。写出链接材料内涵,1分;分析“好记性的人”的想法和做法,0.5分;分析“好记性的人”爱好变化,0.5分;写出目的作用,1分)

12.(1)正确 【解析】材料一第二段讲的就是随着社会生产高速发展,烹饪方法的进化,“饕餮就在‘超级吃货’的名义下,重新回归了日常的市井生活,……由于世人的不断鼓励,饕餮的地位逐渐上升,最终被中国人奉为食神”。

(2)正确 【解析】从材料二可以看出这句话是正确的。

(3)错误 【解析】从材料三“从而使这种毫不掩饰的神秘狞厉,反而荡漾出一种不可复现和不可企及的童年气派的美丽。好些饕餮纹饰也是如此。它们仍有某种原始的、天真的、拙朴的美”由此可以看出这句话是错误的。

13.【参考答案】示例1:我觉得可以收入“资料夹”。这段文字提及饕餮纹及盛行时期,虽与“资料二”内容有交叉,但人民币对古朴严肃的饕餮纹在现代设计中的运用,能更好地让人理解杭州亚运会吉祥物“琮琮”头饰。同时也是对“资料夹”有力的补充,进一步证明了饕餮纹具有中国古老民族的智慧及审美价值。

示例2:我认为不可以收入“资料夹”。这则材料主要讲人民币上的花纹是“饕餮纹”,与我们这次活动目的——探究杭州亚运会吉祥物“琮琮”头饰文化内涵,没多大关联。虽然这段文字提到饕餮纹盛行时期,但与“资料二”内容有交叉,且“资料二”还讲到了饕餮纹的变化过程及其深厚的文化内涵,比这段文字更具有价值。

(本题共4分,表明观点,1分;分析材料内容,1分;简述活动目的,1分;前后联系,分析自身产生合适或不合适观点的原因,1分)

14.【参考答案】饕餮是神是凶?该扬还是该弃?饕餮起源为何?历经千年,饕餮纹为何频频出现在器物之上?饕餮身份地位的转变,又与社会、人文的发展变化有何关系?让我们带着这些疑问,探源饕餮纹,领略中华文化的博大精深!

(本题共3分。没有特殊规定,按照要求答题即可,注意字数要求)

15.【参考答案】示例1:饕餮的文化形象,虽然有转变,但是它并不是褒贬反复,只是从“四凶”转变为食神。虽然饕餮形象狞厉,是恐怖的化身,但它又是保护的神祇,能够沟通天地的神灵,能实现消灾祈福的“世俗”愿望,这一古老的文化内涵与“琮琮”“不畏艰险、超越自我”的意寓是吻合的。而且饕餮纹反映了中国早期艺术原始的、天真的、拙朴的美。把饕餮纹作为亚运会吉祥物的头饰意义丰蕴。

示例2:您的留言让我们重新思考“琮琮”头饰纹样的文化内涵。确实如您所言,早期的饕餮纹是恐怖的化身，是“四凶”之首，与“不畏艰险，超越自我”的意寓有一定距离。但饕餮纹自身的文化价值是毋庸置疑的。从艺术形象看，饕餮纹反映了中国早期艺术的童年气派的美丽；从文化内涵看，它又是保护的神祇，是沟通天地的神灵，能实现消灾祈福的“世俗”愿望。至于是否匹配，我们会再去探究、思考。

（本题共3分。有自己的观点，1分；逻辑清晰，1分；能自圆其说，1分）

16.【参考答案】冬时严寒／万类深藏／君子固密／则不伤于寒

翻译：冬季严寒，自然界各种生物深深地潜藏、伏匿，懂得养生的人防护周密，所以不会被寒邪所伤。

（本题共4分。断句2分；翻译要点为“冬时”“万类”“固密”以及“于”字代表的被动句，按点给分）

17. C 【解析】A项，根据第二段中的“不即病者，寒毒藏于肌肤，至春变为温病，至夏变为暑病”可知“随着免疫力的提高，也就好了”表述有误。B项，根据第二段中的“暑病者，热极重于温也”可知“春天发病更加可怕，比夏天发病更严重”表述有误。D项，根据末段中的“此三经皆受病，已入于腑，可下而已”可知“病还没有进入肺腑，所以可以靠自身运动治愈”表述有误。

18.【参考答案】(1)不同之处：①新型冠状肺炎最长潜伏期一般认为是14天，但是伤寒有的冬季感染，到春夏才会发作。②普通伤寒基本可以靠自身出汗或者下泻治愈，而新型冠状肺炎一般情况下需要住院治疗。③新型冠状肺炎是病毒所致，而伤寒是由于寒气入身。

(2)相同之处：两种疾病发病时都会有干咳、鼻塞、流涕、咽痛和腹泻等症状。

（本题共4分。不同之处3分，分别答出潜伏期差异、治疗方式差异、致病原因各1分；相同之处1分，即答出病症相似）

## 三、教材教法

19. 4；21；新时代中国特色社会主义思想；立德树人；德育为先；智育水平；体育美育；劳动教育

20. 文化自信；语言运用；思维能力；审美创造

21. 学生；教师

22.【参考答案】教学方案：

环节一：创设情境，激趣导入

播放花卉视频，引起学生兴趣，提出问题：这篇课文题目为什么叫“花钟”？怎么解释这个题目？让学生带着疑问学习第一自然段。

环节二：初读文段，认识生字

1. 学生自由朗读第一自然段，圈画生字词，借助工具书解决。

2. 教师板书：芬芳、蔷薇、茉莉、昙花等词，指名学生大声朗读这些词语，教师相机指导。

环节三：品读感悟，交流体验

1. 小组讨论寻找第一自然段的中心句，并将它画出来。

2. 第一自然段围绕中心句写了几种花？

3. 看图复述，什么花在什么时间开。

环节四：读读看看，谈感悟

1. 将自己说的和课文内容对比一下，看哪一种说法好。

2. 选择自己最喜欢的一句话，想象当时的情景，并和同桌交流。

环节五：小结

学了第一自然段，大家知道了不同的花开花时间不同，为什么会出现这种情况呢？让我们接着学习下面的内容。

（本题共6分。导入环节能激发学生学习兴趣，2分；教学过程循序渐进，层层深入3分，其中解决生字词1分，图文对照1分，加深感悟1分；小结与后文联系紧密，1分）

## 四、表达交流

23.【参考答案】“家庭作业”变“家长作业”的初衷是加强家校联系，增进家长和孩子之间的交流，让家长参与孩子教育，构建更完整的教育体系。家长不论赞成还是反对，都不能阻止家校之间越来越紧密的联系。总的来说，要把握好一个度，不能为了让家长参与而故意布置不符合学生阶段发展能力的作业加重学生和家长的负担。可增强“作业”的趣味性以及与家庭生活的连接性，也许这样的“家长作业”才能让广大家长欣然接受。

（本题共5分。先亮明自己的观点，然后从不同方面阐述观点，逻辑清晰，语言通顺，言之有理即可）

24.【写作思路】这是一则材料作文，首先要分析材料中的关键词语，“我在场”是说不管是灾难还是社会的发展，每个人都是时代的见证者、目睹者、亲历者；“有我在”是说我们每个人作为时代发展的参与者，要有担当和责任意识；“我还在”是战胜困难，历尽磨难之后，初衷仍在，精神仍存，同时可共享成功、喜悦与爱，并有足够的勇气继续前行。可以从以下角度立意：责任与担当；我与祖国同在；承时代景命，担国家之责；等等。

【参考范文】

我在

大风泱泱，看百年征途，激流浩荡；大潮滂滂，揽今朝胜景，磅礴万丈。征途已启，宏图已展，吾辈青年当乘风而上九万里，步时代之青云。

我在，从勇担责任，心怀家国开始。乌飞兔走，岁月变迁，每一代人都有不同的责任，但无论哪一代人，责任中必将镌刻“家国”二字。这是一种血性，是五四青年“誓死力争，还我青岛”的血性；这是一种气魄，是青年毛泽东“孩儿立志出乡关，学不成名誓不还”的气魄；这是一种志向，是周恩来“为中华之崛起而读书”的志向；这是一种定力，是邓稼先坚守大漠数十年，研制两弹一星的定力；这是一种情怀，是袁隆平让人类摆脱饥荒的情怀；这是一种挚爱，是戍边战士“清澈的爱，只为中国”的挚爱……时光流转，一代代中国人勇担责任，薪火相传。如今，应当交到我们手上！

我在，从砥砺自我，拼搏实干开始。何必仰头看青天？何必低头看白水？只需一步一步踏在泥土上，在其上打上深深的脚印。山河锦绣的时代画卷中，我看到了人的力量，我看见了实干的力量：当举国上下共同抗疫，众志成城之时；当脱贫攻坚战取得全面胜利的钟声敲响，全面建成小康社会取得伟大成就之时；当“嫦娥”上九天揽月，科技创新捷报频传之时……一个个砥砺奋斗的身影赫然显现，一个个拼搏实干的灵魂得以升华，这是“我在”最好的范例。

“愿中国青年都摆脱冷气，只是向上走，不必听自暴自弃者流的话。”只有“我”在这里，只有“我”一直在，只有我们每一个人都摆脱冷气，“我”才能向上走，祖国才能一直向上走！

我可以在，在哪里？当下之中国便有最好的答案：改革开放蒸蒸日上，各行各业都需要人才；科技创新捷报频传，但高精尖技术还总会被“卡脖子”；新冠疫情反反复复，不仅需要医疗工作者，也需许许多多的志愿者、支援者……社会主义的方方面面，都缺不了“我”、“我们”的存在。中华民族披荆斩棘、浴火重生，开拓出社会主义新境界，史无前例。这个时代便是一个个“我”大展身手的舞台。

这个时代，我应当在！我一直在！我们都在！

（本题共15分。这篇作文题目引用名言，给文章增添文采。首段开篇气势磅礴，点明题目。中间部分分别从“责任”和“拼搏”两方面阐述“我在”“我如何在”，引用大量事例，详略得当，给人一气呵成之感。大量引用诗词、名人名言，足见该考生文学底蕴深厚；结尾呼应标题，首尾圆合，短而有力。拟定得分13分）

## 2022年6月浙江省杭州市教师招聘考试中小学语文真题试卷(精编)(二)

一、基础知识

1. C 【解析】本题考查字音的辨析。A项，吐槽(tǔ)。B项，载体(zài)。D项，卡点(qiǎ)，龅牙(bāo)。

2. C 【解析】本题考查字形的辨析。A项，“奔溃”应为“崩溃”。B项，“仗义直言”应为“仗义执言”。D项，“展露头角”应为“崭露头角”。

3. D 【解析】本题考查词义的辨析。“无材可去补苍天，枉入红尘若许年。此系身前身后事，倩谁记去作奇传”意思是：被女娲遗弃的无用之材，没有被拿去补天，白白地在尘世中蹉跎了这么些年。这里记述的是我生前身后的亲身经历，请谁替我抄去作故事流传。其中“倩”的含义是“请”。

4. A 【解析】本题考查词语的正确使用。揭示：公布；使人看见原来不容易看出的事物。揭晓：公布(事情的结果)。文中是说将"文本集合内在结构特征"这一不容易被人发现的事物公布出来,应选用"揭示"。演变:发展变化(指历时较久的)。善变:心意摇摆不定,容易改变。用来形容"语言"变化,应选用"演变"。展示:清楚地摆出来;明显地表现出来。描绘:描画。根据句意应选用"展示"。超越:超出;越过。超过:由某物的后面赶到它的前面;高出……之上。用来形容抽象事物,应选用"超越"。

5. A 【解析】本题考查成语的辨析。A项,漠不关心:形容对人或事物冷淡,一点儿也不关心。用来形容对某一现象一点不关心,符合语境。B项,不以为然:不认为是对的,表示不同意(多含轻视意)。与语境不符,可改为"漠不关心"。C项,巧夺天工:精巧的人工胜过天然,形容技艺极其精巧。用来形容"自然景观"使用对象错误。D项,甘之如饴:感到像糖一样甜,形容甘愿承受艰难、痛苦。用来形容欣赏古典乐,不符语境。

6. C 【解析】本题考查关联词语的选用。根据后文的"那么",第一空选择"如果"与其搭配。第二、三空是一个条件复句,选择"无论……都"。第四空选"因为",对前文做解释。

7. D 【解析】本题考查标点符号的用法。A项,冒号一般管到句末,可将"一个是设计创新"后的逗号改为句号。B项,引用部分不是独立部分,句号应在引号外。C项,分号一般表示复句内部并列关系分句之间的停顿以及非并列关系的多重复句中第一层分句之间的停顿。此处没必要用分号,可将分号改为逗号。

8. C 【解析】本题考查病句的辨析。A项,成分残缺,"针对"缺少宾语,应在"较快"后加上"现象"。B项,缺少主语,删掉"随着"或者"使"。D项,句式杂糅,删掉"是毋庸置疑的"。

9. C 【解析】本题考查古诗文含义的理解。C项,"忽如一夜春风来,千树万树梨花开"运用比喻的修辞手法,将大雪落满枝头的景象比喻成梨花盛开,并不是描写梨花,不能用来形容梨花盛开的景象。

10. D 【解析】本题考查中外文学史的识记。D项,"世界三大短篇小说之王"分别是法国的莫泊桑、俄国的契诃夫和美国的欧·亨利。

11. C 【解析】本题考查修辞手法的辨析。C项,句子运用了比喻的修辞手法,形象生动地把"连山"比作"铁的兽脊"。

12. B 【解析】本题考查对联的辨析。题干中"雅集鸿文"是两个偏正词语组成的并列短语,"传"是动词,"百代"是数量词。根据对联要求对仗的规则判断,B项符合要求。

13. D 【解析】本题考查语言表达能力。A项,声明一般要用书面语,"都是假的""当心被骗"都是口头语,可改为"均为假冒""谨防受骗"。B项,抛砖引玉:谦辞,比喻用粗浅的、不成熟的意见引出别人高明的、成熟的意见。不能用来指他人发言内容。C项,精妙:精致巧妙。为褒义词,不能用来形容电信诈骗的手法。

14. A 【解析】本题考查文言句子的断句。"而"连词,表转折,应在其前断开,排除B、C两项。"也"语气词,一般在句末,故在其后断开。整句话的大概意思是:天下的事故,通常发生在极为细微,隐而不显的地方,最后却成为莫大的祸患。最初认为不值得处理,可是最后会变成没有办法处理。当最初发生,容易处理时,往往吝惜些微的精力,轻忽它而不管,等到祸患形成了,花费很长的时间,用尽了脑筋,精疲力竭,才仅仅能把这祸患克服,天下事,像这拇指的,可太多了。

**二、教材教法**

(一)小学教学内容

**《丁香结》教学设计**

教学目标:

1. 准确、流畅地朗读课文,感受丁香的特点。

2. 联系自身的生活经验来理解、感悟丁香结的象征意义和作者的情感。

3. 品味、积累文章优美且富有哲理的语言。

教学过程:

一、导入

1. 让学生举出在文学作品中具有象征意义的花草树木。

2. 通过展示图片,让学生对丁香花的形象有所了解,为理解"丁香结"的内涵作铺垫。

二、人文初探"丁香"

1. 先从题目入手，关注“丁香结”。

这个词对学生来说有些陌生，不易读懂。一方面可以在要求学生初读课文时读准字音，读不通顺的句子多读几遍；另一方面引导学生提取“丁香结”相关句子，看看文中哪些地方提到了“丁香结”，把相关句子用横线画出来。启发学生关注“丁香结”出现的位置——多集中在文中后三段，由此引出对文章结构内容的关注。

2. 理清写作思路。

提出问题：作者在写“丁香结”之前，用较多的篇幅写了什么？引导学生划分课文结构。

明确：课文的前3段写的是丁香花，后3段写的是丁香结。前3段写“赏花”，后3段写“悟花”。厘清课文脉络。

三、研读“丁香花”的描写

1. 作者在文中描写了哪四幅丁香图？

明确：①城里丁香花；②城外丁香花；③斗室外三颗白丁香；④雨中丁香图。

2. 描写角度有哪几个？

明确：①颜色；②形貌；③气味；④姿态。（视觉、嗅觉）

3. 写出了丁香什么特点？

明确：①繁密耀目；②幽雅的甜香；③娇俏灵动；④鲜润妩媚。

四、感悟“丁香结”

1. 结合文章，说说作者为什么把丁香花喻为“丁香结”？

2. 围绕“丁香结”意象展开梳理：

（1）出示丁香花蕾图和中式衣襟盘扣图。

（2）理解古人何以发明“丁香结”一词。

（3）理解作者流露的情感。

五、结合自身经历，赏析文中哲理性的语句

“结，是解不完的；人生中的问题也是解不完的，不然，岂不太平淡无味了吗？”给我们怎样的人生启示？

六、作业

体会学习本文的写法，选择你喜欢的一种花，写一个小片段，150字左右。

七、板书

| 丁香图 | 角度（视觉、嗅觉） | 特点 | |
|---|---|---|---|
| ①城里丁香花 | ①颜色 | ①繁密耀目 | 象征烦恼、愁怨 |
| ②城外丁香花 | ②形貌 | ②幽雅的甜香 | 解不完 |
| ③斗室外三颗白丁香 | ③气味 | ③娇俏灵动 | 从容豁达 |
| ④雨中丁香 | ④姿态 | ④鲜润妩媚 | 无惧无畏 |

（二）初中教学内容

**《赫尔墨斯和雕像者》教学设计**

教学目标：

1. 了解寓言故事情节，体味蕴含在寓言中的寓意。

2. 多角度提炼寓意，培养发散性思维。

3. 展开联想和想象，续写寓言，领悟生活哲理。

教学过程：

一、导入

今天我们来学习一篇寓言。对寓言，同学们并不陌生，同学们能举几个你听过或读过的寓言吗？（中国的寓言大多凝成四言成语：同学们熟悉的如《拔苗助长》《刻舟求剑》《守株待兔》等，外国寓言如《狼和小羊》《乌龟和兔子》《农夫和蛇》等）

总结：寓言往往都通过一个故事告诉我们道理，那么如何从故事中提炼出寓言的寓意呢？今天让我们通过学习《伊索寓言》中的《赫耳墨斯和雕像者》，一起来探究。

二、初读课文，整体感知

1. 学生自由朗读课文，读准、读通课文。

2. 一个学生示范朗读，其他同学认真听，从字词读音、朗读节奏、语气表达等方面进行评价。

3. 全班齐读课文，读后用自己的话复述寓言故事的内容。

4. 总结寓言寓意。（课文最后一句话）

三、抓住联系，深入体悟

1. 找出课文中表现赫尔墨斯爱慕虚荣的语句，并朗读。

2. 注意文中词语的变化，讨论人物的心理变化。

明确：想知道—问道—笑着问道—心想—问道。为什么赫尔墨斯先问宙斯和赫拉的？是看见了，还是特意找的？如果连赫尔墨斯的雕像都没有会怎么样？“笑着问道”赫尔墨斯笑的背后内心在想什么？

3. 多角度提炼寓言寓意。

如:(1)人要有自知之明,清楚地认识自己。

(2)在一个岗位要尽到自己的责任。

(3)人的价值不是通过地位的高低决定的,而是看一个人为社会做了多少贡献。

(4)不被人重视的人不等于没有价值。

四、发挥想象,续写故事

寓意来源于故事,那如果故事的结尾不一样,那寓言的寓意会不会改变呢?

思考:赫尔墨斯听说自己的雕像只能算"添头",白送后,内心会怎么想?他会说些什么?又会做些什么呢?请同学们发挥想象,为这则寓言续写一个结尾,并思考寓意是否发生变化。

五、拓展延伸

阅读《伊索寓言》中的《樵夫与赫耳墨斯》,从该故事中多角度提炼寓意。

六、总结

寓言是一个怪物,当它朝你走过来的时候,分明是一个故事,生动活泼;而当它转身要走开的时候,却突然变成了一个哲理,严肃认真。希望同学们走进寓言时能看到生动活泼的故事,离开时能带走更多属于自己的体验。

(教材教法题共20分,考生要根据自己报考岗位选择相应学段的教学内容进行教学设计。①写出教学内容中的"教学目标"且设置合理得5分。②写出教学内容中的"教学重难点"且设置合理得3分。③写出"解决所设置教学难点的教学过程"得12分,其中"紧扣教学目标及教学重难点"且教学过程完整得6分。符合所选学段学生的认知特点和由简到难的学习发展规律得2~3分。符合课程标准要求得2分,行文流畅得1分)

**三、写作**

**【写作思路】**根据题干要求需要分别从主题思想和写作特点两方面对材料进行赏析。阅读材料后可知,这是一篇微型小说,主题是"母爱"。写作时可以从小说常见写作手法入手,如人物描写的手法:细节描写、外貌描写、语言描写、动作描写等。结构思路:伏笔与对照,结尾点题等。在写作中照顾到以上几点,加以提炼,语言尽量简洁,逻辑通畅,言之有理,即可拿高分。

**【参考范文】**

**母爱无言**

盘子碎了一地,打碎了作者的心,也打开了文章前眼眶湿润的我的心门。母爱何其伟大,伟大到如山海般高大;母爱何其微小,微小到不经意间就流淌进我们的心底,润泽、呵护着我们。母爱,无言。

作者笔下的母爱是不经意却厚重的。母亲因为看不见而跌倒,却说自己是不小心;母亲已挺不起腰却说着没事。不用华丽的辞藻,无须过多的描绘,从细节处就能彰显母爱的伟大。作者通过对母亲神态、动作、语言的描写,把我们带人那个场景,将母亲的一言一行生动地展现在我们面前,使我们感受到母爱的深沉。

结尾是出人意料的,却又在情理之中。初读只觉心酸和感动,再读更有一股震撼的力量在敲打着我们。作者做了大量铺垫,早已暗示母亲年事已高,背已无法挺直,饺子也落了灰,但母亲还是用善意的谎言搪塞过去了,"我"竟也没有发现。通过"我"的不够关心和母亲深沉的爱的对比,母爱之伟大跃然纸上。

《慈母情深》中母亲的反复动作、朱自清《背影》中父亲笨拙的身影,都在平凡的事中体现他们伟大的爱。本文亦是如此,平凡的言行间,展现出一个坚韧伟大的母亲形象。我们应该从细微处感知母爱,珍惜这份美好。故事如何继续发展尚未可知,但文章前的我们一定能感受到那份坚定有力的爱。母爱,无言。

(这篇作文符合赏析类文章的要求。开篇先简述自己的阅读感受;然后从写作手法入手,结合材料分析,有理有据;接着从行文结构着手进行赏析;最后升华主题,照应题目。整篇作文结构完整,逻辑清晰,是一篇赏析佳作。拟定得分32分)

## 2021年1月浙江省杭州市教师招聘考试小学语文真题试卷(三)

**一、基础知识与阅读**

1. C 【解析】本题考查字音的辨析。A项,角(jué)逐。B项,鄱(pó)阳湖。D项,召(zhào)唤。

2. A 【解析】本题考查字形的辨析。B项,"膺品"

应为“赝品”，“因地治宜”应为“因地制宜”，“博彩众长”应为“博采众长”。C项，“旁骛”应为“旁骛”，“锐不可挡”应为“锐不可当”。D项，“气慨”应为“气概”，“竭泽而鱼”应为“竭泽而渔”。

3. C 【解析】本题考查文言词语意义的辨析。C项，“孰为汝多知乎”中的“为”同“谓”，解释为“说”。

4. A 【解析】本题考查标点符号的用法。B项，第一处的句号应改为逗号，分号应改为句号。分号前后的内容并不存在并列、转折、承接或因果的关系，且分号前的句子意思已经表达完整，所以将分号改为句号。C项，三个书名号均应改为双引号，“读书沙龙”“民谣季”“艺术空间”是活动的名称，因此应用双引号。D项，应将冒号改为逗号。插在话语中间的“说”“道”类词语后只能用逗号表示停顿。

5. B 【解析】本题考查病句的辨析。A项，“逾”意为“超过，越过”，与“以上”意思重复，应删去其中一个。C项，成分残缺，在“奥林匹克运动”后加上“的发展”。D项，根据句意，需要政府、设计机构和全体市民参与的是“城市形象标志设计”这件事，不是“社会公众普遍认为城市形象标志设计意义重大”，代词“这”指代不明。

6. B 【解析】本题考查句子的排序。通读每一句话后可知写的是车上所见，故⑤是总领句，应放在段首，③中的“白杨林荫道”呼应⑤中的“白杨夹道”，运用排除法可知，本题选B。

7. D 【解析】本题考查中国古代文学知识的识记。《水浒传》中关于武松的故事按时间先后分别为打虎景阳冈(第二十三回)、醉打蒋门神(第二十九回)、大闹飞云浦(第三十回)、血溅鸳鸯楼(第三十一回)。

8. (1)× 【解析】本题考查边塞诗派代表作家作品。“青海长云暗雪山，孤城遥望玉门关”是王昌龄《从军行》中的诗句，《逢入京使》是唐代边塞诗人岑参的作品。

(2)√ 【解析】本题考查韦应物的代表作品。《滁州西涧》全诗为：独怜幽草涧边生，上有黄鹂深树鸣。春潮带雨晚来急，野渡无人舟自横。

(3)× 【解析】本题考查古诗词的背诵与理解。王建的《十五夜望月》全诗为：中庭地白树栖鸦，冷露无声湿桂花。今夜月明人尽望，不知秋思落谁家。“寒食东风御柳斜”出自韩翃的《寒食》，全诗为：春城无处不飞花，寒食东风御柳斜。日暮汉宫传蜡烛，轻烟散入五侯家。

(4)√ 【解析】本题考查古诗词的背诵与理解。《江南春》描绘了明媚的江南春光，再现了江南烟雨蒙蒙的楼台景色，以轻快的文字，极具概括性的语言描绘了一幅生动形象、丰富多彩而又有气魄的江南春画卷，呈现出一种深邃幽美的意境，表达出一缕缕含蓄深蕴的情思，千百年来素享盛誉。

9.【参考答案】①致仕：交还官职，即退休。②可致：可以做到，可以完成。

10. D 【解析】“虽然仕途崎岖，但不畏不屈，忠于国家的政治道德”并没有在乙文中体现。乙文主要描写的是欧阳文忠公的文采斐然、智识高远。

11. B 【解析】A项，赞美欧阳文忠公德高望重，为朝廷倚重。B项，该句翻译为“何况天意渺茫难明，谁又能够推知呢”，不是赞美欧阳文忠公的。C项，赞美欧阳文忠公的文章写得好，人品高。D项，赞美欧阳文忠公胸有丘壑，文章耀目。

12. D 【解析】“病树前头万木春”为有新事物必将取代旧事物的意思；“山重水复疑无路，柳暗花明又一村”多用来比喻在困境中出现转机，看到希望；“长江后浪推前浪”比喻人或事物不断发展更迭，新陈代谢；“雏凤清于老凤声”有长江后浪推前浪，青出于蓝而胜于蓝的意思。依据甲处“与传统教育相比，这种新型的教育生态必然会更加适应社会的发展”可知，此处可用“雏凤清于老凤声”“长江后浪推前浪”。“一蹴而就”指踏一步就成功，形容事情轻而易举，一下子就能完成；“走马观花”比喻粗略地观察事物。乙处依据“对于唾手可得的大量碎片化知识和信息”可知，此处应用“走马观花”。

13. (1)√ 【解析】将传统教育和“互联网+教育”进行对比，运用了对比论证；“2019年在线教育的市场规模……达到4000亿元的规模”部分运用了举例论证。

(2)× 【解析】由最后一句可知，“互联网+教育”是教育改革发展的战略选择，对建设教育强国和人力资源强国有重要意义，但不能说“必然选择”。

(3)√ 【解析】由“在‘互联网+’的冲击下……让自己成为学生的学习伙伴和引导者”“在线教育市场将快速增长，达到4000亿元的规模”可知该题正确。

(4)× 【解析】由“促进结构重组、流程再造、文化重构，以教育信息化支撑引领教育现代化是新时代我国教育改革发展的战略选择”可知该题错误。

14.【参考答案】(1)发展学校和区域的教育教学资源库，丰富在线教育资源。

(2)开展家校并举的监督制度，共同督促学生学习，促进在线教学的有效实施。

(3)定期检测网络情况，加强网络建设，做好充分准备。

(4)寻找有效方法增加师生在线互动，提高在线教学的有效性。

(本题共4分。按点给分，每点1分，注意结合材料，要围绕“互联网+教育”)

15. AB 【解析】A项，材料三表示“学习到的是很多零散的点，而难以加工成为有意义的知识体系，如此下来，学习者的学习深度很难保证”“互联网的海量信息对学习者的学习能力也提出了新的要求”。这就表明“‘互联网+’的海量信息是对学习者巨大的挑战，也不利于学生进行深度学习”。B项，材料二表示，“缺乏有效互动”是线上教学面临的主要难题之一；材料三表示“在‘互联网+’开放式的教育生态中……因此传统教育的育人功能有被弱化的危险”。这告诉我们，“‘互联网+教育’因缺少有效互动，使得传统教育的育人功能有弱化的趋势”。C项，教师定位的调整是材料一体现的内容，与材料二和材料三并没有联系。D项，材料二和材料三没有体现“使学生获取知识变得更快捷，培养出来的人才更能适应社会要求”的内容。

## 二、教材教法

16.【参考答案】教学目标：

(1)理解文中含义深刻的句子。

(2)正确、流利、有感情地朗读课文，背诵课文，体会作者笔下夏秋之美的独特韵味。

(3)学习本文通过动态描写刻画景物的写作方法。

(本题共5分。教学目标不少于3条1分，符合学段特征1分，目标符合学情1分，符合事物发展规律1分，实施性强1分)

17.【参考答案】教学过程设计

一、图片欣赏，导入新课

1. 出示课件：美丽的夏秋图片。

2. 提问：你能用四字词语来给大家描绘你眼中夏秋的美丽吗？那么在作者眼中夏秋什么时候最美呢？她又是怎样用优美的语句来描写的呢？让我们一起走进作者笔下的《四季之美》。

二、自主学习，合作探究

1. 引导学生自读课文，借助工具书解决文中出现的生字词。

2. 小组内讨论生字词，帮助理解。

3. 教师引导学生运用多种识字、写字方法进行识字、写字训练。

三、初读课文，理解课文内容

1. 学生齐读课文，概括主要内容。

2. 再读课文，找一找作者在夏季和秋季分别描写了哪些景物，在课文中圈出来。

3. 文中是怎样描写这些景物的？找出句子读读，并谈谈自己的体会。

四、再读课文，体会夏秋之美

1. 学生大声朗读课文，注意读出感情。

2. 教师指名学生有感情地朗读课文，其他学生评价。

3. 分析课文，看看这篇课文有什么样的结构特点。

4. 作者笔下的夏秋之美到底美在何处呢？文章是怎样表达出来的呢？

(1)读第一自然段，说一说，夏天的美体现在哪里。作者在这一部分用了怎样的写法？

(2)引导学生用同样的方法自主学习另一自然段。

(3)找出文中最能带给你“画面感”的句子，用笔画出来。

(4)找出你最喜欢的句子，并说一说你为什么喜欢。(学生回答，教师引导、点拨，带领学生分析句子)

5. 引导学生再次朗读课文，要求读出感情，读出韵味。

五、探讨动态描写

1. 再读课文，思考：其中主要运用了什么描写方法？你是从什么地方看出来的？

2. 学生小组讨论，合作探究。

六、布置作业

仿照课文，试着用动态描写写一写你印象最深的某个景致。

七、板书设计

夏秋之美{夏天——夜晚(萤火虫的动态)<br>秋天——黄昏(鸟儿的动态)

(本题共15分。教学过程紧扣教学目标4分，教学过程完整有逻辑性2分，教学活动安排符合学段特征2分，课堂提问设置符合学情3分，符合课标要求2分，板书设计合理2分)

三、作文

18.【写作指导】

由第一段材料可知，信息化时代，让生活更便利、更多彩、更有品质，更能获得成功。由第二段材料可知，远离纷杂的信息，专心执着于某事，可以让人获得巨大的成功；或取得成功不在于获取信息的多少，而在于对信息的思考与辨识。总结这两段材料我们可以得出"在网络信息时代，我们不仅需要获取信息，更需要对信息进行思考与辨识，不能在海量的信息中迷失自我"的结论。

由此，我们可以得出的正确的立意方向为：①根据第一则材料立意，阐述信息化时代的好处；②根据第二则材料立意，阐述应摆脱繁杂的信息干扰，除去浮躁，潜心执着做事；③综合两则材料，阐述在信息化时代如何处理信息，让其为我所用。

(①若考生所写作文立意深刻，内容充实，语言真实生动，结构严谨，书写工整可参考分值20~30分；若考生所写作文中心明确，表达较好，层次比较清晰，书写较工整可参考分值10~19分；若考生所写作文立意不当，病句多，结构随意，书写潦草可参考分值0~9分。②加分标准：构思独特、富有个性、卷面整洁，可酌情加1~3分，不得超过本题的总分值。③扣分标准：没有标题扣2分、字数不足500字每少50字扣1分、字迹潦草扣1~3分)

## 2021年浙江省金华市永康市教师招聘考试小学语文真题试卷(四)

一、选择题

1. A 【解析】本题考查拼音基础知识的识记。B项，"x"是声母。C项，"zh"是声母。D项，"ing、ong"是后鼻音韵母。

2. B 【解析】本题考查修辞手法的运用。句子中运用"探险""唱歌"将蜜蜂和云雀拟人化，所以运用了拟人的修辞手法。

3. A 【解析】本题考查字形的辨析。B项，"功无不克"应为"攻无不克"。C项，"书藉"应为"书籍"。D项，"千均一发"应为"千钧一发"。

4. B 【解析】本题考查标点符号的用法。A项，该句是对话，因此逗号应改为冒号，后面的句子应加上双引号。C项，第一个逗号应改为破折号，后面的内容起强调作用。D项，该句是疑问句，最后的句号应改为问号。

5. B 【解析】本题考查中外文学知识的识记。A项，《少年闰土》节选自鲁迅的短篇小说《故乡》。C项，《十六年前的回忆》是李星华于1943年创作的。D项，《鲁滨逊漂流记》是英国作家笛福的一部长篇小说。

6. C 【解析】本题考查《义务教育语文课程标准》(2011年版)的内容。新课标表示，综合性学习既符合语文教育的传统，又具有现代社会的学习特征，有利于学生在感兴趣的自主活动中全面提高语文素养，有利于培养学生主动探究、团结合作、勇于创新的精神，应该积极提倡。

二、填空题

7. 葡萄美酒夜光杯；欲饮琵琶马上催

8. 蒌蒿满地芦芽短；正是河豚欲上时

9. 响穷彭蠡之滨；声断衡阳之浦

10. 变调

11. 认清字形；读准字音；掌握汉字基本意义

三、简答题

12. 成语是中华文化中一颗璀璨的明珠,请简述成语的特点。

【参考答案】(1)意义的整体性。成语在表意上与一般固定短语不同,它的意义往往并非其构成成分意义的简单相加,而是在其构成成分意义的基础上进一步概括出来的整体意义。

(2)结构的凝固性。成语的结构形式一般是定型的、凝固的。它的构成成分和结构形式都是固定的,不能任意变动词序或抽换、增减其中的成分。

(3)风格的典雅性。成语通常来自古代文献典故,其语体风格庄重、典雅,与惯用语、歇后语通俗、平易的风格不同。

(本题共6分。答出三个特点每点1分,每个特点展开论述,每点1分)

13.《巴黎圣母院》是一部典型的浪漫主义作品,比较全面地体现了浪漫主义文学的特征,请简述《巴黎圣母院》的艺术特色。

【参考答案】(1)人物塑造上追求独特性、非凡性,贯穿夸张、对比原则及"美丑对照"原则,所有的对比都尖锐强烈,经过了夸大渲染,并且运用了丰富的想象。

(2)在情节上强调奇人奇事,奇情奇境。

(3)夹叙夹议手法的运用,环境色彩鲜明,心理描写细腻。

(本题共6分。答出"人物形象""情节""手法"三个方面,每点2分)

14. 结合小学语文课程标准简要概述小学语文课程的基本理念。

【参考答案】(1)全面提高学生的语文素养。

(2)正确把握语文教育的特点。

(3)积极倡导自主、合作、探究的学习方式。

(4)努力建设开放而有活力的语文课程。

(本题共4分。根据新课标按点答题,每点1分)

四、鉴赏题

15.【参考答案】知

16.【参考答案】颔、颈联是实写,描绘了春雨的特点和成都夜雨的景象;尾联是虚写,紧扣题目中的"喜"字写想象中雨后清晨锦官城的迷人景象。

(本题共2分。答出实写、虚写部分各1分)

17.【参考答案】这首诗赋予了春雨无私地滋润万物,默默奉献、不求回报的美好品格,表达了诗人乐民之乐,喜民之喜,关心人民疾苦的思想感情。

(本题共3分。①答出春雨默默奉献、不求回报的性格特点1分;②答出作者思想感情2分)

18. C 【解析】"层层写实"错误,这首诗是虚实结合的。

19.【参考答案】文章语言优美,尤其是常常大量堆叠同类词语或成语,以此形成繁复恣肆的表达效果,同时也表现了物阜民安的世俗生活气象;文章语言既朴实自然又韵味无穷,给人以美的感受。

(本题共2分。①答出"语言优美"1分;②答出"朴实自然"1分)

20.【参考答案】文章最后一段总结了全文,深化了主题。文章最后一段写归家,提及"曾祖父""祖母",并以"香樟树的荫庇"作结,意在说明普通人家一代代的平凡生活蕴含着生生不息的文化传承。

(本题共3分。①答出"总结全文,升华主题"2分;②结合文章分析1分)

21.【参考答案】(1)写饮食,就是写建水城独具特色的地方风物及其历史传承。

(2)写饮食,就是写人的日常生活和城的烟火气息,这是文章所要表现的建水古城的城市品格。

(本题共4分。①答出饮食与历史的关系2分;②答出饮食与日常生活的关系2分)

五、案例分析题

22.【参考答案】(1)该教师能准确把握学情,在教学过程中及时引导学生复习旧知识,注重新旧知识的联系。在教学习作例文《颐和园》时,通过复习《海上日出》《记金华的双龙洞》两篇课文的写景方法引入新课的教学,让学生能够将新旧知识联系起来,有利于之后的习作教学。

(2)在教学过程中该教师遵循阅读教学是学生、教师、教科书编者、文本之间对话的过程这一理念,紧密结合文本,引导学生钻研文本,在主动积极的思维和情感活动中,加深理解和体验,有所感悟和思考。

(3)该教师运用提问的方法引导学生一步步进

入新课教学,同时在教学过程中对学生的回答采取激励的评价方法,有利于提高学生学习的积极性。

(本题共8分。按照题干要求分别从“学情”“文本”“教学方法”三个方向答题,每点2~3分,其中“学情”要突出新旧文本之间的联系,“文本”要注意体现学生、教师、教科书编者、文本之间的对话过程,“教学方法”要提到提问法和激励式评价)

**六、教学设计题**

**23.【参考答案】**

**《杨氏之子》教学设计**

教学目标:

1. 会写3个生字,会认2个生字,能正确读写文中词语。

2. 正确、流利地朗读课文,理解课文内容,理解文中含义深刻的句子。

3. 紧扣重点词句,感悟杨氏之子的“甚聪惠”;初步感受文言文简约的特点,体会故事中孩子应对语言的巧妙。

教学重点:

体会故事中孩子应对语言的巧妙。

教学难点:

理解课文的意思,感悟杨氏之子的“甚聪惠”。

教学过程:

一、导入新课

1. 古人写的诗叫古诗,那古人写的文章叫——古文。古文又叫文言文,它语句简短,字词的意思与我们现在的语言文字差别很大。今天,老师要带着大家一起去学一篇文言文,去认识一个聪慧的小孩。(板书课题)

2. 引导学生读课题“杨氏之子”。提问:谁知道课题的意思?(学生回答,教师相机引导、点拨)

二、初通课文,理解句子意思

1. 学习文言文,朗读很重要,你们会读吗?先请大家自由朗读课文,要求结合工具书读准字音。

2. 指名学生朗读,教师为学生正音。

3. 教师范读,引导学生注意教师的朗读节奏及语气、语调的变化。

4. 学生齐读课文,要求要正确、流利。

5. 引导学生结合课文注释和工具书逐字逐句理解课文内容,并小组讨论,思考文章主要讲了件什么事情。

6. 请学生回答问题,其他学生补充,教师从旁引导、点拨。

7. 提问:知道了课文大意,你能告诉老师你读懂哪些句子的意思了吗?(教师带领学生逐字逐句理解文章内容)

三、再读课文,深入理解

1. 朗读课文,理解句意

(1)孔君平诣其父,父不在,乃呼儿出。

同学们知道孔君平来干什么吗?“其”在这里是“他的”,“他的”指谁的?你怎么知道?(引导学生懂得联系上下文理解词句)

(2)为设果,果有杨梅。

谁给谁端来了水果?是哪一种水果?

(3)孔指以示儿曰:“此是君家果。”

“此”指的是什么?你怎么知道的?君家指谁家?君家和下文的夫子家都是尊称,夫子家就是您家(孔家)。(再次引导学生联系上下文理解词句)

(4)儿应声答曰:“未闻孔雀是夫子家禽。”

①“应声”指的是什么?请同学们联系语境推测一下。“未闻”又是什么意思?

②提醒学生注意这里的“家”和“禽”各自表示独立的意思,禽是鸟类。

2. 做游戏,加深对课文的理解

(1)教师说出句子意思,学生快速找到对应的句子。

(2)师生问答、抢答:杨氏子何许人也?为何设果?孔如何曰?儿又如何曰?

3. 配乐再读课文,要求把文言文的韵味读出来。

四、咬文嚼字,探究生趣

1. 细读课文,找出你认为“杨氏子甚聪惠”的原因。

(1)理解孔君平的话

①你听懂了孔君平的言外之意了吗?为什么孔君平单单指着杨梅说,不说其他水果呢?

②这么巧妙的弦外之音杨氏子听出来了吗?他是怎么应答的?

③那么杨氏子的言下之意是什么呢？这说明杨氏子怎么样？(不但会听，还会说)

(2)理解杨氏子的回答

比较“未闻孔雀是夫子家禽”和“孔雀是夫子家禽”这两句话，你发现了什么？

①用“未闻”显得不卑不亢，彬彬有礼。

②一般有文化、有涵养的成年男子，可以称为夫子。杨氏子称孔君平为“夫子”显得有礼貌。

(3)理解“应声答曰”

这么巧妙的回答，杨氏子思考的时间长吗？从哪里看出来的？由此看出杨氏子是一个怎样的孩子呢？

2. 小结

读书就是要咬文嚼字，要细细品味，这样才能把话中话读出来。这杨氏之子思维之敏捷，言语之巧妙，让人回味无穷！让我们拿起课本，把这个聪慧的孩子记进心里。(齐读全文)

3. 小练笔

如果你是孔君平，听到杨氏子巧妙又不失礼貌的回答，会怎么夸杨氏子？而聪慧的杨氏子又如何应答呢？我们试着来写写他们俩后来的对话。

五、课外延趣

1.《杨氏之子》这个故事出自《世说新语》。这部书共有一千多个有趣的故事，记载了东汉后期到晋宋间一些名士的言行与轶事。

2. 拓展阅读。出示《口中狗窦》一文，引导学生结合注释自己读一读，争取读懂，然后讲给别人听，与他人分享阅读的快乐。

六、作业

推荐同学们课下读一读《世说新语》，希望课后同学们多读些古文，搜集一些精妙的语言，如谚语、幽默故事、对联、歇后语等，和同学们交流。也可以搜集相声、评书或影视剧的精彩对白，试着演一演，我们一起来开展一次语文综合性学习活动。

七、板书设计

杨氏之子(甚聪惠)

孔君平　　　杨梅　杨家果

杨氏子(未闻)　孔雀　孔家禽

八、教学反思

本文是一篇简短的文言小说，学习本课要引导学生理解课文内容，感受故事中人物语言的风趣机智。本课在教学时要一步一步，从易到难，从其文中之意到其文外之意，引导学生理解其语言、思想的精妙。所以在教学中从朗读入手引导学生理解大意，激发学生的学习兴趣，接着进入正题学习正文，同时，在学习结束时，安排拓展环节培养学生的阅读兴趣，检验学生本节课学习的文言文阅读方法。之后的作业则激发了学生学习文言文的兴趣，提高了学生学习的积极性，为之后的综合性学习奠定了基础，充分尊重了语文课程的实践性和综合性。

(本题共17分。教学目标清晰且符合课标要求3分，教学重难点符合学生学情2分，教学过程逻辑清晰，层层深入3分，选择教学方法多样，能调动学生积极性2分，教学过程贴合教学目标且能解决教学重难点5分，教学过程完整2分)

七、写作题

24.【写作思路】这是一则话题材料作文题。阅读材料，发现其中的重点句“只要还有一息希望，就坚决不能放弃”，题目要求以“希望”为话题，直接锁定立意，写作方向可以从以下几方面来写：(1)希望伴我成长；(2)只要有一丝希望，绝不放弃；(3)心怀希望，永不放弃；等等。

**【参考范文】**

**希望伴你成长**

在生活中，我们不可能一直过得很平顺，生命的路途上，会有一次又一次的挫折，这些挫折就是给我们的考验。如果一遇到挫折便闷闷不乐，一遇到困难就手足无措，人生必然是黑白的，永远看不到任何的色彩。

生命如同故事，重要的不是它有多长，而是它有多精彩。尼克一出生就得了罕见的先天性四肢切断症，没人觉得他会活下来，但是他用他残缺的肢体完成了很多事情，让人能够见证生命的奇迹。很多人都认为他会被困难击倒，但是他一次又一次让自己重新站起来，自在、快乐，面带笑容地活在阳光下！凭借着无比的恒心和毅力，他成为残障青年自我奋斗的楷模。

司马迁因坚持正义而遭受了宫刑，但他没有自暴自弃，而是重新振作，怀抱希望，最终完成了"史家之绝唱，无韵之离骚"的一代巨著《史记》。面对身心的痛苦和他人的议论，司马迁用希望的力量做支撑，实现了人生价值。

我们遇到挫折时，要给自己一点希望，给自己一点鼓励，多多学习小草的精神，任凭风吹雨打，也要挺直腰杆，屹立不倒！希望就是生命中的太阳，只要怀抱希望，就什么都不会怕，我们要为人生的目标奋斗，这样就可以让自己活得更有意义。

在人生路上层层考验中，希望会陪着我们直到终点，只要我们不向命运屈服，那么，就可以度过重重关卡，到达最后终点。有呼吸，就有希望；有爱，就有奇迹。

（这篇作文题目直接体现立意，开篇从反面论证希望的重要性，二三段举例论证，通过中外名人的事迹增强说服力，最后两段点题，照应题目，结构完整。拟定得分18分）

# 2021年浙江省金华市、绍兴市诸暨市教师招聘考试语文真题试卷(五)

## 教育理论基础

### 一、单项选择题

1. A 【解析】本题考查中国传统文化价值观对中国教育的消极影响。中国传统文化价值观对中国教育的消极影响主要有以下几个方面：(1)重功利轻发展的价值观对教育的影响；(2)重共性轻个性的价值观对教育的影响；(3)重服从轻自主的价值观对教育的影响；(4)重认同轻创造的价值观对教育的影响。故选A项。

2. A 【解析】本题考查布鲁纳倡导的教学方法。发现法通常称作发现学习或问题教学法，就是让学生通过独立工作，自己主动发现问题、解决问题及掌握原理的一种教学方法。它是由美国心理学家布鲁纳所倡导的。故选A项。

3. C 【解析】本题考查教育目的的概念。一般来讲，教育目的是指国家或社会对教育所要造就的人的质量标准所做的总体规定与要求。具体来讲，教育目的是指教育活动所要达到的预期结果，是人们对受教育者达成状态的期望，即人们期望受教育者通过教育在身心诸方面发生什么样的变化或者产生怎样的结果。教育目的具有导向功能、调控功能和评价功能。故选C项。

4. B 【解析】本题考查杜威的教育思想。杜威的教育观点主要有：(1)教育即生长。(2)教育即改造。他认为教育即经验的继续不断的改造。(3)教育即生活和学校即社会。他认为儿童的生长及经验的改造表现为社会性的活动即生活；教育就是儿童现在生活的过程，而不是生活的预备。故①②③属于杜威的教育观。

5. C 【解析】本题考查班主任了解学生的方法。在日常生活中，班主任了解学生的方法主要是谈话法、观察法。

6. D 【解析】本题考查人本主义学习理论对三维课程目标的影响。人本主义学习理论强调学生自主学习，自主建构知识意义，强调协作学习。与建构主义不同，它更强调"以人的发展为本"，即强调"学生的自我发展"，强调"发掘人的创造潜能"，强调"情感教育"。故选D项。

7. D 【解析】本题考查个体的身心发展规律。个体发展的个别差异性规律要求教育必须因材施教，充分发挥每个学生的潜能和积极因素，有的放矢地选择适宜、有效的教育途径和方法手段，使每个学生都能得到最大的发展。加德纳提出了多元智力理论，他认为人的智力结构中存在着七种相对独立的智力(后发展为九种)，这几种智力在每个人身上的组合方式是多种多样的，每个人在不同领域的智力发展水平是不同步的。因此教师应树立因材施教的教学观，要善于针对不同智力特点的学生，尤其是要根据学生智力结构中的优势智力，采用多元化的教学模式和教学方式，使不同的学生都能得到最好的发展。故多元智力理论主要说明人的发展具有个别差异性，选D项。

8. D 【解析】本题考查常见的社会知觉偏差。投射效应是指由于个体具有某种特性，因而推断他人也有与自己相同特性的心理现象。日常生活中看到虐待儿童的新闻,认为有孩子的人看不得,体现的正是投射效应。故选D项。A项,晕轮效应是当我们认为某人具有某种特征时,就会对他的其他特征做相似判断。B项为干扰项,可排除。C项,社会刻板效应是指对一群人的特征或动机加以概括,把概括得出的群体的特征归属于团体中的每一个人,认为他们每个人都具有这种特征,而无视团体成员中的个体差异。

9. C 【解析】本题考查注意的分类。根据有无目的和意志努力,注意可以分为无意注意、有意注意和有意后注意三种。有意后注意也叫随意后注意,是指有预定目的,但不需要意志努力的注意。题干中“给社区写了很多副春联,一个上午也不觉得疲倦”,体现的就是有意后注意。故选C项。A项,无意注意也称不随意注意,是没有预定目的、无需意志努力、不由自主地对一定事物所发生的注意。B、D两项,有意注意也称随意注意,是有预先目的、必要时需要意志努力、主动地对一定事物所发生的注意。

10. C 【解析】本题考查自我防御机制。退回到前面的发展阶段是退行,是指一个人遇到困难的时候放弃已学到的比较成熟的应对技巧和方式,而使用原先比较幼稚的方式去应付困难和满足自己的欲望。妈妈不给小良买玩具,小良就在地面上打滚,他采用的就是退行的防御机制。故选C项。A项,压抑是指把意识所不能接受的观念、情感或冲动抑制到无意识中去。例如,对痛苦体验或创伤性事件的选择性遗忘。B项,否认是指对某种痛苦的现实无意识地加以否定,因为不承认似乎就不会痛苦。这一过程可使一个人逐渐地接受现实而不致猛然承受不了坏消息或痛苦,是一种保护性质的、正常的防御。D项,投射是指自我将不能接受的冲动、欲望或观念归因(投射)于客观或别人。

11. D 【解析】本题考查艾里克森的人格发展阶段理论。小学低年级段儿童正处于艾里克森人格发展阶段的第四阶段(6~11岁),这一阶段的冲突是勤奋感对自卑感,发展任务是培养勤奋感。故选D项。A项,0~1.5岁这一阶段的冲突是基本的信任感对基本的不信任感,发展任务是发展对周围世界,尤其是对社会环境的基本态度,培养信任感。B项为干扰项。C项,成年早期这一阶段的冲突是亲密感对孤独感,发展任务是培养亲密感。

12. A 【解析】本题考查常用的记忆术。形象联想法是通过人为联想,使无意义的、难记的材料和头脑中的鲜明、奇特的形象相结合,从而提高记忆效果。想象的形象越鲜明、具体越好,形象越夸张、奇特越好,形象之间的逻辑联系越紧密越好。题干中“把PULL后面两个L看成是两个钩,用来拉东西”,运用的就是形象联想法。故选A项。B项,谐音联想法是通过谐音线索,运用视觉表象,假借意义进行人为联想。C项,位置记忆法是通过与熟悉的地点顺序相联系来记忆一些名称或者客体顺序的方法。D项,关键词法是将新词或概念与相似的声音线索词,通过视觉表象联系起来。

13. D 【解析】本题考查韦纳的归因理论。韦纳把人经历过事情的成败归结为六种原因:能力、努力程度、工作难度、运气、身心状况、外界环境。又把上述六项因素按各自的性质,分别归入三个维度:内部归因和外部归因、稳定性归因和非稳定性归因、可控制归因和不可控制归因。其中,难度属于外部、稳定、不可控因素。学生小东将考试取得好成绩归因于试卷简单,即归因于难度因素。故选D项。

14. B 【解析】本题考查小学生记忆发展的特点。小学生的记忆是在学习过程中不断发展起来的,并随着年龄的增长和年级的增高而逐步提高。(1)从记忆的自觉性和目的性看,小学生的记忆主要以无意记忆为主,有意记忆在不断发展;(2)从记忆的内容看,小学生的记忆主要以具体形象记忆为主,语词逻辑记忆在逐步发展;(3)从记忆方法看,小学生的记忆还是以机械记忆为主,意义记忆在逐步发展。故选B项。

15. B 【解析】本题考查全面发展教育的组成。德育、智育、体育、美育、劳动技术教育是全面发展教育的基本组成部分。其中,体育是教育者有目的、有计划、有组织地向学生传授体育卫生知识和技能,全面发展学生的身体素质,增强学生的体质和运动能力,培养良好的体育道德品质和意志品质的教育活动。体力和体质的发展是个性全面发展的物质基础。人们进行生产劳动，参加社会活动，或享受幸福的生活都离不开强健的体魄。故选B项。(参见东北师范大学出版社，杨兆山主编的《教育学原理》)

16. B 【解析】本题考查学习的元认知策略。学习的元认知策略是指个体为实现最佳的认知效果而对自己的认知活动所进行的调节和控制。元认知策略大致可分为：计划策略、监控策略和调节策略。计划策略是指根据认知活动的特定目标，在认知活动开始之前计划完成任务所涉及的各种活动、预计结果、选择策略，设想解决问题的方法，并预估其有效性等。题干中陈晨先完成比较难的理科作业，然后再写简单的文科作业，属于元认知策略中的计划策略。故选B项。A项中的组织策略是学习中的主要认知策略，为干扰项，可排除。C项，监控策略是指学生对自己整个学习过程的有效监视及控制的策略。D项，调节策略是指根据对认知活动结果的检查，如发现问题，则采取相应的补救措施，根据对认知策略的效果的检查，及时修正、调整认知策略。

17. A 【解析】本题考查课程实施的取向。课程实施的取向主要有三种：(1)忠实取向。指课程实施是按部就班地执行预定课程方案的过程。依据这一取向，预定课程方案的实现程度，就是衡量课程实施成功与否的基本标准。课程方案实现程度高，则课程实施成功；而课程方案实现程度低，则课程实施失败。坚持忠实取向的课程实施者，强调忠实执行、按部就班，难以对课程方案做出变革。(2)相互调适取向。指课程实施是预定课程方案与学校情境之间相互适应的过程。(3)创生取向。指课程实施是师生在具体情境中，联合缔造新的教育经验的过程。故选A项。

18. C 【解析】本题考查人的身心发展规律。个体身心发展的不平衡性(不均衡性)一方面是指身心发展同一方面的发展速度，在不同的年龄阶段是不平衡的，另一方面是就个体身心发展的不同方面而言的。心理学家根据个体的身心发展的不同方面有不同的发展期的现象提出了发展关键期。所谓关键期，就是指人的某种身心潜能在人的某一年龄段有一个最好的发展时期。根据个体身心发展的不平衡性，教育教学要抓住关键期，以求在最短的时间内取得最佳的效果。故选C项。

19. B 【解析】本题考查休伯曼的教师职业生涯周期论。美国教育家休伯曼等人参照人的生命周期现象，将教师职业生涯划分为五个时期：(1)入职期；(2)稳定期；(3)实验和歧变期；(4)平静和保守期；(5)退出教职期。其中，实验和歧变期是教师职业生涯道路上的转变期，处于这一时期的教师开始不安于教学现状，尝试进行教学改革，批评学校管理中的弊端，不断对职业和自我进行挑战，有的甚至考虑是否继续执教。故选B项。

20. B 【解析】本题考查《中华人民共和国教师法》的相关条文。根据《中华人民共和国教师法》第七条规定，教师享有下列权利：(1)进行教育教学活动，开展教育教学改革和实验；(2)从事科学研究、学术交流，参加专业的学术团体，在学术活动中充分发表意见；(3)指导学生的学习和发展，评定学生的品行和学业成绩；(4)按时获取工资报酬，享受国家规定的福利待遇以及寒暑假期的带薪休假；(5)对学校教育教学、管理工作和教育行政部门的工作提出意见和建议，通过教职工代表大会或者其他形式，参与学校的民主管理；(6)参加进修或者其他方式的培训。因此④不符合法律规定，故选B项。

## 二、论述题

21.【参考答案】内驱力是一种需要，但它是动态的。从需要的作用来看，学习需要即为学习的内驱力，即学习驱力。通过“内驱力”来激发小学生的学习动机的措施有：(1)创设问题情境，激发兴趣，维持好奇心；(2)设置合适的目标；(3)根据作业难度，恰当控制动机水平；(4)表达明确的期望；(5)提供明确的、及时的、经常性的反馈；(6)合理运用外部奖赏；(7)有效地运用表扬；(8)对学生进行竞争教育，适当开展学习竞争。

## 三、材料分析题

22.【参考答案】(1)材料中李老师的做法说明她积极践行新课程理念，在教学方法上大胆尝试、勇于创新,在教学过程中注重发挥学生的主体作用,她的初衷是好的,但由于对新课程理念的理解有偏差,教学方法使用不当等导致学生的学习效果差。

①新课程改革要求建立一种"对话·互动"式的新型师生关系。对话就是通过语言形式所进行的交流,它与权威式的"告诉"或"灌输"不一样,它是主体之间的交流;互动则是主体之间的相互作用,它具有交互性特征。这就要求教师成为学生自主学习、自我建构知识和经验的指导者,在教学过程中处理好教师主导作用与学生主体地位的关系。李老师的课堂教学完全采用自由讨论和小组合作的方法,一方面说明李老师在教学过程中注重学生的主体地位,但同时也暴露出李老师忽视了教师在教学过程中的主导作用,没有很好地承担起学生学习的指导者角色。

②提倡启发式,反对注入式,是当代运用教学方法的指导思想。但衡量一种教学方法是否具有启发性,关键是看教师能否促进学生积极主动地去学习,而不是单从形式上去加以判断。李老师认为传统的教学方法已经过时了,在四十余人的课堂上几乎从不讲授知识点,这说明李老师对讲授法的认识存在误区,讲授法可以充分发挥教师的主导作用,使学生在短时间内获得大量系统的科学知识,它是中小学各科教学的一种主要教学方法。

③教师选择与运用教学方法应考虑多方面的因素,如教学目的和任务的要求,课程性质和特点,每节课的重点、难点,学生年龄特征,教学时间、设备、条件,教师业务水平、实际经验及个性特点等。李老师不顾学生的年龄特征、班级规模、教学内容等,所有课程都使用自由讨论及小组合作的方法,这是导致学生掌握的知识不够系统,学习效果差的一个重要原因。

(2)建议:①正确理解新课程理念,对于传统教育理念应取其精华、去其糟粕,而不是完全摒弃;②在教学过程中处理好教师主导作用与学生主体地位的关系,当好学生学习的指导者、促进者;③教学方法的选择与运用应考虑多方面因素。

## 学科专业知识

**四、单项选择题**

23. D 【解析】本题考查字形的辨析。D项,"筚路篮缕"应为"筚路蓝缕"。

24. B 【解析】本题考查选词填空的运用。耐力:耐久的能力。韧劲:顽强持久的劲头。隐忍:把委屈、不满等藏在内心,勉强忍耐。坚韧:坚固有韧性。根据语境"板凳甘坐十年冷",此处填"韧劲"更合适。运用排除法可知本题选B项。

25. B 【解析】本题考查谦敬辞的运用。A项,惠存:敬辞,请保存(多用于送人相片、书籍等纪念品时所题的上款)。此处使用对象错误,不能用于自己。C项,责成:指定(专人或机构)负责办好某件事。此处不能用于下级对上级。D项,斧正:敬辞,用于请人改自己的文章。此处使用对象错误,不能用于自己。

26. C 【解析】本题考查成语的辨析。A项,长篇累牍:篇幅很长,内容很多。此处感情色彩错误。B项,求全责备:苛责别人,要求完美无缺。此处不符合语境。C项,源远流长:源头很远,流程很长;形容历史悠久。D项,良莠不齐:指好的坏的混杂在一起。此处不能用于形容"水平"。

27. A 【解析】本题考查中外文学知识的识记。《翡冷翠的一夜》这首诗不像徐志摩的许多抒情短诗那样,以高度的艺术凝聚力和艺术表现力显示其魅力,它是以细腻的笔调,对一种复杂情感思绪的铺叙。这首诗充满了别离的愁绪、重逢的期盼、恋爱的快乐等思绪。徐志摩在这首诗里,抒写出浓烈而执着的爱情。

28. A 【解析】本题考查提问类型的辨析。该教师运用提问引起学生的独立思考与自主判断,这属于启发式提问。

29. B 【解析】原文画线句子的大意为:同乡人管彦自幼有才能却不被人知,唯独王裒认为他必定会声名显达。在众人中择他为友,正值两人的儿女刚出生,于是共同约定结为儿女亲家。故选B。

30. A 【解析】例句中的"下"是名词活用为动词。A项,"蜂"是名词作状语,像蜜蜂一样。B项,雷:名词作动词,打雷。C项,田:名词作动词,耕田。D项,臣:名词作动词,侍奉。

31. D 【解析】例句为状语后置句。A项是判断句,B项是被动句,C项为省略句,D项是状语后置句。

32. D 【解析】③句说的是王裒的气度、才学,⑤句说的是师生情。根据排除法,选D项。

五、判断题

33. A 【解析】乡:同“向”,先前、从前。

34. B 【解析】“八百里分麾下炙”中的“八百里”指牛,这里泛指酒食。

35. A 【解析】略。

36. B 【解析】王维是山水田园诗派的代表诗人。

37. B 【解析】《活着》是长篇小说,《棋王》是短篇小说。

六、鉴赏题

38.【参考答案】(1)该句通过“一无所有”表现出当时百姓的贫困状态,同时也表现出作者希望通过复习考上大学,以此来改变命运。

(2)这句话表现了李爱莲对因父亲生病而不得不放弃考试,嫁给吕奇的遗憾与无奈。这“带着咱们两个”到天涯海角的叮嘱,这一个人承担所有的苦水的无畏和崇高,聚合成一种内涵丰富、意蕴幽深的意境。正是在这种诗意盎然的意境中主人公走向了人生的新起点。

(本题共3分。①第一句写出“一无所有”的含义1分;②第二句写出李爱莲的遗憾和无奈1分,写出“带着咱们两个”的深层含义1分)

39.【参考答案】这里的“丑陋”具体体现在败坏的社会风气、贫困的社会环境、不知上进的同学以及无可奈何的人生上;这里的“生力”,实质上就是生活中的诗意,是对生活的追求,是作者和李爱莲即使处于那样一个时代,仍然对未来充满希望,渴望改变命运的信念。作品在痛苦的悲剧中书写了李爱莲爱的崇高和圣洁,“丑陋”压抑不住人们对“生力”的向往。

(本题共3分。①分别写出“丑陋”和“生力”的含义各1分;②进一步写出两者之间的辩证关系1分)

40.【参考答案】作者之所以有现在的生活,是因为自己的努力,是因为家人的付出,所以作者不敢忘记自己成功道路上的艰难付出。作者不敢忘记,是因为作者是那一代人中进步青年的代表;是因为为了今天的生活,很多人失去了事业、爱情、尊严,很多很多,而作者只是其中一个。

(本题共4分。①从作者现在的生活阐述原因2分;②从作者过去的艰难生活阐述原因2分)

七、简答题

41. 简述屈原作品在创作形式方面对后世文学所产生的影响。

【参考答案】屈原创造的“楚辞”文体在中国文学史上独树一帜,与《诗经》中的《国风》并称“风骚”二体,对后世诗歌创作产生了积极影响,对后世古典诗歌的主要形式五、七言诗的诞生起了重要作用。屈原创造了一种新的诗歌样式。这种诗歌样式无论是在句式还是在结构上,都较《诗经》更为自由且富于变化,因此能够更加有效地塑造艺术形象和抒发复杂、激烈的感情。就句式而言,“楚辞”以杂言为主,突破了传统的四言句式。就语言描写而言,“楚辞”善于渲染、形容,词语繁复,很重视外在形式的美感,这为汉代赋体文学的诞生创造了条件。

(本题共5分。①分别从句式、结构、语言三方面阐述每点1分;②语言表述完整2分)

42. 从情节角度,分析荒诞派戏剧《等待戈多》的荒诞性特征。

【参考答案】《等待戈多》的情节大大异于传统戏剧,没有矛盾冲突,没有开端高潮,没有紧凑的结构,也没有期待的结局。语言上也是前言不搭后语,毫无逻辑章法,让人莫名其妙。贯穿整个情节的都是一些看上去无聊之极荒诞不稽的场景,比如无聊的动作,人物语无伦次的唠叨,毫无情节可言的小故事和人物没有章法可言的杂耍。戈多总是等不来,天天如此,可是剧中人仍然等待,他们的等待不免显得荒诞。第一大树木光秃秃的,第二天却长出四五片叶子;波卓第二天变成了盲人,而幸运儿变成了聋人,剧本没有作任何说明;人物无缘无故摔跤,爬不起来;口中说要离开,却原地不动,等等。这些细节表明世间事物的变化是没有缘由的,不可预测的,因而是荒诞的。人物无法主宰自己的行动,只是像木偶一样动作。这一切都具有荒诞的特点。

(本题共5分。①总括《等待戈多》的情节特点1分;②从语言、人物动作、细节描写等角度阐述

其具有荒诞性特点4分)

43. 追求语文课堂"有效教学",关注学生发展是课改热点问题,请简要说说有效的语文课堂应包含哪些基本要素。

【参考答案】①以促进学生发展为中心。有效的语文课堂应充分体现学生是课堂的主人,促进全体学生全面发展。

②有效的语文课堂,要求广大语文教师必须钻研教材,要正确、到位地理解和把握教材。钻研好教材之后,还要确定准确、适度的教学目标。

③语文课程的基本特点是工具性与人文性的统一。所以有效的语文课堂,一定要体现语文课程工具性与人文性的统一。

④积极倡导自主、合作、探究的学习方式,让学生由被动学习转变为主动学习,把课堂还给学生,让学生做课堂真正的主人。

⑤学生是语文学习的主体,教师是学习活动的组织者和引导者。因此,教师在课堂上应该组织学生进行自主学习,引导学生学得快乐、学得高效。

⑥要调动学生学习的积极性,让学生参与到学习中去,并充分发展学生的个性。

(本题共5分。分别从学生、教师、教学方式、教材开发等角度阐述,每点1分,答出4点,言之有理即可)

八、写作

44.【写作思路】这是一则材料作文题。材料的中心词是"大胆质疑",材料中的学生敢于对课本产生质疑就是一种勇气,是不盲从的一种表现。我们可以从以下几点立意:(1)大胆质疑;(2)不盲从;(3)要有探索精神;(4)不屈从于权威;等等。

【参考范文】

**敢于质疑**

那些著名的科学家所说的话常常被视为真理,我们从未去怀疑这些真理;老师们所传授的知识都被孩子们视为无可争议的知识,他们也从未去怀疑这些知识的真实性。但其实,只有敢于质疑,才能不断进步。

古希腊学者亚里士多德认为重物体比轻物体下落的速度要快。世世代代的学者都接受这个论断,坚信不疑。但年轻的伽利略通过一系列实验,发现亚里士多德的说法是错误的。如果没有空气的摩擦阻力,重物体和轻物体下落的速度相同。他在比萨斜塔上同时丢下两个重量不同的球,站在塔下的千百观众亲眼看到两个球在同一时刻落地,都惊讶不已。

经过近两千年的时间,亚里士多德的错误论断才被推翻,难道这期间就没有其他科学家站出来勇敢地提出质疑吗?是的,这期间人们都只是学习亚里士多德的理论,他的所有思想都被尊为不可怀疑的真理。但不敢于怀疑"真理"的人都是在死学,这样的学习是没有效果的。

当今社会,似乎各种知识都已经完全被定论,而我们只要去记去背就行了,那是不正确的,我们需要去质疑权威,提出自己的观点,有这种难能可贵的品质,我们才能学得更好。

在一本古代数学书中,出现"圆一周三"的定论。也就是直径为一的圆周长为三这个"权威"定理一直被使用了七百多年,没有人质疑,似乎这便是完美的答案。但是数学家祖冲之却质疑了这个观点,因为生活中有太多实例与此不同了。但人们总说,也许是出了一点误差也说不定,这可是书上权威的答案。最后,祖冲之通过"割圆法",耗时良久,终于得出了π等于3.1415926到3.1415927之间的结论,打破了权威,起初不相信他的那些"专家"们也都服气了,祖冲之因质疑而打破了权威。

只有学会了质疑权威,这个世界才会飞速进步。如果牛顿没有质疑毕达哥拉斯定理,物理学又怎会上一个台阶;如果哥白尼没有质疑"地心说",又怎么会有后来天文学的突飞猛进;如果没有人质疑神佛妖魔,也许现在人们仍愚昧无知。

所以说质疑可以拨开层层迷雾,带着人们走向真理。不要认为教材是"权威定论",老师讲的都是"金口玉言"。我们不但要学会听,更要学会用大脑去分析和思考,我们需要拥有敢于质疑权威的精神。

(这篇作文开篇点题,从反面论证"敢于质疑,才能不断进步",接着通过两个事实论证,进一步论证中心论点,层层递进,结尾点题,收尾圆融。拟定得分19分)

## 2021年浙江省台州市(北片)教师招聘考试小学语文真题试卷(六)

### 一、单项选择题

1. D 【解析】本题考查字音的辨析。A项,qī / qì,ní / nì。B项,jǐng / jīng,shì。C项,kuì / kuí,rěn / rèn。D项,qián,zī。

2. C 【解析】本题考查字形的辨析。A项,"编揖"应为"编辑"。B项,"睛雨表"应为"晴雨表"。D项,"迅期"应为"汛期","内烙"应为"内涝","被捆"应为"被困"。

3. A 【解析】本题考查词语的选用。石破天惊:形容箜篌的声音忽而高亢,忽而低沉,使人震惊,有不可名状的奇境。后多用来形容事情或文章议论新奇惊人。翻天覆地:①形容变化巨大而彻底;②形容闹得很凶。题干用来形容著作问世带来的影响,故第一空应选"石破天惊"。里程碑:①设于道路旁边用以记载里数的标志;②比喻在历史发展过程中可以作为标志的大事。奠基石:建筑物奠基用的长方形的石块,上面刻有奠基的年月日等。根据题干可知,这部著作的问世是美国中国史研究的历史进程中的标志性事件,故第二空应选"里程碑"。

4. B 【解析】本题考查句子的排序。①句总领全文,排在首位。根据④句中的"首先",②句中的"其次"可知这两句应紧跟①句之后。⑤句中的"不挑食"照应②句中对啮齿动物食性的描写,故排在②句后。根据③句中的"此外"一词可知是排在"其次"之后的,⑥句内容是对③句的"繁殖能力强"的进一步解释,故正确顺序为①④②⑤③⑥。

5. A 【解析】本题考查成语的正确使用。A项,触目惊心:看到某种严重的情况引起内心的震动。用来形容餐饮浪费情况严重,符合句意。B项,深仇大恨:极深极大的仇恨。用来形容人与书籍之间的关系错误。C项,如履薄冰:战战兢兢地好像踩在薄冰上。用来形容实现目标不符合语境。D项,势如破竹:形容像劈竹子一样,劈开上端之后,底下的都随着刀刃分开了,形容节节胜利,毫无阻碍。用来形容解决问题不合语境。

6. B 【解析】本题考查病句的辨析。B项,关联词使用错误,且结构混乱。应改为"诗歌的力量潜移默化,它不是一片星光映衬另一片星光,而是一棵树摇动另一棵树,是用心的陪伴,是清新的启蒙,也是永久的照耀。"

7. C 【解析】本题考查现代汉语中音变的基础知识。两个本来相同或相近的音位,其中一个由于某种原因变得跟它不同是调位的异化。"冷水"是两个上声,但是"冷"的上声变成阳平,这是调位的异化。

8. D 【解析】本题考查现代汉语中声母的基础知识。普通话声母有22个,其中辅音声母21个,零声母1个。

9. C 【解析】本题考查现代汉语中汉字的基础知识。偏旁是汉字的合体字中不可分解的构字符号,这个不可分解的构字符号也叫"部件"。

10. A 【解析】本题考查中国古代名著内容的识记。孙悟空西天取经后叫作"混元一气上方太乙金仙美猴王齐天大圣斗战圣佛孙悟空"。

11. D 【解析】本题考查中国现当代文学作品内容的识记。A项,《红高粱》以抗日战争及20世纪30、40年代高密东北乡的民间生活为背景,通过一系列故事表现了高密人民在抗日战争中的顽强生命力以及血性与民族精神。B项,《文化苦旅》是余秋雨的一部散文集,凭借山水风物来寻求文化灵魂和人生真谛,探索中国文化的历史命运和中国文人的人格。C项,《棋王》是阿城的一部短篇小说,讲述了在文革时代,知青"棋呆子"王一生四处寻找对手下棋、拼棋的故事。D项,《家》是巴金的一部长篇小说,描写了20世纪20年代初期四川成都一个封建大家庭的罪恶及腐朽,控诉了封建制度对生命的摧残,歌颂青年一代的反封建斗争以及民主主义的觉醒。

12. A 【解析】本题考查中国现当代文学作品内容的识记。B项,《许三观卖血记》的苦难是以"卖血"的形式重复出现的。C项,《许三观卖血记》中70%是对话,许三观的故事极少有对背景、场景、人物内心的描写,基本上由对话组成、展开。D项,在叙述情节方面,《许三观卖血记》采用的是以时间为顺序的第三人称叙述。

13. B 【解析】本题考查《义务教育语文课程标准》(2011年版)综合性学习的目标与内容的识记。《义务教育语文课程标准》(2011年版)第一学段(1~2年级)综合性学习的目标与内容包括:“①对周围事物有好奇心,能就感兴趣的内容提出问题,结合课内外阅读共同讨论。②结合语文学习,观察大自然,用口头或图文等方式表达自己的观察所得。③热心参加校园、社区活动。结合活动,用口头或图文等方式表达自己的见闻和想法。”

14. D 【解析】本题考查教学方法的辨析。创设情境法是指在教学过程中,教师有目的地引入或创设具有一定情绪色彩的、以形象为主体的生动具体的场景,以引起学生一定的态度体验,从而帮助学生理解教材,并使学生的心理机能得到发展的教学方法。

15. C 【解析】本题考查教学目标设计原则的辨析。教学目标的设计要遵循整体性原则、层次性原则、灵活性原则、可操作性原则等。其中,可操作性原则即可行性原则,是指目标要简明、具体、易操作、易检测。

二、填空题

16. 劝君更尽一杯酒;西出阳关无故人

17. 日照香炉生紫烟;遥看瀑布挂前川

18. 语调

19. 言之有物;论之有实

20. 形成性评价

三、简答题

21. 请简述鲁迅的作品《药》中夏瑜的人物形象。

【参考答案】鲁迅作品《药》中的夏瑜是资产阶级民主革命者。①家境贫寒,以致使贪婪的牢头从他身上“榨不出一点油水”;②对资产阶级民主革命有明确的认识,推翻清朝统治,建立“我们大家”的天下是他的斗争纲领;③意志坚定,在狱中坚持宣传革命道理,甚至劝牢头造反;④在对敌斗争中“不要命”,不怕打,英勇无畏,毫不动摇。⑤在敌人的屠刀下慷慨就义,表现出革命者大义凛然的英雄气概。

(本题共4.5分。①答出“资产阶级民主革命者”1分,答出“家境贫寒”1分,答出“意志坚定”1分,答出“英勇无畏”1分;②答案组织条理清晰0.5分)

22. 李清照从本体论角度提出词“别是一家”理论,举例说明李清照词的艺术特色。

【参考答案】李清照词的艺术特色主要有:①感情真挚。李清照是以女性本位写自我爱情悲欢和家国巨变而获得空前成功的第一人。其前期的恋情词,如《一剪梅》《凤凰台上忆吹箫》等,满怀至情,连篇痴语,自然率真最能体现女性纯真细腻的灵性。其后期写离愁词,如《武陵春》《声声慢》《永遇乐》等篇,融合着家国之变、时代沧桑,植根于真实生活感受,是李清照坎坷生涯、悲剧人生、灾难时代的映现。②语言通俗易懂。《漱玉词》的语言有与众不同的鲜明个性。李清照遣词造句,自出机杼,创造了以自然率真为主要特色的文学语言。③善用白描。如《醉花阴》写离思凝重:“帘卷西风,人比黄花瘦。”《永遇乐》写孤寂失落:“不如向、帘儿底下,听人笑语。”均以直白之语,写深浓之情,有场景,有人物,有衬映。④讲求韵律美。李清照很重视声律,如《声声慢》首句连下14个叠字,历代词家异口同声赞为千古绝调。

(本题共4.5分。①答出“感情真挚”1分,答出“语言通俗易懂”1分,答出“善用白描”1分,答出“讲求韵律美”1分;②结合具体示例分析0.5分)

23. 请简述近义词在语言系统和语言运用中的作用。

【参考答案】汉语中有大量的近义词。表示同一事物、同一概念,往往有几个甚至十几个近义词。精心选用近义词,对于增强语言的表达效果有积极作用。①可以使语言的表达精确、严密;②可以使语体风格鲜明;③可以使语句生动活泼,富于变化;④可以使表达的语气委婉;⑤近义词连用,可以加强语势,使语意完足。

(本题共4.5分。从语言表达、语体风格、语气、语势等角度分点答题,各1分,语言表达无误0.5分)

四、鉴赏题

24.【参考答案】①点明白蘑菇的生长环境以及白蘑菇的外形如闪烁白星的特点。②引起下文,为下文“我”采摘白蘑菇,保护白蘑菇等情节作铺垫。

(本题共2分,分两点作答。①答出点明生长环境和外形特点1分;②答出引起下文,作铺垫1分)

25.【参考答案】①运用排比的修辞手法,写出长途跋涉后白蘑菇被烘干的过程;②运用比拟的修辞手法,将白蘑菇的汁液比作血液,生动形象地写出了白蘑菇生出白膜之后的颜色和状态变化;③侧面烘托出“我”内心的焦急,想要快些把白蘑菇带回家给母亲。

(本题共3分。①答出排比修辞1分;②答出比拟修辞1分;③答出侧面烘托1分。)

26.【参考答案】我认为文章最后一段没有画蛇添足。①内容上:深化主旨。母亲称赞蘑菇汤味道好,不仅体现了汤的味道鲜美,也凝聚了“我”对母亲的关爱和孝心以及对车友们的心灵之美的赞美;②结构上:与开头段首尾呼应,照应标题,使文章结构完整。

(本题共4分。①答出观点1分;②答出深化主旨1.5分;③答出首尾呼应1.5分)

27. D 【解析】D项,首联中“西山白雪三城戍”是远景,“南浦清江万里桥”是近景。

28.【参考答案】①首联写野望时所见西山和锦江,隐含忧国之情。②颔联由战乱推出怀念诸弟,自伤流落的情思。③颈联表达了诗人晚年多病,无法为国家做出贡献的愧疚之情。④尾联直抒胸臆,表达自己对国家命运的担忧。

(本题共3分。①答出忧国之情1分;②答出思念亲人1分;③答出愧疚之情1分)

**五、案例分析题**

29.【参考答案】①案例中教师深知学生是语文学习的主体,教师是学习活动的组织者和引导者,材料中的教学片段充分发挥了师生双方在教学中的主动性和创造性,整个教学过程在平等对话的过程中进行。②案例中教师通过提问法、演示法、小组练习法等教学方法,为学生创设有利于自主、合作、探究学习的环境,充分调动学生学习积极性,激发学生的学习兴趣,培养学生自主学习的意识和习惯,引导学生掌握学习语文的方法。③案例中教师通过提问,引导学生深入品味语言,注重学生的语言复述,培养了学生语言运用能力。

(本题共10分。①答出遵守学生主体地位,平等对话等要点4分;②答出运用多种教学方法,调动学生学习积极性4分;③补充其他要点并在材料中找到依据2分)

**六、教学设计题**

30.【参考答案】课文说明:

《匆匆》是一篇关于时间流逝的哲理性散文。文章通过细腻的笔触将无形的时间刻画得生动形象、具体。通过质疑时间“为什么一去不复返”到时间的匆匆流逝,联想到自身没有珍惜时间从而告诫自己和读者时间匆匆易流逝,因此要珍惜。课文篇幅不长,运用拟人、比喻、排比等修辞手法,语言生动优美,将无形的时间用具体的事物来描写,具体可感。

第一课时教学设计:

教学目标:

1. 学会课后的生字词。

2. 了解作者对时间流逝的伤感以及珍惜时间的感受,唤起生活体验,体会时间的稍纵即逝。

3. 感受课文的语言美,领悟作者细致描写、多用比喻的方法。

教学重难点:

感受散文语言美,学习多种表达方法。

激趣导入:

同学们,我们刚刚学过了《长歌行》,谁愿意背诵给大家听?学了这首诗,你最大的感受是什么呢?“百川东到海,何时复西归?”是啊,时间如流水匆匆,一去不复返!著名作家朱自清先生也曾在他的文章中表达了这样的感叹,这节课就让我们一起来感受时间的匆匆。

教学过程:

一、说“匆匆”,形成初感

1. 引导学生,用较快的速度默读课文,圈画出描写“匆匆”的句子。

2. 出示以下字词:空虚、头涔涔、泪潸潸、挪移、伶伶俐俐。学生开火车读,师相机纠错。

3. 生交流读完这篇文章后的感受,小组代表发言汇报。

二、初读课文,解决障碍

1. 学生自由朗读

作者在这篇文章中究竟写了些什么呢?请同学们自由朗读课文,要读正确读通顺,注意读好标注拼音的词语,难读的地方要反复读。

2. 指名学生朗读

三、再读课文,交流感受

1. 学生默读课文

边读边随着作者的描写,想象文中描写的画面,读完后说说每个自然段的意思。

2. 自由读课文,找出印象最深的句子,提出问题。

3. 找出读不懂的句子,小组之间交流解决。

四、品"匆匆",深入体会

1. 聚焦"不复返",生质疑。

①生齐读第1段,引导学生将"但……去不复返呢"改成前面排比句式,引导学生在对比阅读中感受万物可"返"而时间一去不复返,体会作者这样写的对比突出作用。

②小组一人一句合作读文中的连续问句,在读的过程中生发出对时间流逝的质疑,与作者产生同感,体会其表达之妙。

2. 聚焦"流逝",品"可感"。

①小组合作读第2、3段,将"八千多日子"换算成"岁",在对比阅读中体会表达效果。

②抓住"针尖上一滴水滴在大海里"想象并交流感受。

③引导学生联系段落反复读"我不禁头涔涔而泪潸潸了"体会作者情感。

④师生合作读"洗手的时候……闪过了",在合读过程中品味作者将无形的时间用具体可感的事物表现出来的妙处。

⑤删去"有脚啊",引导学生在对比阅读中体会拟人手法将太阳刻画得生动可感。

3. 聚焦自身,品"感悟"。

①学生合作读第4、5段,师示范读"过去的日子……蒸融了",引导学生在聆听中感悟时间的流逝。

②生合作读文句,一人一句,小组合作交流谈感受。引导学生抓住"痕迹、赤裸裸"感受作者对过去的八千多个日子没做什么事情的懊恼。

五、小结

这节课我们深入了解了"匆匆"的内涵,体会了作者对时间流逝的无奈以及对时间的珍惜,下节课我们进一步学习这篇文章中作者使用的表达手法。

(本题共15分。①课文内容介绍共3分,其中概括文章内容及内涵2分;总结文章优点、作用1分。②导入语设计共3分,能激起学生学习兴趣,形式新颖即可得分;③教学过程中教学互动合情合理,遵循学生主体地位5分;④教学设计环节完整,符合学段特征4分)

**七、写作题**

31.**【写作思路】**这是一道材料作文题。这是一篇纪实性材料,从材料描写的场景可以总结出这是学校为青少年提供展现自我、张扬青春活力的平台。我们可以从以下几个角度立意:(1)学校要全面提升学生的综合素质和精神品质;(2)学校为学生提供多样的舞台;(3)建立良好的育人环境;(4)新时代新青年;(5)激昂青春,彰显自我;等等。

**【参考范文】**

**新时代新青年**

夜幕降临,我静静地凝望静谧的夜空,只见那满天大大小小、忽明忽灭的繁星,像无数双小眼睛轻轻眨动。

星星是平凡的,它没有月亮那样明亮皎洁,没有太阳那样光辉照人。它是渺小的,在深邃的夜空中微乎其微,没有太多人在意它、赞颂它。然而,是星星点缀了夜空,把它们的光泽洒向大地,不管是有名的星星,还是无名的星星。它们就像镶嵌在天空中的钻石,与明月应和着。

千百年来,人们总是带着好奇,不断追寻那瞬息万变的宇宙。我想起很多个狂风暴雨的夜晚,它们被乌云所遮盖,但是风雨过后总会雨过天晴。当它们重现在深蓝的夜空时,我被它们顽强的品质所感动,它们身上那种百折不挠、永不熄灭的精神,激励着我,鼓舞着我!

每当黎明的阳光射进屋里,星星早已无踪无影,它在人们的睡梦中默默离去。我曾经认为,星星是懦弱的,它那么害怕阳光,它只在无人察觉的夜晚悄悄闪烁。然而这满天的繁星证明：不论多么渺小，它们都要绽放出最美的自己！

这满天的繁星，不正象征着祖国的群星灿烂吗？当今时代人才辈出，“航天英雄”杨利伟、“钢琴王子”郎朗、“篮球巨人”姚明、问鼎诺奖的莫言……他们都像繁星一般闪亮！还有那些靠自己的努力，不怕嘲笑、不怕失败，顽强拼搏的人，他们也都在这夜空中一起闪烁。繁星闪烁，是祖国人民的灿烂理想，是我们这个时代的全部光辉！

“江山代有才人出，各领风骚数百年。”从古到今，祖国人才无数。一代又一代的华夏儿女，就像这有名无名的星星，在艰苦中追求，在艰苦中探索，在艰苦中奋斗，有多少热，发多少光，在祖国的天空绚丽绽放！

人生是有限的，个人是渺小的。作为新时代的青少年，我们更要发奋学习，集聚知识、智慧和力量，脱颖而出，辉耀于祖国上空，让祖国的夜空永远星光灿烂，永远流光溢彩！

（这篇作文立意广阔，文采斐然，铿锵有力，又不乏事实支撑，内容充实不浮于表面，是一篇难得的考场佳作。拟定得分23分）

## 2020年浙江省宁波市中小学幼儿园教师招聘考试语文真题试卷(七)

一、判断题

1. √ 【解析】本题考查班集体发展特点。班级管理是一个在实践中不断取得经验的渐进过程，具体的过程将遵循“否定、肯定，再否定、再肯定”的螺旋式发展规律。因此，班集体发展呈现螺旋式上升的特点。

2. × 【解析】本题考查发现法。发现法是美国心理学家布鲁纳所提倡的一种教学方法。他主张学习的目的在于以发现学习的方式，使学科的基本结构转变为学生头脑中的认知结构。斯金纳是行为主义心理学的代表人物之一，他根据行为主义学习理论，提出了程序教学理论及其教学模式。

3. × 【解析】本题考查启发性原则。启发性原则的核心不在于多问少问、多讲少讲、多练少练，也不是有问有答，而是在于问、讲、练的过程中是否活跃了学生的思维，是否有助于学生掌握知识和发展能力。

4. √ 【解析】本题考查多元智能理论。多元智能理论认为人的智能是多元化的，人的发展具有多种可能性，每一种智能都有相适应的职业。因此，最好的教育是最适合学生的潜能开发，并能使学生获得最好发展和理想职业的教育。“多一把衡量的尺子就多出一批好学生”是对多元智能理论的形象概括。

5. √ 【解析】本题考查德育。德育工作的一般顺序可以概括为知、情、意、行，以知为开端、以行为终结。但由于社会生活的复杂性，德育影响的多样性等因素，德育具体实施过程，又具有多种开端，这可以根据学生品德发展的具体情况，或从导之以行开始，或从动之以情开始，或从锻炼品德意志开始，最后使学生品德达到在知、情、意、行等方面的和谐发展。

6. √ 【解析】本题考查儿童道德评价的发展历程。儿童道德评价的发展具有以下几个方面的特点：①从他律到自律；②从对效果的评价到对行为动机的评价；③从对别人的评价到对自己的评价；④从片面到全面；⑤从依据道德情境进行评价到依据道德原则来进行评价。

7. × 【解析】本题考查活动课程。学校课程重视学生对知识的系统学习，便于学生对知识的掌握和应用。活动课程则是重视课程要适合学生的兴趣、需要和教材的心理组织，重视在活动中进行教学。

8. √ 【解析】本题考查创造性思维。培养创造性思维要重视：保护好奇心，激发求知欲；提倡发散思维并与集中思维相结合；鼓励直觉思维和培养逻辑思维；善于发现和正确对待创造型的学生；发展学生的想象力。

9. × 【解析】本题考查短时记忆。短时记忆是感觉记忆和长时记忆的中间阶段。短时记忆的保持时间一般不超过1分钟；记忆容量有限，为7±

2个组块。组块是记忆的单位,它可以是一个或几个数字、一个或几个汉字、一个或几个英文字母,也可以是一个词、一个短语、一个句子。

10. √ 【解析】本题考查义务教育。《中华人民共和国教育法》第十九条第三款规定,“适龄儿童、少年的父母或者其他监护人以及有关社会组织和个人有义务使适龄儿童、少年接受并完成规定年限的义务教育”。

11. × 【解析】本题考查中国古代文学。玄学是魏晋时期的哲学思想,此处的“玄”字,起源于《老子》中的一句话“玄之又玄,众妙之门”。玄学是中国哲学史上第一次在老庄思想基础上把儒道两大家结合起来的极有意义的哲学尝试。

12. √ 【解析】本题考查成语的辨析。“敬谢不敏”是指表示推辞做某件事的客气话。表谦虚之意。

13. √ 【解析】本题考查语文课程。现在的语文课程不仅是“文本课程”,更是“体验课程”,不再只是特定的知识载体,而是教师和学生共同探求新知识的过程,是课程的创生和开发。

14. √ 【解析】本题考查中国古代文学。《红楼梦》第48回记叙了香菱学诗之事,反映了香菱作诗水平的提高,也阐述了曹雪芹对诗歌创作、欣赏等方面的精辟见解。

15. × 【解析】本题考查外国文学。“垮掉派”于二战后风行于美国。其中,美国诗人金斯堡,是“垮掉派”诗人的代表人物。金斯堡的长诗行洋洋洒洒,其中既可见惠特曼的遗风,又可见其受凯鲁亚克散文风格的影响,因而显得充满活力和新鲜感。

**二、单项选择题**

16. B 【解析】本题考查环境决定论。环境决定论认为人的发展主要依靠外在的力量,诸如环境的刺激和要求、他人的影响和学校的教育等,外在力量的影响决定个体身心发展的水平和形式。题干中,荀子这句话的意思是:兰槐的根叫白芷,一旦浸入臭水里,君子和下人都会避之不及。不是白芷本身不香,而是被浸泡臭了。所以君子居住要选择好的环境,交友要选择有道德的人,才能够防微杜渐,保其中庸正直。这句话强调了环境对人的发展的影响,属于环境决定论。

17. B 【解析】本题考查对作品的识记。《学记》是世界上最早的一篇专门论述教育和教学问题的论著,它总结和概括了先秦儒家的教育经验和理论,比较系统地阐述了一些重要的教育理论问题。A项正确,B项错误。《学记》的作者以托古改制的方式,用格言式的语言阐发了教育在移风易俗和建国君民中的作用,强调了教育为社会政治服务的目的,从而把教育与个人发展、社会进步紧密联系起来,尤其突出了教育的政治功能,形成了中国古代教育的突出特色。C项正确。《学记》提出了“道而弗牵,强而弗抑,开而弗达”的教学要求,体现了启发式教学思想。D项正确。

18. B 【解析】本题考查教育功能。依据作用的方向不同,教育功能可分为正向功能和负向功能;依据作用的呈现形式不同,教育功能可分为显性功能和隐性功能。A、D两项正确。自学校出现之日起,居于中心地位的教育社会功能就是为统治阶级的政治服务,这就表明,教育政治功能自学校出现就出现了。C项正确。教育功能是教育活动和系统对个体发展和社会发展产生的各种影响和作用,教育价值是教育活动对人和社会需要的满足程度;教育功能是教育能够发挥和实际发挥的作用,教育价值是教育应该发挥的作用,两者是有区别的。B项错误。

19. C 【解析】本题考查教育家及其教育理论。五段教学法是在赫尔巴特提出的四阶段理论(明了、联想、系统、方法)之后,由席勒和赖因加工而成的。席勒的五段教学法包括分析、综合、联想、系统、方法。席勒的学生赖因则在前面加了一个预备阶段,将其演变为预备、提示、联合、总结、应用。

20. B 【解析】本题考查心理学知识。自我效能感指人们对自己是否能够成功地从事某一成就行为的主观判断。题干中,小强对自己考满分可能性的主观估计是自我效能感。B项正确。信心是指对行为必定成功的信念,相信自己的愿望一定能够实现的心理。A项不符合题意。自我概念是指个体对自己的看法或认识,包括个体对自己躯体、需要、角色和能力的感知。C项不符合题意。自尊感是指个体能愉快地接受自己并尊重自己，对自己持肯定态度的情感体验。D项不符合题意。

21. A 【解析】本题考查维果斯基心理发展的文化历史理论。维果斯基特别强调社会文化历史在心理发展中的作用，特别强调活动和社会交往在人的高级心理机能发展中的突出作用。

22. D 【解析】本题考查人本主义理论。罗杰斯认为，人格形成的原动力来自自我实现的需要，人格发展的关键在于形成和发展正确的自我观念。

23. A 【解析】本题考查复述策略。复述策略是在工作记忆中为了保持信息，运用内部语言在大脑中重现学习材料或刺激，以便将注意力维持在学习材料上的方法。复述策略包括抄写材料、摘录、概述和画线等。所以小李的画线和摘录属于复述。A项正确。精细加工策略是一种将新学材料与头脑中已有知识联系起来从而增加新信息意义的深层加工策略。组织策略是整合所学新知识之间、新旧知识之间的内在联系，形成新的知识结构的策略。元认知策略是学生对自己认知过程的认知策略，包括对自己认知过程的了解和控制策略。

24. B 【解析】本题考查操作性条件反射理论。斯金纳提出了操作性条件作用学习理论，认为强化是操作性条件作用的中心概念。强化的作用在于改变同类反应在将来发生的概率，而强化物则是一些刺激物，它们的呈现或撤除能够提高反应发生的概率。题干中，老师的表扬强化了学生举手发言的频率，因此可用操作性条件反射来解释。B项正确。巴甫洛夫提出了经典性条件作用理论，认为学习是中性刺激（如铃声）和无条件刺激（如食物）反复结合形成条件反射的过程。A项不符合题意。班杜拉提出了社会学习理论，认为学习是个体通过对他人的行为及其强化性结果的观察，从而获得某些新的行为反应，或已有的行为反应得到修正的过程。C项不符合题意。苛勒提出了完形—顿悟说，认为学习是个体利用本身的智慧与理解力对情境及情境与自身关系的顿悟，而不是动作的累积或盲目的尝试。D项不符合题意。

25. D 【解析】本题考查《中华人民共和国教育法》。《中华人民共和国教育法》第八条规定："教育活动必须符合国家和社会公共利益。国家实行教育与宗教相分离。任何组织和个人不得利用宗教进行妨碍国家教育制度的活动。"A项正确。《中华人民共和国教育法》第十一条第二款规定："国家采取措施促进教育公平，推动教育均衡发展。"B项正确。《中华人民共和国教育法》第十二条第三款规定："国家采取措施，为少数民族学生为主的学校及其他教育机构实施双语教育提供条件和支持。"C项正确。《中华人民共和国教育法》第十四条规定："国务院和地方各级人民政府根据分级管理、分工负责的原则，领导和管理教育工作。中等及中等以下教育在国务院领导下，由地方人民政府管理。高等教育由国务院和省、自治区、直辖市人民政府管理。"

26. D 【解析】本题考查字音的辨析。A项，徇私（xùn）。B项，皂甙（dài）。C项，强词夺理（qiǎng）。

27. D 【解析】本题考查通假字。A项，坐：通"座"，座位。B项，生：通"性"，本性，天性。C项，当：通"倘"，倘若。

28. B 【解析】本题考查中国现当代文学。A项，《倪焕之》艺术地再现了以主人公倪焕之为代表的小资产阶级知识分子，在历史剧烈变动过程中的思想变化和生活道路，揭示了当时中国教育界的混乱和社会的黑暗状况，展现了当时广阔的历史背景。B项，许地山的《命命鸟》表达了青年追求爱情、婚姻自由但受到封建专制阻挠的主题，是一篇以缅甸文化为背景来思考爱情和人生的小说。C项，《八骏图》是沈从文创作的一部以知识分子为描写对象的都市题材小说，是20世纪30年代中国高级知识分子的群像。通过对这些知识分子扭曲的性心理的刻画，揭示了他们道德观的虚伪性，深刻地反思了当时知识分子畸形人格形成的原因。D项，《围城》是中国现代文学史上一部风格独特的讽刺小说，被誉为"新儒林外史"，主要写抗战初期知识分子的群像。因此，《倪焕之》《八骏图》《围城》都是以知识分子为题材的小说,《命命鸟》则是以爱情和人生为题材的小说。

29. A 【解析】本题考查病句的辨析。B项,结构混乱,主语是年代剧《共和国血脉》,最后一个分句应改为“并讲述了以石兴国、许茹为代表的石油师人的光辉事迹”。C项,成分残缺,第三个分句暗中更换主语,应该为“不过也不能因此把武亦姝与‘绝大多数孩子’对立起来”。D项,不合逻辑,后三个分句中“忌”与“不可”,应删去其中之一。

30. C 【解析】本题考查文学常识的识记。A项,“五经”一般指儒家典籍《诗经》《尚书》《礼记》《周易》《春秋》的合称,为历代儒家学子核心研习书经。B项,《吕氏春秋》是在秦国相邦吕不韦的主持下,集合门客们编撰的一部杂家名著。《吕氏春秋》集先秦儒家之大成,是战国末期杂家的代表作。D项,《扁鹊见蔡桓公》和《智子疑邻》均为韩非子的代表作。韩非子,战国末期著名思想家,法家思想的集大成者。《扁鹊见蔡桓公》赞颂了扁鹊之神智而鞭挞了蔡桓公的固执、愚顽。《智子疑邻》出自《韩非子·说难》中的《颜则旭篇》,寓意持有相同意见的人因身份不同及与主人亲疏关系的不同而遭到不同对待。

三、现代文阅读题

31. C 【解析】A项,由“罗马不是一天建成的,良渚古城也不是”一段可知,环太湖地区的良渚在春秋社会历史时期之前已经被开发,出现各种祭坛墓地、人工土台等。B项,根据“直至20世纪,当考古学家将一个美丽的名字纳入了历史的视野,我们才得以为这亘古的辉煌心生感叹”,在文中所列举的历史故事发生之前,环太湖地区已存在良渚,良渚先民在此生存发展,只是尚未被后人发现,而并非一片空白。C项,20世纪考古发现之前,人们对良渚的历史知之甚少。D项,文中并未提及是因为历史考古的滞后和对其历史文化的发掘与整理不足,才导致环太湖地区给人“若明若昧”的印象。

32.【参考答案】列数字。例:大莫角山是三座宫殿台基中面积最大的一个,长175米、宽88米,面积1. 5万平方米,是6. 3个故宫太和殿面积之和;而且,它的相对高度达6米,海拔高度18米,是整个良渚古城遗址中的制高点。

(本题共2分。答出说明方法1分,举例1分)

33.【参考答案】①经过测算,整个莫角山土台的工程量达到200多万个土方量,可以说是目前所知全球同时期规模最大的人类土木工程。②而整个水坝系统人工堆筑土方量高达288万立方米,是同时期世界上规模最大的水利工程。

(本题共2分。摘录原文,每条1分)

34.【参考答案】①良渚遗址距今时间遥远,大约距今5300年,是能够实证中华五千年文明史的地区之一。②良渚遗址可实证中华文明多元一体的发展特征,并真实、完整地保存,它是人类文明发展史上的具有代表性的大型聚落遗址。③良渚遗址的遗迹功能和类型分类明确;其墓葬中的陪葬玉器体现了当时的社会分层;其水坝是名副其实的综合性的水利系统,并且很多部分至今依然存在。

(本题共2分。①答出历史久远1分;②答出良渚遗址历史地位1分)

35.【参考答案】良渚古城的建成历经百年,凝聚了先人们的智慧。良渚古城遗址的发展历程:①掌握识玉、用玉技术的古代先民迁徙到良渚,出现祭坛墓地,先民严格的用玉制度,体现了当时社会分层的情状。②建立中心宫殿区和外围水利系统。中心宫殿区规模宏大,等级分明;外围水利系统的治水体系非常庞大,推动了良渚文化遗址群的经济和社会发展。

(本题共3分。①答出“用玉制度”1.5分;②答出“建立中心宫殿区和外围水利系统”1.5分)

四、文言文阅读题

36.【参考答案】(1)应该。(2)邀请。(3)有的。(4)固然。

37.【参考答案】(1)将领们经过此地的有很多,我看沛公是个德行高尚、忠厚老实的人。(本题共2分。答出“大人”“长者”各1分)

(2)父老们苦于秦朝的苛虐法令已经很久了,批评朝政得失的要被灭族,相聚谈话的要被处以死刑。(本题共2分。答出“诽谤者族”“偶语者弃市”被动句式,每点1分)

38.【参考答案】①知错就改。在郦生说他若真想除暴秦,就不该坐着接待长者时立马起身,并邀请郦生上坐。②善于纳谏。沛公想留在秦宫中休息,樊哙、张良劝阻,沛公便采取建议,下令把秦宫中的贵重宝器财物和库府都封好,并退回去驻扎在霸上。③迎合民心。知父老们苦秦已久,便与父老们约定废除秦的严苛律令,让百姓安居乐业。

(本题共2分。答出任意两点且文中有依据即可得分)

五、古诗词鉴赏题

39.【参考答案】(1)独在异乡为异客,每逢佳节倍思亲。(2)少小离家老大回,乡音无改鬓毛衰。(3)白日放歌须纵酒,青春作伴好还乡。(4)露从今夜白,月是故乡明。(5)君自故乡来,应知故乡事。

六、教材教法题

40.【参考答案】第三环节的具体教学步骤:

(三)把握想象片段,品析语言

1. 提问:作者在第二至四小节中想象了哪两个场景?(第二小节:美丽的街市;第三、四小节:牛郎织女的生活)

2. 请学生选择最喜欢的一个场景,围绕教师提供的问题,展开想象,并任选一个诗节改写为散文,分享交流,教师点评。

(1)围绕"美丽的街市"小练笔追问:这个街市有怎样的特点?(美丽、新奇)

(2)围绕"牛郎织女的生活"小练笔追问:传说中牛郎织女的生活与诗中的有何区别?用一些词语来形容诗中牛郎织女的生活。(幸福的、美好的、安宁的)

(五)板书设计

天上的街市

郭沫若

美好的街市:安宁祥和

牛郎织女的生活:幸福美满

(本题共6分。①步骤合理,形式符合学段要求3分;②板书设计贴合文本,要点全面3分)

41.【参考答案】不认同。理由:①从"朗读指导,整体感知"到"把握想象片段,品析语言",借助教师范读和音乐渲染,有利于学生更快进入情境,为把握本课的想象片段和品析相关语言奠定情感基础,更易让学生接受。②从整体感知文章内容到对具体片段的把握,逐层深入,符合初中的教学流程,避免了出现超出学生认知能力的问题,并且提高了学生学习的积极性。

(本题共4分。①亮明观点1分;②分条列述理由,符合自身观点,且有理论依据支撑,每点1.5分)

七、材料作文题

42.【写作思路】这是一则材料作文题。材料中教授将学生分为"数量组"和"质量组"作为评分依据,最后的结果大出教授意料,竟然所有的优秀作品都出自数量组的学生。从中我们得出的立意有:(1)量变改变质变;(2)不积跬步无以至千里;(3)想都是问题,做才是答案;等等。

【参考范文】

积跬步,达质变

"不积跬步,无以至千里;不积小流,无以成江海。"量的积累必然产生质的飞跃,这是量变到质变的基本反应。我相信,只要我们一步一个脚印,脚踏实地,一丝不苟地去实现,千里的路程也终有走完的一天。

古人云:"圣贤之学,非造次可成,须在积累。"《文史通义》的作者章学诚,年轻时接受能力较差,记忆力也不十分好,读私塾时,常为背几十个字伤脑筋。但他日夜苦读,由少积多,终于成为大学者。三国时的董遇,家贫无力上学,靠卖柴糊口,但他利用"冬者岁之余,夜者日之余,阴雨者时之余",把握一分一秒,勤学苦读,依靠自学成为名重一时的学者。学习亦是如此,十年寒窗苦读,十年的积累,十年的量变终会换来你我的质变。

在一次次的积累中,总会面临失败,但"塞翁失马,焉知非福"。林肯,从他23岁竞选本州众议员时的失败,到47岁作为副总统候选人竞选的失败,在此期间,不知失败了多少次。但他从未放弃,而是总结教训,积累失败的经验,直到51岁成为共和党总统,终于取得了成功。爱迪生亦是如此,他在发明电灯时虽失败数次,但他依旧坚持寻找灯丝,直到找到钨丝。一次次的失败,一次次的尝试,终于促成了他的质变,成就了他这一让世界为之震撼的发明,也使他成为当时最伟大的发明家。

如今日益进步的科技环境，使社会所需要的优秀人才也越来越多，这不免会引起激烈的竞争，以致于生活节奏越来越快。但，可能因为久居于这样的环境中，不少人开始“浮躁”起来，不能有始有终的做一件事情。当努力一段时间后，觉得这件事情不能让自己快速得到自己想要的结果，觉得这件事没有前途可言，于是就选择了放弃。其实，每一件事情都像滚雪球一样，只有经历了相当长一段时间的积累，才能拥有最后的大雪球。没有量变，何来质变？

“一丝而累，以至于寸。累寸不已，遂成丈匹。”在积累的过程中，也许我们会遇到诸多不顺，但只有经得起量变的挑战，我们才会迎来“万木春”的质变。

（这篇文章以古代名言开头，开篇点题。文中大量引用古文，增加文章文采，文学功底深厚。文中选取古今中外的名人名事，增加文章说理性。结尾再次点题，结构完整。拟定得分29分）

## 2020年1月浙江省杭州市教师招聘考试中学语文真题试卷（八）

**一、基础知识及应用**

1. D 【解析】本题考查字音的辨析。A项，摇曳(yè)。B项，浙江(zhè)，休戚相关(qī)。C项，亘古不变(gèn)。

2. C 【解析】本题考查字形的辨析。A项，“无线”应为“无限”。B项，“身首”应为“身手”，“身手”应为“身首”。D项，“权利”应为“权力”，“权力”应为“权利”。

3. C 【解析】本题考查成语的运用。A项，分庭抗礼：原指宾主相见，站在庭院的两边，相对行礼。现在用来指双方平起平坐，实力相当，可以抗衡。用在此处使用对象错误。B项，不情之请：客套话，不合情理的请求（向人求助时称自己的请求）。用来形容对方的请求使用不当。C项，弃如敝屣：像扔破鞋一样扔掉，比喻毫不可惜地扔掉或抛弃。使用正确。D项，师心自用：固执己见，自以为是（师心：以自己的想法为师，指只相信自己）。用在此处褒贬失当。

4. A 【解析】本题考查病句的辨析。B项，不合逻辑，昔日之事不会是今日之事所致。C项，“彻夜”和“通宵”重复。D项，成分缺失，应在句子前面加上“如果你”。

5. A 【解析】本题考查信息的提取。A项，图表显示“羡慕别人的人”占比为100%，与题干“天下没有一个人从不羡慕别人”相符；“被羡慕的人”占比为90%，则10%的人不被羡慕，与题干“只有少数人从未被别人羡慕过”表达意思相符。B项，图表显示“不羡慕别人的人”占比为10%，与题干“天下没有一个人从不羡慕别人”不符。C项，图表显示“不被羡慕的人”占比为60%，与题干“只有少数人从未被别人羡慕过”不符。D项，图表显示“不羡慕别人的人”占比为5%，与题干“天下没有一个人从不羡慕别人”不符。

6. B 【解析】本题考查文言句式的辨析。例句为无标志的被动句，意为“等到李牧因为谗言被诛杀”。A项，状语后置句，正确语序为“沛公左司马曹无伤使人于项羽言曰”。B项，被动句，“于”表被动。C项，定语后置句，正确语序为“人君当神器之重，居大之域中”。D项，状语前置句，正确语序为“臣之壮也，不如人犹”。

7. A 【解析】本题考查对联知识。对联分为上联和下联，上联在右侧，最后一个字为仄声，包括上声和去声，下联在左侧，最后一个字为平声，包括阴平和阳平。“乙”处是对联的下联，下联最后一个字应该是平声，故选择A项。

8. C 【解析】本题考查文意的理解与筛选。C项，“读者倘若没有类似体验，它也就失去了效力”说明，读者有类似于作品的经验是前提。A项，从“文学虽然只有普遍性，但因读者体验的不同而有变化”可以看出，这里表示转折，说明普遍性中会有多种变化这一后续结果。B项和D项与题目无关。

9. D 【解析】本题考查文学常识。A项，庄子主张“天人合一，清静无为”，符合“自然就是美”。B项，孔子说子路“由也兼人，故退之”，意思是说子路好勇过人，所以要约束他，符合“心动不如马上行动”。C项,苏秦和张仪是战国著名的纵横家代表,纵横家以从事政治外交活动为主,长于沟通,符合“做个不可思议的沟通高手”。D项,司马光是保守派,王安石是变革派,在王安石变法中,司马光与主持变法的王安石发生严重分歧,所以如果由他俩来代言“好东西要和好朋友分享”是不恰当的。

**二、现代文阅读**

10. A 【解析】A项,《五猖会》中写到父亲要求“我”背书,“我”失望、郁闷至极,最后终于背书成功,得以去看五猖会的事情,表达了作者强烈谴责封建强权教育对孩子天性的扼杀。B项,《荷叶·母亲》描写作者被雨打红莲、荷叶护莲的生动场景感染,联想到母亲对自己的呵护与关爱,抒发了子女对母亲的爱。C项,《金色花》刻画出一个天真可爱而又稍带顽皮的孩子形象,含蓄而巧妙地表达了孩子热爱妈妈的深厚感情。

11. 【参考答案】描写了儿童在没有束缚时的天真烂漫、充满活力、富有好奇心、快乐的“精光灵气”的形象,以及在大人们过多的管束下,限制了儿童天性的发展,扼杀了他们的活力,拘束、害怕、顺从压抑苦闷、“猥琐”的儿童形象。

(本题共3分。分别从“精光灵气”和“猥琐”两个方面分析儿童形象,每个方面1.5分)

12. 【参考答案】作品主要通过儿童的思维习惯观察描写生活,使文章更加生动,充满童趣。作者从儿童的视角,以儿童的思维习惯描写父母的话语对儿童的影响,以及用儿童的想法来表达父母不当的语言态度对儿童的影响,直观地表达了作者不满父母随意约束孩子自由的行为和态度,同情孩子没有自由的活动空间,希望大人能理解孩子,还给孩子一个自由快乐的童年的观念。

(本题共5分。从其中一个方面进行分析得2分,结合例子分析好处得3分)

13. 【参考答案】示例一:从“儿童”角度谈。本文讲述的是小时候我们经常被大人管束着,于是我们看到天上的星星也就认为它们被月亮管束着,就想方设法救星星的事,我同情他们没有自由的活动空间,希望大人能理解孩子,还给孩子一个自由快乐的童年。

示例二:从“父母”的角度谈。“代沟”的出现是必然的,因为社会总是向前发展的,每个时代的环境是不一样的,这就导致每个时代都会产生属于自己时代的思想观念。我们要不断地接受新的信息,更新自己的思维,尽量让大部分的“代沟”逐渐消融。

(本题共5分。表明态度得1分,进行适当的评价并能言之有理得4分)

**三、古诗文阅读及默写**

14. 【参考答案】“冻雷惊笋欲抽芽”运用拟人手法,赋予竹笋以知觉,并被春雷惊醒。同时用一“欲”字,写出竹笋在地下正要抽芽的情态,将一般人未察觉到的早春景象生动形象地描绘了出来。

(本题共5分。点出句中所用修辞手法及效果得2分,分析“欲”字得3分)

15. 【参考答案】我认为这首诗充满了无奈和凄凉。诗最后两句,表面上是自我宽解,直抒惯见世态炎凉,不为远离京都而憾,甘与野芳为伴,不为人生失意而屈服的乐观、豁达心情;实际上洒脱的外表下是更深沉的痛苦,“不须嗟”实际上是大可嗟,充满了无罪遭贬、展才无期的无奈和凄凉。

(本题共5分。表达观点得1分,能结合诗句准确说明理由并能自圆其说得4分)

16. (1)佳木秀而繁阴

(2)轻拢慢捻抹复挑;初为《霓裳》后《六幺》

(3)居庙堂之高则忧其民;处江湖之远则忧其君

(4)且夫水之积也不厚;则其负大舟也无力

(5)雕栏玉砌应犹在;只是朱颜改

(6)择其善者而从之;其不善者而改之

**四、教材教法**

17. 【参考答案】教学目标:

①有感情地朗读课文,理解课文内容;厘清文章结构,概括故事情节。

②分析作者行文运用的手法及文中塑造的人物形象,探究作者塑造人物的方法。

③体味作者对麻雀的喜爱之情,感受文章平实、自然的语言风格;品味文章主旨,加强爱护自然,保护环境的意识。

（本题共3分，教学目标不少于3条1分，符合学段特征1分，目标符合学情1分）

18.【参考答案】教学过程：

一、谈话导入

1. 出示图片，引导学生谈一谈自己对麻雀的认识。

2. 语言引导：我们见到的麻雀都是什么颜色的？你们见过浑身灰黑的麻雀吗？我们今天要学习的这篇文章中的主人公就见过，让我们一起来看一看这到底是怎么回事。

二、初读课文，整体感知

1. 自由朗读文章，说一说这篇文章讲了什么事。

2. 圈点勾画，为这篇文章划分层次，看看全文分为哪几个部分，每个部分讲了什么。

3. 再次朗读课文，感受文章平实、自然的语言风格，厘清文章结构，概括故事情节。

三、再读课文，深入理解

1. 分析人物形象。

2. 分析写作手法。

3. 品鉴语言。

四、拓展延伸

1. 文中作者提出了当今社会出现的很大的问题——环境污染，同学们能说一说你所知道的环境污染的类型及其带来的危害吗？

2. 针对这些问题，你们有什么好的建议吗？在之后的生活中你们会怎么做？

五、布置作业

请同学们课后做一期关于环境保护的调查报告。

（本题共4分。教学过程贴合教学目标1分，教学过程逻辑清晰，层层深入1分，结构完整得1分；重点突出，内容完整得1分）

19.【参考答案】板书设计：

情节发展：发现麻雀——回忆喜鹊——工作情况——询问麻雀——救护麻雀

人物形象：工作认真、喜欢麻雀、有爱心、细心、平易近人

写作手法：插叙、心理描写、细节描写

语言风格：平实、自然、真切

（本题共3分。重点突出得1分，条理清晰得1分，字迹工整得1分）

20.【参考答案】作者多从侧面描写，使母亲的形象更为丰满和完整。授《礼记》等经书，录唐、宋人诗，教之以吟哦，病时以“儿能背诵所读书”解忧，都是写蒋母的教子。文中触处生情，主要是通过具体描写来达到的。此文虽记母亲经历，但重点落在对儿子的教育与爱护上，突出母亲勤劳、慈爱、贤良的优秀品格，也表达出作者对母亲的崇敬和挚爱之情。此文记叙了母亲教子、爱子的几件事，贯之以母子之情这一中心线索，形散神凝，结构严谨。此文善于以细节和场面描写来刻画人物，如写母亲教子识字、解衣以胸温儿背二段，寥寥数语，使人物形象更加丰满，给人留下深刻印象。此文感情深挚，语言质朴，十分动人。

（本题共5分。能答出母亲的形象、刻画人物的方法、母子之情可酌情给分）

21.【参考答案】袁枚的《祭妹文》与本文同为叙事抒情的忆亲佳作，整篇文章写得有灵性又不事雕琢。作者在回忆童年与妹妹同度的琐事时，信手拈来，清灵隽妙；悲悼亲人的遽然长逝时，又字字玑珠，句句血泪，真挚动人，感人肺腑。在叙事中寄寓哀痛，行文中饱含真情，同时还穿插些许景物描绘，从而使痛惜、哀伤、悔恨、无可奈何之情有机地揉和在一起，具有很强的艺术感染力。

教学设计：

一、古诗回顾，导入新课

“慈母手中线，游子身上衣”，母亲总是最关心我们的人，督促我们学习，照顾我们的生活。今天我们一起来学习蒋士铨的《鸣机夜课图记》和袁枚的《祭妹文》。

二、学生自读，解决问题

1. 借助注释和工具书，通读两篇文章，理解文章内容。

2. 就不理解的地方以小组为单位进行讨论，仍不理解的，课堂上提出，其他小组及教师进行补充回答。

三、思考探究，深入理解

1.《鸣机夜课图记》中讲了作者与母亲之间的哪些事情？作者的母亲是一个怎样的人？作者是怎样刻画母亲形象的？

2.《祭妹文》中作者讲述了妹妹的哪些事情？作者的妹妹是一个怎样的人？作者运用了哪些手法刻画妹妹的形象？

3. 两篇文章在叙事上有什么不同？

四、细读课文，体味情感

1.《鸣机夜课图记》表达了作者什么样的情感？从哪些语句可以看出？

2.《祭妹文》表达了作者什么样的情感？从哪些语句可以看出？

3. 你觉得哪篇文章的感情更加浓烈？作者是如何让你有这种感觉的？

五、拓展延伸

有没有让你印象深刻的亲人？试着用自己的话描述一下，要求运用文中出现的刻画人物的方法。

（本题共4分。结构完整得2分；重点突出，内容完整得3分）

**五、写作**

22.【写作思路】这是一则材料作文。材料讲述了一个小故事，考生要想正确立意，首先要能理解故事所蕴含的深刻寓意。通读材料可知，这个小故事是想告诉读者只有保持独立的思想，才能探寻到真正的学问，不要盲从任何人的经验或暗示，也不能人云亦云。考生可从真正的学问、独立的思想、盲从、人云亦云等方向立意。要注意的是题干要求“写一篇论述类的文章”。

**【参考范文】**

**拒绝盲从，独立思考**

早在几百年前，思想家康德就曾说过，“要敢于运用自己的理性”。只有我们拥有了自主甄别是非的意识，才不会被大师专家们头顶的光环蒙蔽了双眼，从而陷入盲从之中。在生活中，我们或许早已习惯于以“专家”“大师”“学术权威”的意见为自己的意见。但是“人孰无过”，甚至可以说，“专家”“大师”犯错，比普通人所犯的错误更难以纠正，因为在光环的笼罩下，少有人有质疑他们的勇气。因此我们要学会拒绝盲从，独立思考。

一个人倘若丧失了独立思考的能力，就会陷入盲从；一个社会倘若丧失了独立思考的能力，就会陷入黑暗与停滞之中。明清时期的中国就是如此，明清时期“天不生仲尼，万古将如永夜”一类的荒唐谎言盛行于世，人们将传统儒学信条奉若天道神律，即便是对其加以思考讨论，在当时人的眼中都是亵渎神明、大逆不道的，更遑论质疑、否定进而创新了。于是乎在这种顶礼膜拜中，中国在旧思想的泥潭中越陷越深，直到鸦片烽火如同闪电般划破中华大地的天空，中国才逐步走出迷信盲从，重新踏上前进之路。由此可见，独立思考是走向进步和成功不可缺少的因子。一味迷信盲从难免失败。

相反，倘若一个人将独立思考融入了自己的血液，那么他就会获得强大的生命力和前行的动力，不断纠正错误，修正方向，最终胜利抵达目的地。正是因为没有盲从权威，袁隆平才得以摆脱笼罩了世界植物界半个世纪的“水稻谬论”的影响，从而开创出水稻杂交育种的崭新时代，让人类看到了彻底摆脱饥饿，实现丰衣足食的希望。由此可见，独立思考是通往成功的必由之路。

在生活中，我们在尊重权威正确意见的同时，也要积极通过自己的思考而提出新意见，要有自己的想法，拒绝盲从。独立思考，是发展的道路，是通向真理的道路，更是成功的必由之路！新的时代需要新的声音。让我们学会独立思考，为时代的进步尽自己的一点绵薄之力。新的时代需要有新思想的新人，让我们学会独立思考，为自己搭建一条通往成功的道路吧！

（这篇作文立意深刻，开篇点题，表明观点，接着运用正反对比的例子论述自己的观点，最后再次论述自己的观点，前后照应，结构完整。拟定得分25分）

# 2020年浙江省台州市教师招聘考试中小学语文真题试卷(九)

## 一、单项选择题

1. C 【解析】本题考查字形的辨析。A项,“凭心而论”应为“平心而论”。B项,“蜇伏”应为“蛰伏”。D项,“黄梁一梦”应为“黄粱一梦”。

2. A 【解析】本题考查句子的类型。从结构角度看,句子首先可以分为单句和复句两大类,单句是由一个结构成分简单或复杂的词组构成的,可分为主谓句和非主谓句两大类。复句是由两个以上的单句作为分句,按照一定的逻辑关系构成的,可分为联合复句和偏正复句两大类。故谓语句型是根据句子的结构分析概括出来的句子类型。

3. B 【解析】本题考查修辞手法的辨析。B项,运用的是比喻的修辞手法,不是拟人。

4. C 【解析】本题考查文学常识的识记。C项,小说的故事情节通常包括故事的开端、发展、高潮和结局。

5. C 【解析】本题考查作家作品的理解。由鲁侍萍的回答可以看出周朴园的话不是真实的,体现了他的虚伪和卑鄙。鲁侍萍的回答是在鞭挞周朴园的卑鄙,揭露他的伪善面目。

## 二、填空题

1. (1)风正一帆悬
   (2)春花秋月何时了
   (3)一枝红杏出墙来
   (4)画眉深浅入时无
   (5)无可奈何花落去

2. 效果、习惯

## 三、简答题

1. 简述《边城》的心理描写艺术。

【参考答案】(1)作者擅长将人物的语言、行动描写与心理描写结合起来,以揭示人物的个性特征和丰富的内心世界。如对翠翠的描写,作者通过粗线条的外部刻画与细腻入微的心理描写,把翠翠羞涩、温柔的个性突显出来。

(2)行文如潺潺流水,充满诗意。小说没有扣人心弦的悬念,也没有惊心动魄的氛围,更没有曲折跌宕的情节,但沈从文能够深入到人物的内心深处,以简练而又细腻、散淡而又自然的笔法刻画出人物的心理,使读者情不自禁地融进人物的心灵世界。在《边城》里,我们看到的最多的是充满诗意的环境描写,而这些描写都烘托出人物的内心世界。

(本题共5分。①答出“人物的语言、行动描写与心理描写相结合”2分;②答出“充满诗意的环境描写”2分;③结合小说内容分析1分)

2. 试分析茹志鹃的小说《百合花》中“百合花”的象征意义。

【参考答案】“百合花”以借代的手法,既指印有百合花的被子,又指作者赋予它的丰富的象征意义:即小通讯员和新媳妇他们都有百合花一样高尚、纯洁、美好的心灵,军民之间的感情也像百合花一样高尚、纯洁、美好,战士和战士之间的情感也像百合花一样高尚、纯洁、美好。可以总结为一句话:百合花象征着人性美、人情美。

(本题共5分。①答出“借代手法”及具体指代2分;②答出“人性美、人情美”并结合小说内容具体阐述3分)

3. 谈谈写作的评价要点。

【参考答案】(1)写作的评价,应按照不同学段的目标要求,综合考查学生写作水平的发展状况。第一学段主要评价学生的写话兴趣;第二学段是习作的起始阶段,要鼓励学生大胆习作;第三、第四学段要通过多种评价,促进学生具体明确、文从字顺地表达自己的见闻、体验和想法。对于作文的评价还须关注学生汉字书写的情况。

(2)写作的评价,要重视学生的写作兴趣和习惯,鼓励表达真情实感,鼓励有创意的表达,引导学生热爱生活、亲近自然、关注社会。

(3)写作材料准备过程的评价,不仅要具体考查学生占有材料的丰富性、真实性,也要考查他们获取材料的方法。要引导学生通过观察、调查、访谈、阅读等途径,运用多种方法搜集材料。

(4)重视对作文修改的评价。要考查学生对作文内容、文字表达的修改,也要关注学生修改作文的态度、过程和方法。要引导学生通过自改和互改，取长补短，促进相互了解和合作，共同提高写作水平。

(5)评价结果的呈现方式，根据实际需要，可以是书面的，可以是口头的；可以用等级表示，也可以用评语表示；还可以采用展示、交流等多种方式。

(6)提倡学生在成长记录中收存有代表性的课内外作文和有价值的典型案例分析，以反映写作的实际情况和发展过程。

(本题共5分。直接根据《义务教育语文课程标准》(2011年版)具体内容作答即可得分)

**四、鉴赏题**

1.【参考答案】(1)海参崴的海比其他海更为恐怖。站在海参崴的海前，感觉立即成为大自然凛冽威仪下的可怜小虫。

(本题共2分。①答出不同点1分；②答出使人产生的联想1分)

(2)我同意这种观点。万物都是对立统一的，文中的两位垂钓者，实际上代表了两种人生追求：一个是物质的，喜剧美；另一个是精神的，悲剧美。两者相互依存，相互竞争，既是对手，又是朋友，加在一起才是完整的人类。

(本题共2分。①明确自身观点1分；②针对自身观点进行明确的阐述1分)

(3)自认为的完美，并非无懈可击。

(本题共2分。言之有理即可得分)

(4)文章运用了对比的表现手法，主要表现在胖老人和瘦老人之间的追求上。在对比中彰显出作者深层次的思考，引起读者无限遐想，从而将全文主旨自然而然地引向对世界哲理的思考上。

(本题共4分。①答出"对比手法"及表现的地方2分；②答出表现手法作用2分)

2.【参考答案】(1)①黑云压城城欲摧

②报君黄金台上意；提携玉龙为君死

(2)"角声满天秋色里，塞上燕脂凝夜紫"这两句描绘了一幅苦战到底、伤亡惨重的情景：鏖战从白天进行到夜晚，晚霞映照着战场，那大块大块的胭脂般鲜红的血迹，透过夜雾凝结在大地上呈现出一片紫色。这两句诗既是写景，也是叙事，从听觉和视觉两方面铺写阴寒惨切的战地氛围。

(本题共3分。①答出描写画面1分；②答出描写画面的手法以及新意2分)

**五、案例分析题**

【参考答案】(1)《义务教育语文课程标准》(2011年版)指出："识字教学要注意儿童特点，将学生熟识的语言因素作为主要材料，结合学生的生活经验，引导他们利用各种机会主动识字，力求识用结合。"该教师通过图示法，用图画将"束"字的本义表示出来，使学生想象"口"字是根绳子，"束"是用绳子把树枝捆扎起来的意思。这样的识字教学析形索义，因义记形，形象具体，使学生将汉字的形与义紧密联系起来，不但加深了对"束"字本义的理解，也培养了学生积极思考的习惯。

(2)《义务教育语文课程标准》(2011年版)指出："要运用多种识字教学方法和形象直观的教学手段，创设丰富多彩的教学情境，提高识字教学效率。"该教师通过简笔画勾勒出"一朵花""一枝花"，与"一束花"进行对比，拓展了学生的词汇量，使学生在对比中对"束"字的理解和运用更加准确。

(本题共12分。①结合课标识字教学建议相关内容6分；②根据理论结合材料分析6分)

**六、教法题**

【参考答案】(1)教什么？简而言之就是要确定教学目标，明确这篇文章中需要教师讲授的内容。如《有的人》是臧克家先生为纪念鲁迅先生所写，围绕这首诗确定教学目标，一般包括三方面：①学习诗歌中对比手法的运用；②通过有感情地朗诵诗歌，理解诗歌深刻的内涵；③学习鲁迅先生的伟大精神，树立正确的人生观。

(2)怎么教？要做到教学思路清晰，教学过程简洁，通过导入、初读、研读、小结等过程进行教学，并配以合适的板书。如《有的人》，首先，让学生通过朗读，读准字音、节奏和重音，读出情感；其次，通过朗读，想象诗歌所描绘的画面，理解诗歌的主要内容；最后，深入探究诗歌的意境和意象，体会作者的思想感情。"怎么教"这个教的过程需与"教什么"结合起来，两者是不可分割的一部分。

(3)教得怎么样？这是对"教什么"与"怎么教"的一个评判，需要通过课后学生的反馈以及教师的教学反思才能知道这节课是否有存在不足之处。

(本题共10分。分3点答题，每点3分，其中要结合《有的人》的教学目标、教学过程、教学反思进行阐述；语言表述1分)

七、材料作文题

【写作思路】这是一则材料作文题。材料的中心词是"余地",围绕这个中心词我们可以从以下几个方面立意:(1)聪明的人会给人留有余地;(2)余地之美;等等。

【参考范文】

留有余地的美

给别人留有余地,就是给自己留有一线生机与一丝希望。

有人说对敌人的不忍就是对自己的残忍,所以就不能给对手留有余地。人们后怕于越王勾践的故事,认为正是吴王的留有余地才有了日后勾践的卧薪尝胆与翻身复仇。其实不然,给他人留有余地应是善意的,而吴王的所谓"留有余地"则是为了侮辱勾践,让其受尽屈辱。只有善意的留有余地才是一种美的存在。

留有余地,留有一份善意,留有一份宽容。给高贵的心灵一个美丽的住所吧。

纵观历史的长河,有多少贤明的君主不计前嫌,重用前朝的大臣,展现他们的贤明,使百姓信服,国家繁荣昌盛。这就是对他人留有余地的美。

我曾读过一篇节选于《巴黎圣母院》的文章《一滴眼泪换一滴水》。容貌奇丑却内心善良的敲钟人卡西莫多,因受内心丑恶的副教主克洛德的指使而伤害了善良的吉普赛少女爱斯美拉达。因此敲钟人受到了残酷的刑罚,而观看敲钟人受刑的群众却不留余地的加倍地伤害他,只有善良的吉普赛少女同情敲钟人的不幸,给了他一碗水,滋润了他干涸的身心。少女的行为不就是一种留有余地的美吗?正是她的善良和宽容,使敲钟人内心开始觉悟,并在少女受伤的时候挺身而出保护她。

耳聋的贝多芬依然创造了优美的《欢乐颂》;聋盲的海伦·凯勒依靠自身的努力坚持学习;全身只有一根手指能动的霍金创立了著名的黑洞理论。这也是上天的一种留有余地吧,上天在剥夺了他们一些外在的能力后,并没有剥夺他们内心的思考感悟能力。

古老的埃及人在修建金字塔时,总会留有一些开口,并在地道的转交处放一面镜子,好让温暖的阳光可以照进阴冷的坟墓。这也是一种留有余地,是对生机和希望的憧憬。

所以,当别人做了对不起你的事时,如果对方已经真诚地道歉,就别再斤斤计较了,给别人留有一丝余地吧,宽容他人也是对自己内心的提升。

雕刻人像时,鼻尖先留高一点,不像的话再慢慢削减,这是留有余地;做菜时先少放一点盐,不够再添,这是留有余地;新买的裤子,因为太长穿不了,去裁的时候叮嘱裁缝少剪点以免剪短了不合身,这也是留有余地……留有余地既是经验,也是智慧。

留有余地才能使人与人之间更加和谐,留有余地才能使生活更加美好,留有余地的美才是一种真正的美。

(这篇作文开篇点题,直接亮明观点。后文通过正反面论证,循序渐进地论证自己的观点。最后结合材料再次点明观点,首尾圆合,逻辑顺畅。拟定得分27分)

## 2019年浙江省教师招聘考试小学语文真题试卷(十)

一、单项选择题

1. C 【解析】本题考查汉字音节的拼写规则(大写、音节连写)和轻声的用法。该句应该是"Lūqi xiùzi pīnmìng gàn",故选C项。

2. B 【解析】本题考查短语的结构。A项,"校长赵祥"是同位短语,"三名男子"是偏正短语,"阳光灿烂"是主谓短语。B项全都是主谓短语。C项,"明确任务"是动宾短语,"心情舒畅""工作繁忙"是主谓短语。D项,"一杯酸奶"是偏正短语,"彻底解放"是偏正短语,"意志坚定"是主谓短语。

3. A 【解析】本题考查现代著名作家鲁迅的代表作品。红眼睛阿义是《药》里的人物。

4. C 【解析】本题考查中国古代和外国知名作家作品的搭配。A项,《早春呈水部张十八员外》的作者是唐代的韩愈。B项,《叶甫盖尼·奥涅金》的作者是俄国的普希金。D项,《汤姆索亚历险记》的作者是美国的马克·吐温。

5. D 【解析】本题考查现代著名诗人艾青的代表

作品。这句诗出自艾青的《我爱这土地》。

6. B 【解析】本题考查新课标中第二学段的教学目标。B项是第三学段的教学目标。

## 二、填空题

1. (1)总把新桃换旧符

(2)天门中断楚江开

2. 广州话;南昌话

3. fú(mì);zhā

4. 曹文轩

5. 雅典娜;绿蒂

6. 教科书编者

## 三、简答题

1. 现代汉语语音具有哪些特点?

【参考答案】音节界限分明,乐音较多,噪音少,加上声调的高低变化和语调的抑扬顿挫,因而具有音乐性强的特点。具体表现为:①没有复辅音。在一个音节内,无论开头或是结尾,都没有两个或三个辅音连在一起的现象。②元音占优势。汉语音节中可以没有辅音,但不能没有元音。③有声调。每个音节都有一个声调,声调形成了汉语音乐性强的特殊风格。

(本题共5分。①答出“音乐性”2分;②答出“没有复辅音”1分;③答出“元音占优势”1分;④答出“有声调”1分)

2. 什么是“山药蛋派”?

【参考答案】山药蛋派指以赵树理为代表的一个文学流派,形成于二十世纪五六十年代。其主要作家还有西戎、李束为、马烽、胡正、孙谦等,人称“西李马胡孙”,他们都是山西农村土生土长的作家,有比较深厚的农村生活基础。山药蛋派继承和发展了我国古典小说和说唱文学的传统,以叙述故事为主,将人物情景的描写融入故事叙述之中,结构顺当,层次分明,人物性格主要通过语言和行动来展示,善于选择和运用内涵丰富的细节描写,语言朴素、凝练,作品通俗易懂,具有浓厚的民族风格和地方色彩。代表作品有赵树理的《小二黑结婚》、西戎的《赖大嫂》等。

(本题共5分。①答出代表人物1分;②答出形成时间1分;③答出流派成员1分;④答出流派写作特点1分;⑤答出代表作品1分)

3. 寓言具有哪些特征?

【参考答案】①明确的寓意。叙述故事不是寓言的目的,通过故事来阐发人生哲理、寄托道德训诫才是其根本目的。寓言的寓意是明确清晰的。②寓言通过拟人、夸张、象征等多种艺术手法表现寓意。③结构简单、语言精练。篇幅短小、情节简单是寓言在形式上的一个显著特征。

(本题共5分。①答出“寓意”“修辞”“结构”每点1分;②分别展开阐述2分)

## 四、现代文阅读

1.【参考答案】①选择企鹅和狮子,一个在最冷的地方——南极,一个在最热的地方——非洲,更符合文章中冰化水、水结冰的现象。②企鹅和狮子是儿童比较熟悉且有一定认知的形象,有利于儿童理解文章内容,增加阅读兴趣。③选用动物的形象有利于潜移默化地加深人与动物的关系,促进人与动物和谐发展。

(本题共2分。①答出两者生长环境对比1分;②答出“促进人与动物和谐发展”1分)

2.【参考答案】①科学教育。为儿童普及了冰遇热融化、水遇冷成冰的科学知识。②交际交往。教育读者,朋友之间相互交往要学会为对方考虑。③思考问题要全面。教育读者要因时因地,全面地考虑问题。

(本题共3分。①答出“科学教育”1分;②答出“善于交际”1分;③答出“全面思考问题”1分)

3.【参考答案】①拟人的手法,该文章将动物以人的行为方式进行描写,赋予动物人的动作、语言、思维等,塑造了生动的动物形象。②运用对比的方法,将狮子收到“冰”的前后态度进行对比,反映出狮子没有全面地思考问题。③运用顺叙的表达方式,将“企鹅寄冰”这个故事生动、形象地表述了出来,能增强读者的代入感,增加读者的阅读兴趣。

(本题共5分。①答出“拟人”“对比”“顺叙”各1分;②结合文章分析2分)

## 五、诗歌鉴赏

1.【参考答案】这首诗通过对送别环境的刻画、气氛的渲染,寓情于景,表达了诗人送别友人时的依依不舍之情与离情别绪之意,感情真挚动人而又潇洒不羁。

(本题共3分。①答出“寓情于景”1分;②答出“不舍之情”“离情别绪”2分)

2.【参考答案】首联运用了对偶的修辞手法,“青山”对“白水”,“横”对“绕”,“北郭”对“东城”,别开生面,色彩明丽。“横”字勾勒出青山的静姿,“绕”字描画出白水的动态,用词准确而传神。诗人挥洒自如,描摹出一幅寥廓秀丽的图景,未见“送别”二字,其笔端却饱含着依依惜别之情。

(本题共3分。①答出“对偶”1分;②答出表达效果2分)

3.【参考答案】①桃花潭水深千尺,不及汪伦送我情。(《赠汪伦》)②孤帆远影碧空尽,唯见长江天际流。(《黄鹤楼送孟浩然之广陵》)③我寄愁心与明月,随君直到夜郎西。(《闻王昌龄左迁龙标遥有此寄》)

(本题共2分。内容不限,符合题干“离愁别绪”的要求即可)

## 六、案例分析题

【参考答案】(1)关于诗文的阅读,新课标的教学目标中要求:诵读优秀诗文,注意在诵读过程中体验情感,展开想象,领悟诗文大意。在该教学案例中教师让学生赏析语言,自己却直接讲解,不利于学生学习诗文能力的提升。要让学生在实践中提高学习能力。

(2)学生是语文学习的主体,教师是学习活动的组织者和引导者。该教师的教学没有尊重学生的主体地位,也没有发挥教师的点拨、引导作用。该教师应该在学生回答不出问题时对学生进行引导、点拨,不应直接说出答案。

(3)教师不应以自己的分析来代替学生的阅读实践,不应以模式化的解读来代替学生的体验和思考。该教师在学生回答不出问题时,直接以自己的回答代替了学生的回答,没有起到锻炼学生的作用。

(4)兴趣是最好的老师,在教学中要激发学生的学习兴趣。该教师的教学枯燥无味,没有充分调动学生学习的积极性,教师回答代替学生回答更是使课堂成了教师的表演场,不利于学生学习兴趣的激发和学习能力的提升。

(本题共8分。①结合新课标每点1分;②结合材料分析每点1分;③根据分值分配,最少答4点)

## 七、教学设计题

1.【参考答案】《义务教育语文课程标准》(2011年版)第二学段“阅读”目标指出:“积累课文中的优美词语、精彩句段,以及在课外阅读和生活中获得的语言材料。”《火烧云》是一篇非常优美的写景之作,作者以多个不同构词形式的词语和排比的修辞手法勾画了一幅绚丽多姿的火烧云图景,描写了火烧云的全过程,生动描绘了红霞飞舞、瞬息万变、目不暇接的奇妙景观。该课文可以使三年级的学生感受文章的语言美,激发学生的想象力,使学生在阅读中积累课文中的优美词语和精彩句段,达成第二学段的课程目标。

(本题共4分。①结合新课标2分;②分析课文内容美、形式美2分)

2.【参考答案】教学目标:

(1)会认、会写课后要求的生字词;积累描写颜色的词语;背诵第3~6自然段。

(2)正确、流利、有感情地朗读课文,理解课文内容,在朗读中想象火烧云的奇异景象,体会火烧云的特点,体会作者赞美自然景象的心境。

(3)感受火烧云的景色美,培养热爱大自然的思想感情;学会在仔细观察的基础上展开想象来描写景物的表达方法。

(本题共3分,三条教学设计每条1分,其中符合课标要求0.5分,符合学情0.5分,步步深入0.5分,语言表述简洁各0.5分)

3.【参考答案】教学环节:

①示例一:

自由读描写火烧云变化的自然段,说说火烧云的什么在变化。(颜色)

a.你从天空中找到了哪些颜色?你有什么感觉?

b.这么多的颜色,怎样把它印在脑海中呢?试着把这些颜色分分类,说说为什么这样分。

明确:红彤彤、金灿灿;半紫半黄、半灰半百合色;葡萄灰、梨黄、茄子紫。

“葡萄灰”“梨黄”“茄子紫”这三种颜色,能不能分别用“像……一样的……色”的形式描述一下?

c.天空中是不是只有这些颜色?你是从哪句话中看出来的?那么我们试着说说这些说也说不出来、见也没见过的颜色。

d.除了用“葡萄灰”“梨黄”“茄子紫”这种带比喻

的形式来说，你还能用其他形式来说说天空中的颜色吗？

e.天空中这么多的颜色交织在一起，多美呀！能不能用恰当的词语概括出火烧云颜色变化之多呢？

f.再读读这段话，比一比谁能读出作者对火烧云的赞美之情。(学生齐读、指名读，教师适当引导、点拨)

g.火烧云颜色除了多这个特点外，还有什么特点？(变化快)你是从哪里看出来的？(四个“一会儿”)你能用这四个“一会儿”再仿写一个句子吗？试着写一写。

②示例二：

A.默读描写形状变化的部分，小组讨论，说一说形状变化又有什么特点？(多、快)

B.“一会儿，天空出现一匹马”，这马的样子是怎样的？它是怎样变化的？它又是怎样消失的？(教师引读)

C.你觉得第四段什么地方写得好？为什么？

(引导学生体会作者的想象、表达的形象和有趣的情景)

D.指导朗读：谁能把这种有趣的情景用朗读表达出来？

E.自己读读“大狗”“大狮子”的部分，你觉得哪里描写得也很有趣？

(重点让学生体会“那条狗十分凶猛……大狗也不见了”的生动情景美和“跟庙门前的大石头狮子一模一样……很威武很镇静地蹲着”的形态美。)

F.把自己觉得最有趣的情景有感情地读给同桌听听。

G.你觉得天空中还会出现怎样的情景？请你学着作者的写法，按照“出现(样子)—变化—消失”的顺序把你的想象写下来，写完后与同桌交流。

H.火烧云形状的变化是这样多，这样快，你能用一个词语来概括吗？

I.火烧云的形状如此有趣，谁想用朗读带着同学们再去享受一番？(指名读)

(本题共6分。①有明确语句1分；②教学环节顺畅2分；③能调动学生积极性2分；④语言简洁1分)

4.【参考答案】板书设计：

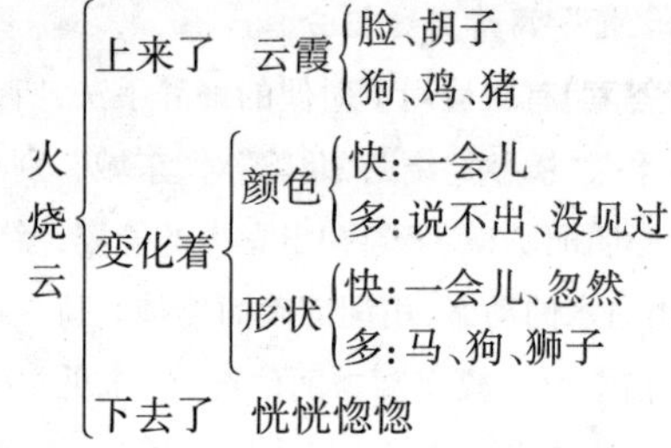


(本题共4分。板书简洁，全面即可得分)

八、写作题

【写作思路】这是一则材料作文题。材料短小精悍，孟子的话中心思想是“英才”与“教育”之间的关系，苏霍姆林斯基的话中心思想是“爱”与“教育”的关系。题干要求作文要写新时代教师的教学情怀。我们可以从以下方面进行立意：(1)爱；(2)因材施教；(3)要有教育机智。

【参考范文】

爱

一生中，父母会将孩子的手交出去两次，第二次是交给伴侣托付终身，而第一次，则是交给老师托付成长。每一个孩子都是祖国的宝藏，是父母的珍宝，祖国爱孩子，父母也爱孩子。作为被托付的老师，我们也应该爱孩子。孩子只有在被爱中成长，才能学会去爱。

记得我在某小学实习的时候曾遇到这样一个学生，也许是因为成绩差，也许是因为自卑，每次看到他，他不是在学习，就是在去学习的路上。他很少与人接触，经常孤身一人。由于他将大部分时间用在了学习上，所以他和同学的关系并不好，同学们都不爱找他玩，这也导致他把更多的精力放在了学习上。当时的班主任感叹说：“他就像一颗石头，总是孤零零的。”

但是一个人怎么能不与别人交流呢？我试图让他融入集体。刚开始，我只是偶尔找他聊一些家常话，关心一下他的学习情况。渐渐地，我开始让他与周围的人进行交流：“你能不能帮我把作业发下去？”“你能帮我叫一下××吗？告诉他我有事找他。”“帮老师把这个作业抄到黑板上好不好？”“××这道题不会，老师现在有点忙，你去帮我讲一下好吗？”

我坚信：没有用爱打动不了的学生，如果有，那只是因为你的爱还不够。我用爱去接触他，用爱去与他交流，用爱带着他与同学玩乐，用爱去帮助他掌握正确的学习方法。渐渐地，他似乎有哪里不一样了，但又似乎没变。

时间过得很快，我的实习期结束，就要离开了。我以为，我教学生涯中的第一次尝试要失败了。我在教室里向同学们告别，并告诉他们要加油，他看着我，似乎要说什么，但最终没说，只是一直望着我走出了教室。

我有些失望，回头对他做了个再见的手势，走了。其实我是有点伤心的，感觉自己的付出没有得到回报，但仔细一想，也许是我做得还不够。

回学校整理行李的时候，突然从书本里掉出来一封信，是他给我的，信里只有简单的一行字：老师，你为我做的我都明白，我会努力的，谢谢！

一瞬间，我的心里暖暖的。“也谢谢你，让老师知道了‘爱’的力量。”我轻轻地说。

自那以后，我知道了，“爱”是一名老师必须要具备的，只有你用心去爱学生，才能与学生真正地走到一起，走向未来。

（这篇作文开篇点题，围绕文章中心“爱”之一词展开叙述。叙述教学过程中的小故事，语言朴实，情节安排合理，冲突设置符合实际，围绕“爱”字徐徐展开，以小见大，生动感人。拟定得分17分）

# 预测试卷

## 浙江省教师招聘考试中小学语文预测试卷(一)

**一、基础知识与阅读**

1. C 【解析】本题考查字音的辨析。A项，加点字分别读作guān／guàn／guān／guān。B项，加点字分别读作è／è／è／ē。C项，加点字均读作jí。D项，加点字分别读作xiāo／xiào／xiāo／xiāo。

2. D 【解析】本题考查字形的辨析。A项，“烂竽充数”应为“滥竽充数”。B项，“无精打彩”应为“无精打采”。C项，“珠联壁合”应为“珠联璧合”，“皇天厚土”应为“皇天后土”。

3. C 【解析】本题考查文言词语意义的辨析。C项，焉：于之，在其中。

4. A 【解析】本题考查标点符号的用法。B项，两个问号应改为逗号。C项，应将句末句号放在引号内。D项，“渠道”后面的分号应改为冒号，表示总结上文。

5. B 【解析】本题考查句子语病的辨析。A项，句子主语是长白山，与季节不匹配，应改为“长白山的冬天是一年中最危险的季节”。C项，缺少主语，可改为“我在老师的帮助下，逐渐养成了良好的学习习惯”。D项，应删去“通过”或“使”。

6. D 【解析】本题考查句子的排序。③总述中国传统审美文化与社会形态的关系，⑤进一步指出中国的社会形态特征对审美文化的影响，⑥④①提出并分述“礼”与“乐”是“中国社会形态特征影响审美文化”的体现，②总结出中国审美文化的基本特征。故选D。

7. B 【解析】本题考查文学常识和文化常识的识记。B项，第一天为“朔”，最后一天为“晦”。

8. (1)√ 【解析】本题考查豪放词派代表作家作品。苏轼是豪放派的代表人物，《江城子·密州出猎》是其重要作品。

(2)× 【解析】本题考查白居易的代表作品。《卖炭翁》是白居易的名篇。

(3)× 【解析】本题考查古诗词的掌握情况。“明月别枝惊鹊，清风半夜鸣蝉”出自宋代辛弃疾的《西江月·夜行黄沙道中》。

(4)× 【解析】本题考查杜牧的代表作品。《泊秦淮》是杜牧的名篇。

9. A 【解析】B项，当：判罪。C项，坐：因为。D项，寤：睡醒。

10. B 【解析】B项，王勃写《檄英王鸡文》是“戏”，即开玩笑，并非专门为了批评诸王，结果也不是差点被诛杀，而是被高宗愤怒斥责，赶出沛王府。

11. 【参考答案】(1)王勃自恃有才华而对别人很傲慢，被同僚所嫉恨。

(2)杨炯曾说：“我对排在卢照邻前感到惭愧，而对排在王勃后感到羞耻。”

12. (1)A 【解析】第②段画线处后面的内容是前一句的转折,填入"但是"更为恰当,排除C、D两项。第④段由后半句中的"但"可知应填入"尽管",排除B项。

(2)D 【解析】D项,汉字字"形"的文化意义、审美意义是稀薄的,不确定的,而不是"不具有"。

(3)A 【解析】由第一段第一句可知。

(4)A 【解析】由文章第④段可以知道B、C、D三项抽掉了汉字"文化"核心内容,不能认识汉字及其显示形态的功能价值。

13. 【参考答案】(1)忽略字体得以显示的"物器"、材料本身的质地、色调因素;(2)忽略一件书法"作品"的美是在书体形态与材料形态有机融合中显示出来的这一重要事实。

14. 【参考答案】丢弃了文字内容而只专注文字的物态形式,不是一个完整的书法"本体"。

15. 【参考答案】比如王羲之的《兰亭集序》这幅书法作品,从文化意义上看,就不只是对作家绝妙书法的欣赏,我们还能从文字内容中感受到作者因山水之美和与朋友聚会而产生的欢乐之情、对死生的洒脱。

**二、教材教法**

16. 【参考答案】教学目标:

(1)揣摩文章典雅清丽、准确生动、富有韵味的语言,学习作者运用语言的技巧。

(2)通过引导学生自主合作探究,帮助学生学习作者运用语言的技巧。

(3)提高学生的审美情趣。

17. 【参考答案】教学过程:

一、导入新课

荷花深为中国人所喜爱,无数的骚人墨客为之陶醉,留下了千古流传的名篇佳作。如李白的"清水出芙蓉,天然去雕饰",周敦颐的"出淤泥而不染,濯清涟而不妖",可以说,荷花已成为中国文学中一道独特的风景线,其意蕴可谓深远,其意境可谓独特而优美。今天我们来学习一篇写荷的散文名篇——《荷塘月色》。

二、初读感知课文

1. 师配乐朗读课文,生感受这幅荷香月色图。

2. 生齐读课文,整体感知文章意蕴,划分层次。

三、品读课文,深入感知

(一)品读1~3自然段。

1. 女生齐读第1自然段。

小组讨论对"心里颇不宁静""渐渐""迷迷糊糊""悄悄地"等词句的理解。

2. 男生齐读第2自然段。

思考:作者写去荷塘必经的小路,哪些地方是实写,哪些地方是虚写?

3. 自由朗读第3自然段,深入感受每句话的深刻含义。

(二)品读重点段落4~6自然段。

1. 生自由朗读第4自然段。

思考:作者具体描写了月下荷塘的哪些景物?

2. 指名朗读第5自然段。

(1)引导学生品读修辞手法的妙用,如比喻。

(2)画出运用精妙的词语,小组之间讨论精妙之处。

3. 齐读第6自然段。

创设情境,引导学生思考:有人认为,这一自然段并没有写月光,请说说认为这一段没有写月光的理由;有人认为这一段其实写了月色,请说说认为这一段写了月色的理由。

4. 学生比较这三段前后景的不同和情感的不同之处。(师相机点拨)

(三)品读7~9自然段。

1. 生齐读课文7~9自然段。

思考:夜游荷塘让作者产生了怎样的联想?

2. 作者在文章中引用了梁元帝的《采莲赋》,《采莲赋》描绘了一幅怎样的图画?

四、小结

作者的感情是复杂的,那么作者为什么会产生如此复杂的情感呢,请同学们课下查找相关资料,我们下节课来讨论原因。

**三、写作题**

18. 【写作思路】这是一则话题类材料作文题。"新时代的青年"是写作的话题,中心词是"青年",是本文的写作对象;"新时代"是修饰语,这就意味着文章展现的应是"新时代的青年"的精神面貌、追求奋斗。行文时要紧扣"新时代青年"和"民族复兴"的关键词确定中心论点,然后论述。可以从"怎么办"的角度展开,也就是新时代青年如何才能担起民族复兴的重任，如立志报国、甘于奉献、艰苦奋斗等。可以从以下几方面立意：(1)在“强国有我”中绽放青春精彩；(2)激励追梦青年，建设更好中国；(3)不负青春韶华，振奋时代精神。

【参考范文】

**不负青春韶华，写好时代答卷**

一代人有一代人的使命，一代人有一代人的考题。过去，我们已书写了无数的考试“答卷”；现在，我们更应以豪迈的情怀和崇高的志向，不负青春韶华，写好时代的答卷。

青年书写时代答卷，要筑牢理想信念。

遥想当年，青年毛泽东的理想是“以天下为己任”，青年周恩来的理想是“为中华之崛起而读书”，他们共同书写了那个时代青春的壮美答卷。反观当代，清华学子秉持着“为党和国家工作五十年”的理想，书写着新时代青年奋斗报国的出色答卷。

无论是在艰苦的战争岁月，还是在社会主义现代化建设的和平年代，无数有志青年为人民和国家谱写着惊天动地、可歌可泣的时代答卷。如今，我们新时代青年，更要吃得了苦，抵得住风浪，经得起考验，坚持追求理想，写好时代答卷。

青年书写时代答卷，要有冲劲和韧劲。

习总书记说：“中华民族伟大复兴，绝不是轻轻松松、敲锣打鼓就能实现的。”成功绝不是一蹴而就的。时代发展日新月异，给青年们出的考题也是多种多样的，比如志愿服务、创新创业、脱贫攻坚等，不仅有“选择题”“客观题”，也有“主观题”“必答题”，我们应考也不能一劳永逸。青年对待时代发出的考题，要做到胜不骄，败不馁，始终保持奋发的热情和昂扬的斗志，要有猎豹般的冲劲、竹子般的韧劲，直面困难的勇气，努力交上一份合格的时代答卷。

青年书写时代答卷，要有实干精神。

“空谈误国，实干兴邦。”写好时代答卷，是不能有“平时不烧香，临时抱佛脚”的侥幸心理的，需要我们求真务实，脚踏实地，打好基础。

疫情当前，许多青年投身一线，以担当为笔，“硬核”作答。除了医护工作者，还有数不胜数的“90后”“00后”社区工作者、青年志愿者、快递员、建筑工人、司机、记者、交警等，他们在疫情防控的各条战线上勇挑重担、义无反顾，用逆行的身影彰显着别样的青春风采，用担当之笔书写着属于青春的答卷。

时代赋予了我们青年责任，也赐予了我们机遇，我们当以理想为帆，以冲劲和韧劲为桨，大胆作为，抓住机遇，只争朝夕，不负韶华，交上一份合格的时代答卷。

## 浙江省教师招聘考试中小学语文预测试卷(二)

**一、单项选择题**

1. A 【解析】本题考查现代汉语语音基础知识。B项，“x”是舌面前音。C项，“uo”是后响复元音。D项，“ua”是合口呼。

2. A 【解析】本题考查字形的辨析。B项，“消声匿迹”应为“销声匿迹”。C项，“义愤填赝”应为“义愤填膺”。D项，“绿草如荫”应为“绿草如茵”。

3. B 【解析】本题考查修辞手法的辨析。A项，“罗马”代指目的地。B项，运用的是比喻的手法。C项，“五斗米”代指俸禄。D项，“桑梓”代指家乡。

4. B 【解析】本题考查标点符号的正确使用。A项，当省略号做句末点号时，不能和句号同时出现，且该句中省略号表示内容的省略，故应删去句号。C项，冒号和“叫作”重复，应改为逗号。D项，逗号应改为顿号。

5. C 【解析】本题考查中外文学史的识记。C项，骚体是古典文学体裁的一种，起源于战国时期，以诗人屈原所作《离骚》为代表，并因此而得名。

6. A 【解析】本题考查《义务教育语文课程标准》(2022年版)核心素养有关内容。《义务教育语文课程标准》(2022年版)核心素养指出：核心素养是学生通过课程学习逐步形成的正确价值观、必备品格和关键能力，是课程育人价值的集中体现。

**二、填空题**

1. (1)返景入深林

(2)唯见长江天际流

2. 稳固性;能产性

3. 五;点

4.《稻草人》

5. 但丁;《炼狱》

6. 显性信息

三、简答题

1. 汉语拼音中儿化的作用有哪些?

【参考答案】①区别词义。有的词儿化后具有不同的意义,例如:头(脑袋)—头儿(领头的);火星(行星)—火星儿(极小的火)。②区分词性。动、名兼类词或形容词,儿化后就固定为名词;有的名词、动词儿化后借用为量词。例如:画(名词、动词)——画儿(名词);堆(动词)———堆儿(量词)。③表示细小、轻松或表示亲切、喜爱的感情色彩。有些词儿化后就带有一定的感情色彩,例如:小皮球儿、红嘴唇儿。

2. 请简述文学四要素及其关系。

【参考答案】文学四要素是美国当代文艺学家艾布拉姆斯在《镜与灯——浪漫主义文论及批评传统》中提出的。他认为,文学活动应由四个要素构成:世界、作者、作品、读者。这四个要素在文学活动中形成相互渗透、相互依存和相互作用的整体关系。文学四要素的关系如下:

(1)世界是文学活动产生、形成和发展的客观基础,它不仅是作品的反映对象,也是作者与读者的基本生存环境,是他们通过作品产生对话的基础。

(2)作者是文学生产的主体,是把自己对世界独特的审美体验通过作品传达给读者的主体,文学活动也是一种作者的感情表现活动。

(3)作品是文学活动的中介,它作为作家的创造物和读者的对象,既是作者本质力量对象化的显现,又是读者接受的对象。

(4)读者是文学接受的主体,与作者通过作品进行潜在的精神沟通。只有经过读者阅读鉴赏,作者创作的文本才能实现其价值。

3. 诗歌教学中的朗读指导方法都有哪些?

【参考答案】(1)欣赏读。这种朗读方式适合语言和意境较优美的诗歌和散文,可以先范读或采用录音带朗诵,让学生模仿,再朗读。

(2)音乐渲染,营造美的氛围。教学中借助音乐调动情感,烘托、渲染诗歌的内容,创造美的氛围,有助于学生理解诗意。在理解诗意的基础上,配乐让学生练习吟诵,更能激发学生的积极性,使教学收到良好效果。

(3)运用多媒体提高朗读水平。运用多媒体教学手段,创设情境,可以更快地让学生进入角色,在体验中获得美感,提高朗读水平。

(4)充分地读,感悟美的韵律。诗歌教学中,还可采取大声朗读、独自朗读、加手势吟诵等多种形式,让学生在读、吟诵中体味和感悟诗的韵律美。

四、现代文阅读

1.【参考答案】(1)“沧桑”一词暗示了师傅面容的苍老,表现了岁月的无情。(2)间接表现师傅生活的艰难、工作的艰辛等。

2.【参考答案】(1)外貌描写,写女伴长相的“一般”——平时的难看和生气时的丑陋。(2)为写她甜美的笑容作反衬,感受青春无畏的笑容带给女伴的无穷魅力和吸引力。

3.【参考答案】(1)本文通过对笑的描写,展现了人生百态,赞美了真挚动人的亲情、友情、爱情。(2)表达了在人际关系上主张真诚相待,平等相处,互相尊重的价值取向,同时也告诉读者笑容是情感个性的自然流露,而不应是装饰性的艺术。

五、诗歌鉴赏

1.【参考答案】“宿”和“寻”皆为人的动作,运用拟人手法,把“云”和“月”人格化。诗人欲和白云对宿,又逢明月相寻,写出在定林流连忘返的愉悦心境。

2.【参考答案】诗人被罢官后,寄情自然山水,认为只要超越凡尘,使能随处得到自己的快乐,即使悲鸣的虫声也是美妙的音乐。

六、案例分析题

【参考答案】(1)学生是语文学习的主体,教师是学习活动的组织者和引导者。语文教学应在师生平等对话的过程中进行。在这个教学片段中,教师通过引导学生自主学习,激发了学生的学习兴趣,充分尊重了学生的主体地位。

(2)《义务教育语文课程标准》(2022年版)第二学段“识字与写字”中指出:“对学习汉字有浓厚的兴趣,养成主动识字的习惯。”该教师首先引导学生自学生字，再通过示范教学生写较难的生字，既突出了学生的主体地位，又明确了自己组织者和引导者的地位，同时还激发了学生对学习汉字的兴趣。

**七、教学设计题**

**【参考答案】**教学目标：

(1)会认、会写本课的生字，理解词语“胸脯、婉转”的意思，知道课文写了一件什么事。

(2)理清课文内容。通过资料展示、描写体会、比较想象等加深对列宁这一角色的了解。

(3)重点体会列宁喜欢灰雀，热爱自然的情感，初步感受列宁对儿童的爱护，培养热爱自然的品德。

教学过程：

环节一：情景引题，激发兴趣

(1)出示列宁照片，请学生结合课前收集的资料简单地介绍一下列宁。

(2)学生交流后，教师简介列宁。

(3)(出示图片：三只灰雀在枝头欢蹦乱跳地唱歌)瞧！灰雀来为我们讲述一个有关列宁的故事了，让我们热情地和它们打声招呼吧！能用自己的话说说这是怎样的灰雀吗？为了这可爱的灰雀，列宁和一位小男孩之间发生了一个有趣的故事呢！让我们赶快走进课文吧。

环节二：初读感悟

(1)大声地朗读课文，要求读准字音，读通课文，了解课文大意。

(2)学习生字新词。

(3)指名分自然段读，先小组交流，再个别交流。理清课文脉络。

环节三：深入感悟

(1)(出示灰雀歌唱的声音)突然，声音里只剩下两只了，还有一只哪儿去了呢？列宁心里会怎样呢？(急)那是因为列宁喜欢灰雀呀！读第2～10自然段，找出描写列宁喜欢灰雀的句子。

(2)出示句子“他在周围的树林中找遍了，也没有找到”。当列宁发现一只灰雀不见了的时候，他心情会怎样？又会到哪儿去找呢？体验“找遍了，也没有找到”的心情。指导朗读。

(3)引导出示列宁的三句话：

①“孩子，你看见过一只深红色胸脯的灰雀吗？”

②“一定是飞走了或者是冻死了。天气严寒，它怕冷。”

③“多好的灰雀呀，可惜再也飞不回来了。”

细细地读一读这些话，你体会到了什么？用一个词来概括是什么？

(4)指导朗读写列宁“喜爱灰雀”的句子。

(5)那灰雀到底哪儿去了？

请生讨论回答：小灰雀是小男孩抓走的，又是他放回来的。

(6)男孩为什么要先捉走后又放回这只灰雀呢？他对灰雀喜爱吗？小组讨论，发表看法，相互补充，汇报体会。

(7)小结：是列宁的爱鸟之情深深打动了男孩的心，所以他坚定地说——“一定会飞回来的”，在列宁真爱的感染下，男孩决定怎么做？

(8)列宁是怎样对待小男孩的呢？读相关自然段，细细体味列宁说这话的意思。

(9)揣摩“一定是飞走了或者是冻死了。天气严寒，它怕冷”。

(10)听到小男孩说“一定会飞回来”，列宁此时此刻心里又是怎么想的？带着你的体验来读读句子。

(11)列宁微笑着说：“你好！灰雀，昨天你到哪儿去了？”就是这份深深的爱意打动了孩子的心，让他勇于改正错误，也是这句不愿伤害小男孩自尊心的问话，让我们感受到了列宁对孩子的爱。让我们带着这份浓浓的爱意再来读读课文吧！分角色朗读课文。

环节四：扩展延伸

这个小故事写列宁对灰雀的喜爱感动了男孩，使男孩主动送回捉走的灰雀，也告诉我们犯了错误只要承认、改正，就是诚实的孩子。说说你自己有过这样的经历和感受吗？

**八、写作题**

**【写作思路】**这是一则材料作文，要想写好作文，首先要理解材料含义。材料选自《礼记·学记》，意思说：学习的人缺点有四类，教师必须知道才行：在学习中，有的失之于贪多，有的失之于过少，有的失之于把学习看得很容易，有的失之于遇到困难就停止不进。这四类缺点，是由于学习的人心理不同所致。了解他们的心理，才能补救他们的过失。教师的作用就是在于发扬他们的优点，补救他们的过失。再结合题干要求要从“教师的角度”出发，所以我们可以从以下几个角度出发：(1)学生无完人；(2)教师的作用；(3)教师是个“修补匠”；(4)教师要发扬学生长处，纠正学生错处；等等。最后注意题干要求字数。

**【参考范文】**

**发扬长处，纠正错误**

古人云：“金无足赤，人无完人。”“人非圣贤，孰能无过，过而能改，善莫大焉。”

每个学生都有各自的缺点，都不可避免地会犯下种种错误。老师要做的就是帮助学生纠正犯下的错误，让他们不在同一个地方摔倒两次。

要想纠正学生的过错，首先需要寻根究底，找到他们犯错的原因；其次在纠正学生错误时，要考虑学生的尊严和隐私，采取灵活和富有人文关怀的方式，不要伤害学生的尊严。

班上有个男生，总是喜欢上课说话，做小动作，影响其他同学学习。无论老师在课堂上大声呵斥他，还是和风细雨跟他讲道理，效果似乎都不好，他依然我行我素，不断说话、打闹。有一天，我把他叫到办公室，给他搬来凳子，让他坐下，跟他聊起了天，从家庭情况聊到兴趣爱好，从同学关系聊到衣食住行。通过聊天，我得知他的父母已经答应给他安排工作了，因此，他虽然也想学习，但没有学习的动力。了解到这个信息后，我趁热打铁，鼓励他要靠自己的努力做一个顶天立地的好男儿，将来回报父母和社会。他听后很受启发，从那以后，上课再也不乱说话了，他开始认真听讲，细心整理笔记，学习成绩也有了很大进步。

还有一个男生，他上课虽然不跟同学乱说话，但总喜欢在课上看课外书。有的老师把他的课外书没收了，有的老师让他罚站，但他每节课依旧还是偷偷地看课外书。后来我跟他谈心，知道了他以后想靠写作挣钱。我赞许了他想当作家的志向，同时也跟他仔细分析了听课的重要性，上大学开阔眼界对于写作的帮助。后来，他每节课都认真听讲，尤其是作文写得非常好，语文老师多次在课堂上表扬他。

成长就是不断地犯错，不断地纠错，最终有一天，这些错误都会转变为长处。老师就像那个麦田里的守望者，要想方设法看好孩子们，防止他们因犯错而坠落悬崖，帮助他们借助长处飞向天空。

## 浙江省教师招聘考试中小学语文预测试卷(三)

**一、基础知识与阅读**

1. C 【解析】本题考查字音的辨析。A项，ruò / nuò，shì / shì，jī / jǐ。B项，xù / xù，jiàn / zhàn，shān / shān。C项，sù / sù，zhì / zhì，kè / kè。D项，pí / pí，chuò / chuò，zhēng / zhēn。

2. C 【解析】本题考查字形的辨析。A项，“如掾巨笔”应为“如椽巨笔”。B项，“出类拨萃”应为“出类拔萃”。D项，“惮精竭虑”应为“殚精竭虑”。

3. C 【解析】本题考查成语的使用。C项，默默无闻：不出名，不为人知道。此处可用“视若无睹”。

4. A 【解析】本题考查句子语病的辨析(用词不当、词序颠倒、不合事理)。B项，用词不当，“时候”应改为“时期”。C项，词序颠倒，“由两个英国援建的”应改为“由英国援建的两个”。D项，不合事理，“月圆如镜”的时候，星星会被明亮的月亮衬得很不明显，所以“月圆如镜”和“繁星满天”不能同时存在，应去掉“繁星满天”。

5. B 【解析】本题考查中国古代文学常识。“写鬼写妖高人一等，刺贪刺虐入骨三分”是郭沫若用来评价清代小说家蒲松龄的。

6. D 【解析】本题考查标点符号(逗号、叹号)的用法。A项，第二、第四个逗号应改为句号。B项，应为“多美啊，美丽的黄山！”。C项，分号应改为逗号。

7. B 【解析】本题考查句子排序。④提出物候观测的仪器，②与气象仪器进行对比，①说明观测后所得出的数据特点，③进一步说明其用途，⑤进行总述。故选B。

8. (1)不畏浮云遮望眼

(2)恨别鸟惊心

9. 【参考答案】动静结合；侧面烘托

10. 【参考答案】对友人的关切和依依不舍

11. D 【解析】《送友人》的作者是唐代著名诗人李白,《山居秋暝》的作者是唐代诗人王维。

12.【参考答案】宝山劝说签字;老奎与老黑去犁地。

13.【参考答案】(1)正面衬托了主人公老奎,使人物形象更加立体和丰满,老人和老牛都有着勤劳、衰老等特点。(2)丰富小说的内容,推动情节发展。牛是农耕生活的象征,不可或缺。老奎看牛反刍,带牛犁地,牛的存在推动了故事发展。(3)深化了小说的内涵,含蓄地揭示了小说的主旨。对老牛的刻画,特别是最后老牛流泪的形象,对小说主旨有明显的强化作用。(4)增强了作品的艺术感染力。

14.【参考答案】作者肯定、赞扬了老奎所代表的那一代老农的勤劳执着和他们对于土地的热爱和眷恋,同时对因为失去热爱的土地,老奎他们所遭受的精神失落和打击表示理解和同情。但作者认为在向城市化、工业化转变的过程中,传统农耕文明走向衰落是无可挽回的趋势,应以包容心态,冷静对待。

15.【参考答案】“这滴泪”从表面上看是老黑的泪,实则也是老奎的眼泪,“砸疼了大地”意在说明“这滴泪”的沉重。这句话反映了农村城镇化进程与农民对土地的依恋之间的矛盾,升华了经济发展要兼顾耕地和环境的主题。

16. A 【解析】A项,“有一种强烈的保护耕地和环境的意识”错误,老奎不愿意签字是因为对土地的热爱和眷恋。

**二、教材教法**

17.【参考答案】教学目标:

(1)会认、会写课后要求的生字词,积累文中好词好句;用普通话正确、流利、有感情地朗读课文,理解课文大意。

(2)朗读课文,了解爬山虎的特点,理清课文的叙述顺序;运用合作探究的方法学习作者细致观察及围绕一个意思写清楚的方法。

(3)学习作者细心观察、连续观察的方法,激发对周围事物的兴趣,养成留心和细致观察事物的习惯。

教学过程:

环节一:导入课文

大自然是一个奇妙的世界,日月星辰、风雨雷电、花草树木、鸟兽虫鱼,真是色彩斑斓,奇妙无穷啊!下面我们举行一个“植物资源”共享会,请同学们展示自己找到的有关资料,介绍自己了解到的植物攀爬运动。(生展示交流)这节课老师要和大家一起学习《爬山虎的脚》,去了解爬山虎,欣赏爬山虎。

环节二:整体感知,理清脉络

①请大家用自己喜欢的方式自由地朗读课文。

A. 圈出课文的生字新词,多读几遍。

B. 课文每个自然段分别写了爬山虎的什么?

②检查交流。

A. 请学生自荐领读词语。(课件出示生字词)

B. 交流讨论写法,将自己觉得难读或难写的生字词提出来,师生共同讨论。

③交流每个自然段写了什么。

环节三:自主朗读,交流收获

①你对爬山虎哪一个方面最感兴趣?请选择其中的一个自然段仔细读一读,画一画,想一想。

②你有哪些感悟和收获?同桌间互相交流。

A. 交流话题一:在读写爬山虎的叶子这一段时你有什么收获?

明确:作者写爬山虎的叶子在第二自然段,我觉得非常美。我们闭上眼睛感受一下风吹时爬山虎叶子的美,做一做拂过漾起的动作,这是一种动态的美。

B. 交流话题二:爬山虎脚的位置、形状、颜色是怎样的呢?

明确:通过朗读第三自然段,了解爬山虎的脚的样子,知道爬山虎脚的位置、形状和颜色,作者把爬山虎的脚比作蜗牛的触角,使人一看就知道很细。这么细的脚,作者都仔细看过是枝状的,并数了有六七根,观察得多仔细啊!

C. 交流话题三:爬山虎是怎么爬的?

明确:在第四自然段中,作者用了“触、巴、拉、贴”等动词写出了爬山虎爬的过程。

D. 交流话题四:爬山虎的脚有什么变化呢?

明确:没有触着墙的,枯萎了;触着墙的,脚巴在墙上相当牢固。

环节四:引导发现,总结写法

①本文的课题是“爬山虎的脚”,作者对爬山虎的脚作了十分具体的介绍,那为什么又写了爬

山虎的叶子?

明确:因为人们主要观赏的不是爬山虎的脚,而是爬山虎好看的叶子。

②你从作者观察爬山虎中受到哪些启发?可以结合句子来谈吗?

明确:要观察细致,要抓住特点观察,要注意事物的细微变化。

环节五:拓展文本,课堂延伸

①仿照《爬山虎的脚》中作者的观察方法,观察一种植物,先从远处看,再从近处看,特别要仔细观察它的茎、叶、花,看看有什么特点,再把它具体写下来。

②课外查询资料:

A. 本文作者的生平。

B. 爬山虎的有关知识。

环节六:板书

**爬山虎的脚**

叶子美:嫩红、嫩绿、绿得新鲜、匀称整齐

脚的位置、形状、颜色

脚怎么爬:触→巴→拉→贴

脚的变化:牢固、萎了

**三、写作题**

18.**【写作思路】**这是一则材料作文题。萧伯纳的话,是用悲剧(消极)的眼光看人生,是从占有欲或从满足或从功利的角度来说的,体现了悲剧的人生观。周国平的话,是用审美的眼光看人生,为得到而寻求、创造的过程以及得到后品味、体验的过程,都是同样幸福的事情。由此可从正反两方面立意:(1)正面:世界是自己的,与他人无关;走好自己的人生路;不要让别人的目光左右自己的人生;遵从自己的内心;等等;(2)反面:没有一个人可以活在自己的世界里;外界的认可是人生价值的体现;年轻的生命需要认可;等等。(3)也可以结合两方面立意:年轻时,外界的认可必不可少;年老时,"世界是自己的,与他人无关"是一种人生境界;等等。

**【参考范文】**

**别样的风景**

江河没有大海的汹涌澎湃,却有蜿蜒流转的气韵;小草没有青松的高大挺拔,却有绿意勃勃的柔韧;星星没有月亮的皎洁明亮,却有熠熠生辉的闪烁。世间万物,各有千秋,不必慨叹自己的不足,发挥自己的长处,风景这边独好。

人有十指,长短不齐,谁优谁劣,众说纷纭。只有各自发挥自己的长处,才会协调合作成功。尺有所短,寸有所长。我们能用大拇指和食指固定筷子,却不能用它们掏耳朵。就像擅长短跑的兔子,不让其发挥特长而去学游泳,无异于缘木求鱼,只会抑其天性,反害其发展。

人亦如此。古今中外,名人志士,谁是十全十美的人?但他们的弱点,不会使他们身上的光芒黯淡,而令其流芳百世。

那大呼"王侯将相,宁有种乎"的陈胜,只是一介草莽,并无文韬武略、大智大谋,身份低微,却能振臂一挥,斩木为兵,揭竿为旗,天下云集响应,反暴秦,被载史册,流芳百世。他凭的是一颗敢于反抗的心,为天下百姓之苦而呼,一颗济天下苍生的赤心,发挥自己所能所长,手拿锄头等农具,也要与秦精锐部队对抗,这种义情义骨成其为王,令太史公为其作传,颂其义举伟绩,令后世人所称颂。

如果陈胜当时只是一味认为自己是个耕田的下人,毫无优点、长处,恐怕只会没于乡间阡陌,不会有一展鸿鹄之志的壮举,历史便少了一段光辉篇章。

还有那投笔从戎的班超,成就西域出使的传奇;那弃官归隐的陶渊明,成就文学一枝独秀。他们都认识到了自己的长处,发挥特长,因此而注目于所长之处,风景这边独好,演绎出别样但灿烂的人生。

在现代社会里,人们总说要全面发展,便注目于自己的短处和弱点,费尽心思,以求全面发展,却往往收效甚微,甚至会阻碍未来自我的发展完善。我们要发挥自己的特长,各尽其能,社会才会认同你的价值,才能创造出自己的天地。如那"不思进取"的韩寒,满脑子叛逆思想,但凭其出色的文学才华而成为文坛后起之秀;还有那年少轻狂、但却是世界台球天才的丁俊晖,他们不是所谓的"好"学生和"全才",却依然创造出奇迹,开辟出属于自己的天地。

所以要扬我其长，拥有“舍我其谁”的自信，雄鹰就搏击长空，游鱼就翔游潜底，是颗螺丝钉就坚守自我的位置，各尽其能，发挥所长，风景这边独好，顺乎自我本性，怀有一技之长，成就别样精彩的风景。

# 浙江省教师招聘考试中小学语文预测试卷(四)

**一、单项选择题**

1. C 【解析】本题考查字音的辨析。A项，插科打诨(hùn)。B项，炽热(chì)。D项，浑水摸鱼(hún)。

2. B 【解析】本题考查字形的辨析。A项，“怡误”应为“贻误”。C项，“光阴虚渡”应为“光阴虚度”。D项，“大相背弛”应为“大相背驰”。

3. D 【解析】本题考查文言实词含义的辨析。D项，“在貌为恭，在心为敬”，“恭”主要指“外表”的尊重，“敬”主要指内心的尊重。

4. D 【解析】本题考查古代文学常识。柳宗元的主要作品有《三戒》(包括《临江之麋》《黔之驴》《永某氏之鼠》)，开拓了我国古代寓言文学发展的新阶段。

5. A 【解析】本题考查外国文学常识。A项，《新月集》是印度诗人泰戈尔创作的诗集。

6. B 【解析】本题考查《义务教育语文课程标准》(2022年版)相关内容的识记。第三学段关于“阅读与鉴赏”的学段目标是：熟练地用普通话正确、流利、有感情地朗读课文。默读有一定的速度，默读一般读物每分钟不少于300字。

**二、填空题**

7. 映阶碧草自春色；隔叶黄鹂空好音

8. 人道寄奴曾住；气吞万里如虎

9. 此先汉所以兴隆也；此后汉所以倾颓也

10. 稳固性；能产性

11. 理解；评价

**三、简答题**

12. 声母和辅音有何不同？韵母和元音有何不同？

【参考答案】(1)声母由辅音充当，但有的辅音不作声母，只作韵尾，如明(míng)中的ng。有的辅音如n，既可以作声母又可以作韵尾，如南(nán)前面的n是声母，后面的n是韵尾。有的音节开头没有辅音，元音前头部分是零，叫作零声母。

(2)韵母和元音也不相等。韵母有的由单元音、复元音构成，如“大”(dà)、“加”(jiā)、“太”(tài)中的a、ia、ai；有的由元音带辅音构成，如“根”(gēn)、“空”(kōng)、“广”(guǎng)中的en、ong、uang。

13. 简述杜甫诗歌的艺术风格。

【参考答案】(1)取材方面。杜甫的诗作大多趋向现实主义，内容广泛，富有时代性，取材于政治兴亡、社会动乱、战事徭役、饥饿贫穷和贫富悬殊的社会现实。

(2)思想方面。杜诗中有儒家思想，悲天悯人，忧国忧民，洋溢着仁民爱物的情怀和浓烈的爱国主义色彩。

(3)手法方面。杜甫善写人物对话和独白，选取有典型意义的人物和事件来描写。杜甫也善于抒情，结合抒情和叙事，又结合抒情和写景，寄情于景。杜甫叙事注重客观描述，让故事本身直接感染读者，少发议论。

(4)语言方面。杜甫的作品语言精练，用字准确，形象生动，多姿多彩，并善于运用民间口语。

(5)体裁方面。杜甫众体兼善，五七言古体、律诗、绝句，无所不工。他往往用不同的诗体，表达不同的内容，叙事多用较少格律限制、便于铺叙描写的古体诗，抒情则多用近体诗。

(6)风格方面。杜诗风格多样，丰富多姿，或雄浑奔放，或清新细腻，或沉郁顿挫，或辞藻富丽，或平易质朴，或通俗自然。杜甫融合吸收前人艺术技巧，发展成一种新风格，表达自己的爱国思想。

14. 请结合《义务教育语文课程标准》(2022年版)简述核心素养基本内涵以及四个方面的关系。

【参考答案】核心素养是学生通过课程学习逐步形成的正确价值观、必备品格和关键能力，是课程育人价值的集中体现。义务教育语文课程培养的核心素养，是学生在积极的语文实践活动中积累、建构并在真实的语言运用情境中表现出来的，是文化自信和语言运用、思维能力、审美创造的综合体现。

核心素养的四个方面是一个整体。语言是重要的交际工具和思维工具，语言发展的过程也是思维发展的过程，二者相互促进。语言文字及作品是重要的审美对象，语言学习与运用也是培养审美能力和提升审美品位的重要途径。语言文字既是文化的载体，又是文化的重要组成部分，学习语言文字的过程也是学生文化积淀与发展的过程。在语文课程中，学生的思维能力、审美创造、文化自信都以语言运用为基础，并在学生个体语言经验发展过程中得以实现。

**四、鉴赏题**

15.【参考答案】(1)“已”强调了两人已经擦肩而过，“才”强调了错过之后才觉面熟，又回去“追问”的情形。两字呼应，表现了两人变化之大，突出了相逢的意外。

(2)这两句强调了“乱离”，交代了相逢的背景，表明了相逢的不易，突出了相逢的惊喜，也才有了相认后的盛情相待，也给相逢之喜增加了悲凉的色调。

16.【参考答案】(1)①蚂蚁和蟋蟀都是儿童比较熟悉，且在日常生活中常见的动物，有助于帮助读者特别是儿童读者更快地走进故事，进而理解文章内容，增加阅读兴趣。②蚂蚁是勤奋、默默无闻的代名词，蟋蟀则是聒噪、喧嚷的代表，二者有着鲜明的区别，更符合文章赞扬劳动的主题思想。③选用动物，有利于对儿童读者进行潜移默化的影响，加深人与动物的关系。

(2)①拟人的手法。将蟋蟀和蚂蚁以人的行为方式进行描写，生动形象，增加了故事的趣味性和吸引力。②对比的手法。从一“勤”一“懒”以及二者不同的结局，说明只有勤奋和努力，才能过上幸福的生活。

(3)儿童文学是以儿童的年龄特点为依据而创作的文学作品，是适合他们成长的精神食粮。主要有以下三个功能：①教育作用。在孩子们受教育的时期，儿童文学助力学校教育，促进儿童健全成长。该寓言故事教育孩子们要乐于助人、一分耕耘一分收获等。②愉悦性情。儿童文学是快乐的文学。该寓言以调皮的蟋蟀与踏实的蚂蚁为主人公讲故事，非常有趣。③认识作用。儿童文学通过较高思想性和艺术性的文学语言帮助儿童认识世界、增长知识、启迪心智。通过蚂蚁和蟋蟀的鲜明对比，会帮助孩子们清晰地认识到什么叫“勤奋”，什么叫“懒惰”。

**五、案例分析题**

17.【参考答案】(1)学生是语文学习的主体，教师是学习活动的组织者和引导者。在教学过程中，该教师充分尊重了学生的主体地位，注重对学生的引导与点拨。

(2)重视情感、态度、价值观的正确导向。该教师在教学过程中引导学生体会文章表达的爱国之情，有利于培养学生正确的思想观念、高尚的道德情操和健康的审美情趣，重视了语文教学的导向作用。

(3)引导学生用普通话正确、流利、有感情地朗读课文。该教师在教学过程中注重引导学生有感情地朗读课文，加深对作品情感的理解。

(4)积极倡导自主、合作、探究的学习方式。在教学中，教师让学生自主学习、小组合作，共同探究课文。

(5)阅读教学应注重培养学生感受、理解、欣赏和评价的能力。在教学过程中该教师循序渐进地引导学生深入理解课文，有利于培养学生的综合学习能力。

**六、教学设计题**

18.【参考答案】教学目的：

(1)有感情地朗读课文，体会作者当时的心情。

(2)正确理解含义深刻的句子，培养阅读探究意识，体会两种不同的评价都源自对“我”的爱。

教学重难点：

正确理解含义深刻的句子，体会两种不同的评价都源自对“我”的爱。

教学方法：

谈话法、讨论法。

教学过程：

一、谈话导入新课

同学们，你最近得到过什么表扬吗？你的心情怎样？你最近受到过什么批评吗？你的心情怎样？如果你做同一件事既得到了表扬又受到了批评，你的心情一定会很复杂，对不对？让我们一起走进《“精彩极了”和“糟糕透了”》这一课，去体会作者复杂的心情，去感悟作者后来的认识。

二、自读自悟“童年故事”，品读作者复杂心情

1. 选择自己喜欢的读书方式，学习第1～14自然段，边读边想这部分课文讲了一件什么事？

2. 找出描写“我”得到表扬后的表现的语句用横线画出来，再把作者当时的心情读出来。找出描写“我”受到批评后的表现的语句用曲线画出来，再读出作者当时的心情。

3. 同桌交流，把自己找到的语句有感情地读给同桌听一听，并谈出自己的体会。

4. 师生互评，你认为他什么地方读得好，还有哪些不足之处。并指导学生比赛读，看谁最能把作者当时的心情读出来。

(1)“我既腼腆又得意扬扬，点头告诉她这首诗确实是我写的。”

“腼腆”该用什么语气读?“得意扬扬”该用什么语气？谁来试一试?

(2)“我有点儿迫不及待，想立刻让父亲看看我写的诗。”

指导学生读出“迫不及待”的语气。

(3)“整个下午我都怀着一种自豪感等待父亲回来……还用彩色笔在它的周围描上了一圈花边。”

指导学生读出自豪感。

(4)“我的眼睛湿润了，头也沉重得抬不起来。”

指导学生读出伤心的语气。

(5)“我再也受不了了。我冲出饭厅，跑进自己的房间，扑到床上失声痛哭起来。”

作者是什么心情？该用什么语气读？指导学生读出痛苦的语气。

(6)小结：作者当时的认识怎样？后来会发生改变吗？让我们来学习课文的第15～17自然段。

三、探索与发现，作者“后来的认识”

1. 自读“后来的认识”这一部分课文，试着提出几个自己感兴趣的问题在小组里讨论交流一下。

2. 小组讨论交流。

如：“一股风”指的是赞扬声，“一股风”指的是批评声。“不被哪一股风刮倒”是说没有因赞扬声而迷失方向，没有因取得的成绩而骄傲、自满，沉浸于赞扬声中而不再去努力；也没有被批评声而吓倒，丧失信心，一蹶不振。赞扬声，批评声都代表着两种表现形式的爱。一种是严厉的爱，一种是宽容的爱。这两种爱都体现了父母对子女的爱与关心。

3. 把你喜欢的句子多读几次?（指导朗读，指名读，齐读）

4. 再次朗读这段话，读出对父母的感激之情。

5. 总结课文，“精彩极了”是母亲对“我”的什么?（鼓励和赞扬）“糟糕透了”是父亲对“我”的什么?（严格和批评）“精彩极了”和“糟糕透了”都是父母对“我”的爱，有了这两种不同的爱才使“我”成才，成为一个作家。

四、课文延展

同学们，生活中，学习上我们有时会得到表扬，有时会受到批评，有时甚至会遭到嘲弄，我们要学会正确对待。

五、板书设计：

**“精彩极了”和“糟糕透了”**

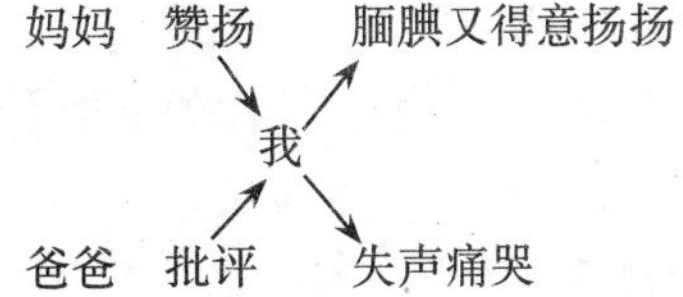


**七、写作题**

19. **【写作思路】**这是一个话题作文题。首先从材料分析，可以从以下两个角度来解读：(1)从个人角度来说，可以谈重视自己的生命、思想、成长、挫折、信仰、追求以及缺陷不足，等等；(2)从社会或国家的角度来说，国家重视普通人才能屹立于世界，才能传承民族的文化，才能得到百姓拥戴。

对话题材料进行分析后，可以从以下几种角度思考：(1)从“是什么”来谈：看重自己，是对自我生命的重视，是对他人的负责。(2)从“为什么”角度来谈：看重自己，可以收获信心；可以披荆斩棘，开辟新的人生；可以回报父母的养育之恩。(3)从“怎么办”的角度来谈：看重自

己，应该相信自己，努力，执着，有信仰；看重自己，应该不惧怕困难和挫折，不患得患失，不自轻自贱。

【参考范文】

看重自己

你怎么看你自己？曾经有人说：如果你自己都不看重自己，那么你别指望别人会看重你。他说得没错，如果连自己都不相信自己，那么你怎么奢望别人相信你呢？

也许你貌不出众，也许你语不惊人，也许你没有辉煌的过去，也许你没有光明的前程，但你也不必消沉。北斗星虽不如太阳普照万物，却为黑暗中的人指明了方向；海燕虽不如雄鹰鹏程万里，却能在暴风雨中搏击乌云。每一种生命都是不可缺少的，正因为如此，生活才会峥嵘而壮观。

把自己看作世界上一道独一无二的风景，没有了你，世界将少一幅美丽的画面。世界不能没有你。所以，要对自己好一点，更要看重自己。

看重自己，就是智者对人生的信心、勇气和毅力，就是在人生的低谷中不妄自菲薄，不悲观失望，不盲目迷途，始终坚信自己能担负起那份执着，就是在黑夜中，耐心等待光明的那份心境。看重自己，也就是在人生的高峰时不得意忘形，始终清醒地知道自己的分量，不狂妄自大，不像开水一样狂热得最终失去了自己。拿破仑就曾经说过："在我的字典里没有'不可能'的字眼。"这是对自己力量的何等自信，也正是因为这种自信，才使得拿破仑成为叱咤欧洲的一代名将。

看重自己，这是勇者敢担当责任的表现。"天下兴亡，匹夫有责"，就是看重自己的人在紧要关头清清楚楚明白自己责任的表现。佛说："我不下地狱，谁下地狱。"就是责任来临时责无旁贷的胸襟和气概。看重自己的人从来就是这样，一棵小草不能绿遍整个世界，但却有美化春天不可替代的责任。社会的发展，国家的命运，人类的前途，不是我们哪一个人就能左右得了的。这恰好是每一个看重自己的人在紧要关头意识到了自己的责任，才如潮水般地推动着历史的前进。

毛泽东站在历史的潮头由衷地感叹："人民是伟大的，人民是创造历史的真正英雄。"这正是对每一个看重自己并勇于承担责任者的真实评价。

## 浙江省教师招聘考试中小学语文预测试卷(五)

**一、单项选择题**

1. D 【解析】本题考查汉字的拼音规则(大写、隔音符号、音节连写)和轻声的使用。正确的拼音为"Xī'ān shìge měilìde dìfang"。

2. D 【解析】本题考查字形的辨析。A项，"不可俞越"应为"不可逾越"。B项，"消声匿迹"应为"销声匿迹"。C项，"责无旁怠"应为"责无旁贷"，"言简意该"应为"言简意赅"。

3. B 【解析】本题考查中国古代文学常识。我国第一部个人创作的文言短篇小说集是清代蒲松龄的《聊斋志异》。

4. B 【解析】本题考查标点符号(问号、逗号、双引号)的正确使用。A项，"生存"后的问号应改为逗号，最后一个问号应改为句号。C项，句末的问号应改为句号。D项，"讲过"后冒号应改为逗号，然后去掉后面话中的双引号。

5. A 【解析】本题考查外国儿童文学作家作品常识。A项，《爱的教育》是意大利著名儿童文学作家亚米契斯的作品，是一部书信体小说。B、C、D三项的作者分别是金斯利、米尔恩和卡罗尔，都是英国作家，均可排除。

6. B 【解析】本题考查课标"教学评价"的表述。根据评价在教学活动中作用的不同，可将教学评价分为诊断性评价、形成性评价和终结性评价。

**二、填空题**

1. 忧谗畏讥；满目萧然
2. 一夜飞度镜湖月；送我至剡溪
3. 巴山夜雨涨秋池；何当共剪西窗烛
4. 语素；句子
5. 立德树人；奠基

## 三、简答题

1. 现代汉语语法具有哪些特点？

【参考答案】(1)语序和虚词是表达语法意义的主要手段。如汉语“她爱我”和“我爱她”里面的两个代词“她”和两个“我”，不管是作主语还是作宾语，词的形态不变，而用语序表示不同的语法关系。

(2)词、短语和句子的结构原则基本一致。语素组成合成词，还是词组成短语，词或短语形成句子，都有主谓、动宾、补充、偏正、联合五种基本语法结构关系，例如，词“地震”，短语“地面震动”，句子“地面震动了”，都是陈述关系的主谓结构。

(3)词类和句法成分关系复杂，并非简单对应。

(4)量词和语气词丰富。如“一个人、一头牛、一张纸、一粒米”等。语气词常常出现在句末，表示各种语气的细微差别，例如，“是他吗？”(疑问)、“是他吧！”(推测)、“是他啊！”(惊奇)。

2. 什么是“朦胧诗派”？

【参考答案】朦胧诗派是20世纪70年代末80年代初出现的诗派，其代表人物有北岛、舒婷、顾城、江河、杨炼等。作为一个创作群体，“朦胧诗”并没有形成统一的组织形式，也未曾发表宣言，却以各自独立又呈现出共性的艺术主张和创作实绩构成一个“崛起的诗群”。“朦胧诗”精神内涵的三个层面：一是揭露黑暗和社会批判；二是在黑暗中寻找光明，反思与探求的意识以及浓厚的英雄主义色彩；三是在人道主义基础上建立起来的对“人”的特别关注。“朦胧诗”改写了以往诗歌单纯描摹“现实”与图解政策的传统模式，把诗歌作为探求人生的重要方式，在哲学意义上达到了前所未有的高度。代表作品有北岛的《回答》、顾城的《一代人》等。

3. 请简述《义务教育语文课程标准》(2022年版)课程理念。(无需展开)

【参考答案】(1)立足学生核心素养发展，充分发挥语文课程育人功能。

(2)构建语文学习任务群，注重课程的阶段性与发展性。

(3)突出课程内容的时代性和典范性，加强课程内容整合。

(4)增强课程实施的情境性和实践性，促进学习方式变革。

(5)倡导课程评价的过程性和整体性，重视评价的导向作用。

## 四、现代文阅读

1. 【参考答案】以“静”衬“动”，反衬了随后施放焰火的热闹；湖水的平静又与焰火的热闹相结合，共同表达了对和平、安宁、美好生活的肯定。

2. 【参考答案】炮火是战争、灾难和死亡的象征，焰火是和平、欢乐、繁华的象征；它们分别指向人类生活中完全不同的两个极端。作者说自己无法驱散“遥远苦痛的联想”意在提醒我们：在享受今天幸福生活的同时不要忘记苦难的历史。

3. 【参考答案】作者以这个反问句单设一段，卒章显志。“这样的烟花”不仅有形状、颜色与光亮的美丽，更是和平团圆的象征。这个反问句强烈地表达了作者反对战争、热爱和平的愿望，使文章意蕴深远，激发人们思考。

## 五、诗歌鉴赏

1. 【参考答案】这首诗表达了诗人追怀往事和立誓报国的感情。诗的前四句是回顾往事，“气如山”写出了他当年激动的心情。颈联抒发了诗人壮岁已逝，壮志未酬的悲痛和怅惘。尾联诗人又重振精神，表达了渴望效法诸葛亮，实现报国大业的志愿。

2. 【参考答案】颈联作者运用了用典的修辞手法，南朝宋文帝杀大将檀道济，檀道济在临死前怒斥：“乃坏汝万里长城！”自许“塞上长城”可见陆游的抱负，但他虽然没有像檀道济一样被冤杀，却因主张抗金，多年被贬，只能“空自许”。壮岁已逝，壮志难酬，这是一心为国的诗人所痛心的。

3. 【参考答案】①王师北定中原日，家祭无忘告乃翁。(《示儿》)

②一身报国有万死，双鬓向人无再青。(《夜泊水村》)

## 六、案例分析题

【参考答案】课程改革的价值取向之一就是“变课程的预定性和封闭性为课程的生成性和开放性”。

A教师突破预定计划“创造性地教学”，凸显了课程的多元创新的价值取向，其尊重学生的兴趣、情感，培养和爱护学生的求知欲。依据学生的兴趣、爱好和个性化选择来拓深、拓宽课程的内涵和外延。A教师捕捉了这一课堂偶发事件,把它转变成培养学生观察能力的活教材,引导学生看、听、说、写,指导他们学会了正确、全面、有条理地观察事物,取得了意想不到的教学效果。

而B教师的教学是一种"插秧式"的教学,这种教学其实就是试图维护严格甚至苛刻的课堂秩序,即极端的课堂纪律,通过这种方式来确立所谓的教师权威。B教师"以知识、学科为本位",把学生当作"学科人",而不是真正的"成长中的完整的人"。他力图完成教学内容和任务,剥夺了学生作为学习主体的地位和权利,忽略了学生的兴趣、需求、情感,不重视学生的身心发展特点,是一种传统教学活动。

**七、教学设计题**

1.【参考答案】教学价值:

本文是部编版八年级语文上册第五单元的一篇课文,作者用准确并富有概括力的语言,条理清晰地介绍了《清明上河图》,彰显了其在历史上的重要地位,可以增强学生热爱中华文明的自豪感和责任感。八年级的学生已经接触过说明文,已经掌握说明文的说明方法,文章详略得当,且本文叙述清晰,说明准确,议论点睛,能充分说明对象的特征。学习本篇课文有助于锻炼学生语言表达和写作说明文的能力。

2.【参考答案】教学目标:

①学习课文,了解《清明上河图》在中国绘画史上的重要地位。

②熟读课文,掌握作者条理清晰地介绍画作的说明方法,揣摩作者准确且富有概括力的说明语言。

③品味作者精彩说明语言的运用,培养热爱祖国优秀传统文化的情感,增强民族自豪感。

3.【参考答案】教学过程:

1.激趣导入

有一件享誉古今中外的传世杰作,在问世以后曾被无数收藏家和鉴赏家把玩欣赏,它是后世帝王权贵巧取豪夺的目标,它曾辗转飘零,几经战火,历尽劫难……它曾五次进入宫廷,四次被盗出宫,演绎出了许多传奇故事,它是我国绘画史上的无价之宝,同学们知道这幅画是什么吗?没错,正是《清明上河图》!(图片欣赏)

2.初读课文,理清层次结构

课文可分为三层:(1)由宋朝城市的发展繁荣,引出说明对象《清明上河图》。(第1段)

(2)介绍作者张择端生平,并引出画作的背景,呼应课题——梦回繁华。(第2段)

(3)具体介绍说明《清明上河图》的特点、内容、艺术特色和地位。(第3~5段)

3.再读课文,理解文意

(1)课题"梦回繁华"有哪些深意?

①《清明上河图》让我们回忆古文明的灿烂,希望我们的下一代继承并弘扬这种繁华。

②反映了南宋人民渴望国家统一,回到当年繁华太平年代的强烈愿望。

③"梦回繁华"既有对宋朝科技文化繁荣的骄傲,又有对近代丢失中华文明先进性的遗憾。

(2)课文是怎样围绕"繁华"来说明《清明上河图》的?

①先介绍北宋城市经济的繁荣。

②再介绍张择端的绘画技艺和南宋人梦想的繁华。

③最后详写了《清明上河图》的内容和创作技法。

4.合作探究

(1)课文详写了哪些内容,略写了哪些?为什么这样安排?

详写的有画的内容,画的艺术特色及地位。略写了张择端的生平,画的整体特点。这样安排详略得当,疏密有致,使文章中心和重点突出,让读者很容易就了解到北宋的繁华。

(2)说明顺序的使用

就全文来说,本文使用的是逻辑顺序。就说明《清明上河图》这幅画作的主题内容来说,主要采用的是空间顺序。

(3)再读课文找出文中用了哪些说明方法,并找出相应的例句。

举例子:张择端的《清明上河图》便是北宋风俗画作品中最具代表性的一幅。

列数字:纵24.8厘米,横528.7厘米。

引用:"后习绘画"。

摹状貌:船夫们呼唤叫喊,握篙盘索。桥上呼应相接,岸边挥臂助阵。

打比方：结构精美，宛如飞虹。

(4)品味语言

再读课文，看本文的语言有什么特色？

5. 课堂小结

课文以“梦回繁华”为题，介绍《清明上河图》这一国宝级名画，描摹了北宋时期繁华的市井风情。丰富了人们对当时社会风貌的了解，激发了人们对古代生活的想象。画卷人物繁多，场景复杂，但作者介绍得条理清晰，细腻具体，不仅给人以美的感受，更让人学习了古代历史知识，了解了《清明上河图》高超的创作技巧、表现手法以及它的艺术价值。由此，我们由衷地为古人的智慧而自豪，为中华五千年文化的博大精深而骄傲。

4.【参考答案】板书设计：

梦回繁华

对象：《清明上河图》

结构：逻辑结构

方法：摹状貌 列数字

语言：典雅 韵味

八、写作题

【写作思路】这是一篇话题材料作文，阅读题干可知中心词语是“梦想”。面对梦想又有坚定、迷茫等几种不同的现状。我们可以从什么是梦想，为什么要有梦想，以及如何实现梦想这几个层次行文。中间再穿插坚守梦想终实现的事例，使文章内容充实。

【参考范文】

**梦想不落，燃情无悔**

我存在，乃是所谓生命的一个永久的奇迹。

——泰戈尔

你是爱琴海蔚蓝柔波中的一滴泪，你以谦逊的姿态毫不张扬地存在于天地之间，你因渺小而毫不起眼。你是乞力马扎罗山巍峨身躯上的一捧洁白，你以卑微的一抹融入整个世界的庄严，你因平凡而不被人关注。

可是假如没有了千千万万个你的存在，海洋又将如何向我们敞开那旖旎多情的怀抱？雪山又将如何向我们展示那圣洁傲岸的体态？你是小人物，可这并不代表着你就可以任意隐没你自身存在于世间的价值。

感喟于断臂钢琴师刘伟的人生箴言：要么赶紧去死，要么精彩地活着！这是断臂的他向命运发出的掷地有声的挑战。生命，岂会因肢体的残缺而黯淡它应有的颜色！

惊叹于民工街舞团的神采奕奕，即使生活暂时不尽如人意，但他们没有放弃追求心中梦想的权力，是为生存而活着，抑或是为了更好地生活而活着，这是一个亘古不变的命题。

钦佩于60后乐队“老皮匠”的执着无悔，当三十年如一日地坚守对音乐的热爱的他们出现在你面前，你那本已坚硬枯涸的心灵是否有一阵岁月的风荡过，引起心潮的层层涟漪？

假如你不愿如蝼蚁一般毫无意义地活着，那么请不要让梦想在你心中褪色；假如你不想像行尸走肉一般生存，那么请不要忘记你长久以来追求的彼岸。我们每个人的心中都有一股无可救药的英雄崇拜情结，可是我们不应该忘记，英雄也都是从不起眼的小人物蜕变而成的。当我们为拿破仑翻越阿尔卑斯雪山之巅征服欧洲的英姿所折服时，不要忘了科西嘉小岛上那个其貌不扬、个子矮小、备受欺凌的男孩。是什么改写了他的命运？是那永不凋零的梦想之花，是那不顾险阻的拼搏坚持让他站上了命运之巅。

或许你因生活的种种际遇而失去了成就一番伟业的机会，可是只要你还怀揣梦想，你就是当之无愧的英雄，你就是可以为自己的生命感到自豪的强者。

请记住：就算你是一个彻头彻尾的小人物，也不要放弃自己的梦想，只要你肯伸出手去，梦想就不再遥不可及，未来将为你展开最动人的笑靥。

## 浙江省教师招聘考试中小学语文预测试卷(六)

一、单项选择题

1. B 【解析】本题考查字音的辨析。A项，多棱镜(léng)。C项，拂晓(fú)。D项，文绉绉(zhōu)。

2. C 【解析】本题考查字形的辨析。A项，“取谛”应为“取缔”。B项，“猥锁”应为“猥琐”。D项，“语无轮次”应为“语无伦次”。

3. C 【解析】本题考查标点符号的使用。A项,并列复句内部分句之间的停顿,应将第一个句号改为分号。B项,句末问号应放在引号里面。D项,"七、八公里"表示的是概数,应删去顿号。

4. D 【解析】本题考查印度著名作家泰戈尔的代表作。泰戈尔以他的《吉檀迦利》成为第一位获得诺贝尔文学奖的亚洲人。

5. D 【解析】本题考查外国儿童文学常识。《彼得·潘》是詹姆斯·巴里的成名作,在这部作品中,作者创造了彼得·潘这个永葆童真的幻想中的人物,这一形象是"永恒的童年"、永不衰老的精神的象征。巴里通过这个形象礼赞美好的童年生活和纯真可爱的童心。

6. A 【解析】本题考查课标"语文学习"的表述。

二、填空题

1. (1)不及汪伦送我情

(2)遥望洞庭山水翠

2. bì;piáo

3. 手;qing

4. 尝试集;狂人日记

5. 《荒原》

6. 引导者

三、简答题

1. 请简述意境的内涵及其特征。

【参考答案】意境是我国古典文论独创的一个概念,指抒情性作品中呈现的那种情景交融、虚实相生的形象系统及其所诱发和开拓的审美想象空间。

它具有三个特征:①情景交融,这是意境创造的表现特征;②虚实相生,这是意境创造的结构特征;③韵味无穷,这是意境的审美特征。其中,情景交融有三种不同类型:景中藏情、情中见景和情景并茂。

2. 苏轼词作的艺术风格有哪些?

【参考答案】(1)豪放风格。这是苏轼刻意追求的理想风格。他以充沛、激昂甚至略带悲凉的感情融入词中,写人状物以慷慨豪迈的形象和阔大雄壮的场面取胜,如《江城子·密州出猎》《念奴娇·赤壁怀古》。

(2)旷达风格。这是最能代表苏轼思想和性格特点的词风,表达了诗人希望隐居、避开乱世、期待和平的愿望,如《水调歌头·明月几时有》。

(3)婉约风格。苏轼婉约词感情纯正深婉,格调健康高远,也是对传统婉约词的一种继承和发展,如《水龙吟·次韵章质夫杨花词》。

3. 请简述教学评价的种类及分类依据。

【参考答案】(1)根据评价在教学活动中作用的不同,可以分为诊断性评价、形成性评价和终结性评价。诊断性评价,检查学生的学习准备情况;了解学生学习上的个别差异;辨别造成学生学习困难的原因。形成性评价,为改进和完善教学活动,使教学在不断的测评、反馈、修正或改进过程中趋于完善。终结性评价,评定学生的学业成绩,确定学生达到教育目标的程度,证明学生掌握知识、技能的程度;为确定在后继教程中学生的学习起点、成功的可能性,以及制订新的教育目标提供依据。

(2)根据评价所运用的方法和标准的不同,可以分为相对性评价和绝对性评价。相对性评价,根据学生在该班中的相对位置和名次,确定他的学习成绩在该班中是属于"优""中",还是"差"。绝对性评价,衡量学生的实际水平,了解学生对知识、技能的掌握情况。

(3)按照评价方法的不同,还可分为定量评价与定性评价。定量评价,满足了以选拔、甄别为主要目的的教育需求。定性评价,关注更广泛的教育目标及学习结果。

四、现代文阅读

1. 【参考答案】①大海里很危险。大海里的动物随时面临着被更强者吃掉的危险。②大海里的生物多种多样、千奇百怪。小黑在海中游的时候看到了各种各样的生物,如像彩虹果冻的水母、走起路来像怪兽的大龙虾等。③大海很大、很深,黑乎乎的。小黑逃跑时潜入深水才逃掉,水里黑乎乎的,逃跑后又在海中游,碰到了许多生物。

2. 【参考答案】这篇作品的主旨是"团结就是力量"。旨在告诉读者在面对不可战胜的事物的时候,要团结起来。

3. 【参考答案】这篇童话故事浅显易懂,描写生动形象,不论是小黑与小红鱼们的快乐生活,还是大虎头鲨吃掉小红鱼的过程,或者小黑在海中碰见的千奇百怪的生物,甚至是无数小红鱼组成黑眼睛的大红鱼吓跑大鱼,这一系列的画面富于幻想色彩,能极大地调动读者的想象与联想。此外文中黑红色彩的对比,大小体积的对比,多少数量的对比明显,能调动读者的感觉器官,使读者不自觉地沉入想象之中。

## 五、诗歌鉴赏

1.【参考答案】①相同点:这两首诗都表现了诗人在秋夜的孤独之感。韦诗以"风动竹"、鸟惊栖、"人独宿"表现内心孤独;赵诗以惊鸟无宿暗喻诗旨,含蓄地道出诗人心境的孤独。

②不同点:韦诗孤独中又有恬静。皎月悦目,风竹悦耳,恬静怡人;赵诗孤独中更显凄冷。冷月残烛,秋雨寒枝,凄冷袭人。

2.【参考答案】①韦诗:运用了比喻的修辞手法,以烛喻月。描绘出山月皎洁,宛如夜烛相伴,照人无眠的画面。

②赵诗:运用了借代的修辞手法,借"晕"代月。"晕"配以"冷",突出月夜寒意侵人;"晕"又预示天气变化,引出下句。

## 六、案例分析题

【参考答案】学生是学习的主体,教师是教学活动的组织者和引导者,教师应引导学生在实践中获取知识,获得能力。本案例中教师通过带学生到菜园亲身实践让学生正确理解书中所表达的意思,很好地将语文与生活结合了起来。接下来又通过一系列的探讨与引导很好地将学生的注意力集中在了课文上面。这样既培养了学生搜集信息、处理信息的能力,同时也提高了学生的自我学习能力。在探讨的过程中学生发表自己的见解,表达自己的疑惑,获得了展示自己的机会,也在一定程度上提高了自身的口语表达能力。

## 七、教学设计题

1.【参考答案】这是一篇优美的儿童散文诗,用第一人称的写作手法,以孩子的眼光观察春天,想象春天,从不同的角度感知春天,综合运用了多种修辞手法,使春天人格化、形象化,又指出春天是有色彩、有声音、有气味、有形体的,把抽象的变得形象起来。课文语言优美,充满儿童情趣和文学色彩,句子的跳跃性很大,读起来有一定的韵律和节奏感,抒发了作者寻找春天的急切心情,发现春天的喜悦心情,能够激发学生热爱大自然的美好感情。

2.【参考答案】师:孩子们,春节刚刚过去了,这意味着哪个季节来了?(春天)。是呀,漫长的、寒冷的冬天终于过去了!瞧,春姑娘迈着轻盈的步子来了,可爱的小动物们蹦蹦跳跳地跑出来,五颜六色的野花在山坡上绽放着笑脸,孩子们也笑着奔跑出来,享受明媚的春光。(师边说边播放春意盎然的春光图)孩子们,我们学过或你知道哪些描写春天的词语呢?(生机勃勃、万物复苏、草长莺飞、春暖花开)

师:是的。春天来了!春天来了!她像个害羞的小姑娘,遮遮掩掩,躲躲藏藏。她藏在哪里呢?让我们一块去找春天吧!

3.【参考答案】环节一:初读课文,整体感知。

(1)学生自由朗读课文,整体把握课文内容。可以一个人读,也可以和同桌一起读,要求边读边想一想课文的主要内容是什么。(教师巡视,学生读书3分钟)

(2)想一想,课文讲的是谁找春天?他们找到怎样的春天?

环节二:图文结合,结合生活,了解课文内容,学习有感情朗读课文。

(1)图文结合,了解第1、2、3自然段意思。

①(PPT展示课文图画)仔细观察图画,想一想,图中有谁?他们正在干什么?

②自由读读课文,想一想,课文的哪些自然段写了这幅图的意思?你是根据哪些话判断的?分别用波浪线画出来。

(2)读文,结合生活想象图画,继续了解课文内容,学习有感情地朗读。

①我们通过结合插图了解了一部分课文的内容,剩下的课文讲了什么呢?我们继续学习。

②朗读余下的自然段,想象一下,根据这些自然段的意思,你会画一幅怎么样的图画?具体会画上些什么?你是根据哪些语句想象出图画的?给这些语句做上记号。

(3)指导朗读四个问句:注意读出发现春天的喜悦心情。

环节三:小结

我们通过图文结合、读文想象图画和结合生活实际,以及有感情地朗读,了解了课文内容,知道了课文讲了孩子们寻找春天这么一件事情，表现了孩子们找到春天的喜悦、兴奋的心情，让我们感受到春天景色的美好。最后，再次朗读课文，读出感情。

4.【参考答案】板书设计：

找春天

看到了　小草　野花　树木

听到了　小溪　喜鹊　杜鹃

闻到了　花香

触到了　荡秋千

八、写作题

【写作思路】这是一篇材料作文。通过阅读材料，可以发现孙中山先生这句话的重点词语是“读书”。我们可以从读书的意义，读书的重要性等方面立意。围绕立意，组织材料，选取名人名事，加强佐证。也可以大量引用古诗词，增强文章的文化性。

【参考范文】

书香伴人成长

记得小时候，教室的墙上贴着高尔基的一句名言，“书籍是人类进步的阶梯”。的确如此，读书不仅能增长知识，开拓我们的眼界，还能提高我们的思想道德修养，使我们的精神世界更加充实。无论生活中有什么坎坷，只要书香常伴，我们的人生就不会迷失，我们的生命就不会贫瘠。

读书使人明智。吕蒙原来是一个不喜诗书的人，后来他终于听从孙权的劝告开始学习。当鲁肃到寻阳的时候，鲁肃和吕蒙一起谈论议事，鲁肃惊讶于吕蒙学问的增长，吕蒙言“士别三日，当刮目相待”。读书使吕蒙的知识得到了增长。培根曾说过：“读史使人明智，读诗使人灵秀，数学使人周密，科学使人深刻，伦理学使人庄重，逻辑修辞之学使人善辩。”在书中我们能学到古今中外各种各样的知识，书海无涯，学海无涯，我们在其中汲取知识，不断成长。

读书使人修德。读《岳阳楼记》，我们可以感知范仲淹“先天下之忧而忧，后天下之乐而乐”的伟大信念；读《百合花》，我们可以看到即使在战争时代仍闪烁着光芒的人性的真善美；读《钢铁是怎样炼成的》，我们可以学习保尔·柯察金努力拼搏、坚持不懈、不畏艰难的精神。“立身以立学为先，立学以读书为本”，我们在读书的过程中明白了要坚守的信念，并将其内化于心，外现于形，不断提高自己的思想道德修养。

读书使人充实。在书中，我们能纵横古今，领略古代文人志士的风采，走进现代文学大家的生活，思想的自由与充实充溢了我们的心灵世界。曾经学过一篇课文，是林海音的《窃读记》，作者因读书而产生的满足和快乐深深感染了我，让我始终记忆犹新，那是物质无法带来的精神上的充盈感。只有读书，才能让精神得到真正的解放。

多读书，读好书，获得知识的增长，品德的完善，心灵的充实，让书香伴我们一起成长！

## 浙江省教师招聘考试中小学语文预测试卷（七）

一、单项选择题

1. A　【解析】本题考查字形的辨析。B项，“哀声叹气”应为“唉声叹气”。C项，“通霄做梦”应为“通宵做梦”。D项，“侧隐之心”应为“恻隐之心”。

2. B　【解析】本题考查词语的运用。薪火相传：比喻师生传授，学问和技艺一代代地继承下去；也比喻种族、文化等代代相传。衣钵相传：中国禅宗师徒间道法传授，常常举行授与衣钵的仪式。比喻技术、学术的师徒相传。理论：人们由实践概括出来的关于自然界和社会的知识的有系统的结论。理念：信念；思想；观念。铭刻：铸在器物上面或刻在器物、碑碣上面的记述事物功德的文字；铭记。镌刻：雕刻。

3. A　【解析】本题考查中外文学作家作品搭配。B项，《自己的园地》是中国现代作家周作人的作品。C项，《巴黎圣母院》的作家雨果是法国人。D项，《爱丽丝漫游奇境记》的作者是英国的卡罗尔。

4. C　【解析】本题考查中国现当代著名作家余光中的作品。这句诗出自余光中的《乡愁》。

5. A　【解析】本题考查中国古代文学常识的表述。B项，马致远是元散曲的最高成就者之一，他的

《天净沙·秋思》被称为“秋思之祖”。C项，唐宋八大家指的是唐代的韩愈、柳宗元和宋代的苏洵、苏轼、苏辙、欧阳修、王安石、曾巩。D项，清代四大谴责小说指的是《官场现形记》《二十年目睹之怪现状》《孽海花》《老残游记》。

6. A 【解析】本题考查《义务教育语文课程标准》(2022年版)第二学段“阅读”方面的要求。《义务教育语文课程标准》(2022年版)对3～4年级学生在阅读方面的要求有“积累课文中的优美词语、精彩句段，以及在课外阅读和生活中获得的语言材料。背诵优秀诗文50篇(段)”。

**二、填空题**

1. (1)回眸一笑百媚生
   (2)莲叶何田田
2. 语素;词
3. 金文;篆书
4. 巴尔扎克
5. 《石头记》
6. 表达;创造

**三、简答题**

1. 简述普通话的音节结构特点。

【参考答案】(1)一个音节最多可以用四个音素符号来拼写。

(2)元音在音节中占优势。每个音节总要有元音，元音符号可以多至三个，并且需连续出现，分别充当韵头、韵腹和韵尾。

(3)音节可以没有辅音。辅音只在音节的开头或末尾出现，在音节末尾出现的辅音只限于n和ng。没有两个辅音相连的音节。

(4)汉语音节都有声调，都有韵腹(主要元音);可以没有辅音声母(但有零声母)，可以没有韵头和韵尾。

2. 简述海子诗歌的艺术特色。

【参考答案】海子是中国20世纪80年代新文学史上一位全力冲击文学与生命极限的诗人。其主要作品有长诗《但是水，水》《土地》，短诗《面朝大海，春暖花开》等。一般认为，海子的诗作可以划分为两个部分：抒情短诗与“史诗”。他的诗单纯、流畅、想象力充沛，词语在浪漫和梦幻中飞翔。少年的乡村生活经验在诗中构成一个质朴、诗化的幻想世界；麦子、村庄、月亮、天空、少女和桃花等带有原型意味的意象是基本元素。

3. 请简析莎士比亚《哈姆雷特》中的主人公哈姆雷特的形象。

【参考答案】哈姆雷特是个典型的学者型王子，他文武双全，光明磊落，而且作为艺术典型，人文主义者的长处和局限在其言行中得到了生动的体现。一方面，哈姆雷特观察敏锐，长于思考和分析，具有思想家的全部素质。他由个人的不幸想到普遍的苦难，由宫廷阴谋看到时代动乱，从而把个人复仇提到重整乾坤的高度。另一方面，作为一个人文主义者，他过分相信自己，太重理想。虽然勇于探索，但往往脱离实际，虽然受到人民群众的热爱，却不相信他们，始终使自己被孤立。哈姆雷特在复仇中一再拖延，错过许多良机，这不仅从一个侧面反映了哈姆雷特的人文主义精神，更能反映他遇事的不果断和缺乏勇气。哈姆雷特的人文主义气质，是导致最后悲剧发生的根源。

作为一个典型的人文主义者，哈姆雷特以他悲壮的死讴歌了个性的尊严，赢得了对封建旧制度、旧思想和黑暗势力精神上的胜利，鼓舞了后世人文主义思想者的斗争和不屈的斗志。他那崇高的品格、忧国忧民的使命感和热情高昂的思想力量作为一种永恒的精神财富，也必将为爱好正义的人所珍视。

**四、现代文阅读**

1. 【参考答案】不是。①提前把学校要发馒头的事情告诉妈妈和妹妹。②因为太饿了才吃掉了馒头，不是有意的。③看到妹妹狼吞虎咽地吃馒头，因感到愧疚忍不住哭了。
2. 【参考答案】①勤劳质朴，任劳任怨。②宽容体谅，维护孩子自尊心。
3. 【参考答案】①发生了吃馒头这件事后，“我”真正懂得了母爱的伟大，懂得真正去关爱自己的家人。②在特殊时代，“我”承受了本不是自己的年龄应该承受的艰辛，长大了。

**五、诗歌鉴赏**

1. 【参考答案】(1)春水远流、春花凋谢的暮春景色，表达了诗人感叹春光易逝，岁月无情。

(2)“胡蝶梦中家万里，子规枝上月三更”表达了游子梦醒之后的空虚、失望与孤身漂泊异乡的凄凉,带着浓浓的思乡之情。

(3)"书动经年绝"暗示当时社会动乱不安,诗人愁家忧国。

(4)"自是不归归便得"是无可奈何的伤心语,表达出诗人在政治上走投无路、欲干不能而又欲罢难休的苦闷、彷徨。

(5)"五湖烟景有谁争"暗用五湖典故,这里的"归"字还含有归隐田园之意。

2.【参考答案】(1)虚实结合:上句写梦见自己回到万里之外的家园,是虚写;下句写梦醒之后,发现自己依旧孤眠异乡,是实写。虚实相生,更加触动思乡之情。

(2)对比:梦中回乡的片刻欢娱与醒来子规啼唤的悲凉构成对比,一乐一悲,突出表现了诗人愁苦的思乡之情。

(3)用典:运用了庄周梦蝶和杜鹃啼血的典故,写出了由思乡入梦境,梦醒还思乡,子规啼唤更让人愁上加愁的情境,表达了深深的思乡之情。

(4)烘托、映衬:子规啼与三更月,一声一色、一动一静,相互烘托、映衬,构成一片清冷、凄凉的气氛,令人触目伤怀,以景传情,表达作者的思乡之苦。(任选其二即可)

**六、案例分析题**

【参考答案】"多一把衡量的尺子就多出一批好学生。"这一理论在这一课堂教学中得到了很好的落实。教师在评价的时候,就要对每个学生抱以积极、热切的希望,并乐于从多角度来评价、观察和接纳学生,寻找和发现学生身上的闪光点,发现并发展学生的潜能,这正是课标所倡导的评价观。让每个孩子都得到关怀,让每个孩子的个性得以充分张扬,让每个孩子都感受到自己是一个聪明人,体现出评价是为了孩子发展的理念。但也有个别处引导得不够巧妙,教师在评价过程中对个别学生缺乏足够的指导,在鼓励的同时也要适当指出不足。

**七、教学设计题**

【参考答案】

**《总也倒不了的老屋》教学设计**

教学目标:

1. 会认会写课后生字词。

2. 正确、流利、有感情地朗读课文,初步了解课文的主要内容。

3. 展开丰富的想象力,体会老屋乐于助人的精神。

教学重难点:

一边读一边顺着故事情节去猜想,感受阅读的乐趣。

一、动画激趣,导入新课

(多媒体播放动画片)你们觉得这座老屋有意思吗?老屋为什么总倒不了,是被施了魔法吗?今天我们一起走进一篇童话故事——《总也倒不了的老屋》。

二、初读童话,识字学词

1. 教师范读课文。

2. 学生自己按要求轻声读课文。

①标出自然段的序号。

②圈出课文中的生字,并试着把它们多读几遍。

(生自由读课文,圈画生字)

3. 多媒体出示的两组词,先小声地读一读,再同桌互读。

三、再读童话,整体感知

1. 学生再次读课文,读准字音,读通句子,并且想一想:课文围绕着老屋主要写了哪些内容?

2. 逐段指名读,正音,指导读通顺,着重指导读好老屋与小动物的对话。

3. 谁能说说课文主要讲了哪些内容?

四、学习预测,品读童话

接下来请同学们当一个小小的预测家,一边读一边顺着故事情节去猜想,去预测,并想一想这些预测怎么得来的?可以边读边想边做批注。

(一)品读1~2自然段

1. 指名读。

2. 请大家说一说,读到1~2自然段的时候想到了什么,预测到了什么?依据什么来预测的?

(二)品读3~6自然段

1. 指名读。

2. 请大家说一说,读到3~6自然段的时候想到了什么,预测到了什么?依据什么来预测的?

(三)以同样的方式品读7~10、11~17自然段

五、表格总结,续写童话

1. 出示表格,引导学生总结预测的方法。

2. 预测不是随意猜测的,要有一定的依据,看看下面的表格,想一想,这些预测是怎样得来的?

再照样子说说旁批中的其他预测是怎样得来的。

六、熟读童话，积累语言

1. 文中老屋的慈祥和善良让我们深受感动！让我们再次读一读这篇童话故事，指导读好老屋与小动物的对话。

2. 师生分角色朗读。

3. 童话的世界真有意思！快去读读更多的童话故事吧！

七、板书设计：

**总也倒不了的老屋**

小猫　遇到暴风雨
老母鸡　孵小鸡　} 助人为乐
蜘蛛　好饿

**八、写作题**

**【写作思路】**这是一篇材料作文题。根据材料可知，最初，史铁生因一次比一次更糟糕的经历，觉得之前的时光也是好的。最后得出了两个结论：一是每一时刻都很幸运，应该把“幸福的底线”定的低一点，也就是懂得满足，才可以感受到生活的美好和幸福。名利是身外之物，我们应该学会从“最平常的日子最琐碎的事情里品尝幸福的滋味”。二是灾难无法预测，但要有时刻准备应对灾难的积极心态。所以所写文章的观点应该是正面积极的。根据以上分析，写作时可参考以下立意：(1)珍惜当下的每时每刻：(2)应该乐观甚至敬畏地对待不幸；(3)放低幸福的底线，幸福源自内心；(3)知足者常乐；(4)灾难无法预测，但要有时刻准备应对灾难的心态；等等。

**【参考范文】**

**珍惜当下**

“在下一秒钟，命运如何转动，没有人会晓得。”每每听到这动人的旋律，心中总会感慨万分。的确，下一秒会发生什么，我们谁也不能预料；相反，珍惜当下的美好，我们却会收获很多唯美的记忆，心中感到充实与满足，去成就更美好的未来。

珍惜当下吧，我们会收获“最大的麦穗”。

记得苏格拉底曾经让学生们去麦田里寻找最大的麦穗，规定只许一路走下去，不能返回去寻找。于是学生们沿着麦垄一步步走向对面，身旁个个都是大麦穗，但却不知哪个是最大的。他们都认为前方肯定有更大的，却不曾想，当他们迈出麦田的那一刻，手中空空如也，没有人找到那最大的一穗。苏格拉底笑了：“麦田里到处都是‘最大的一穗’，但你们却总想着前方还有更大的，于是你们的手里空空。”是学生们没有珍惜当下的那一穗，从而错过了那“最大的一穗”。珍惜当下，苏格拉底的学生们便会收获那“最大的麦穗”，正是因为没有珍惜当下，他们才错过了无数良机。

珍惜当下吧，我们会品味内心的满足。

李白自那日摔门长安城，便开始随情畅饮，纵酒高歌。他是向往入世的，书生意气，挥斥方遒，但仕途上的不如意阻挡了他的指点江山，却成就了他内心的满足。无官一身轻，他珍惜当下的闲适与不羁，大醉三百篇，“举杯邀明月”，在高楼上起舞，于瀑布前当歌，用那当下的豪情写下了不朽的诗篇。太白珍惜这难得的当下，自在而充实；也正因为他珍惜这当下，创作出脍炙人口的累累大作，便有了“诗仙”的美誉。似仙般的生活，是满足的生活。

珍惜当下吧，我们会谋划一个更美好的未来。

“当下”，是禅语，意为瞬间。只有珍惜当下，才能把握一生的时光。最美好的记忆永存当下！珍惜当下吧，唯美的记忆环绕于心间，充实而满足，抬头望，未来更加美好。

## 浙江省教师招聘考试中小学语文预测试卷(八)

**一、选择题**

1. D **【解析】**本题考查拼音基础知识的识记。D项，ia是后响复韵母。

2. C **【解析】**本题考查修辞手法的运用。“欲穷千里目，更上一层楼”是假设关系的对偶句。

3. A **【解析】**本题考查字形的辨析。B项，“株联璧合”应为“珠联璧合”。C项，“励行节约”应为“厉行节约”。D项，“苍桑”应为“沧桑”，“羁拌”应为“羁绊”。

4. D **【解析】**本题考查标点符号(逗号、冒号)的用法。A项，“乃至”前面应用逗号。B项，应将冒号去掉。C项，第三个逗号应移至“不要”的前面。

5. C 【解析】本题考查中外文学常识。A项,《离骚》是我国著名的浪漫主义诗歌的代表作。B项,《古诗十九首》是东汉时期的作品。D项,被恩格斯誉为"中世纪的最后一位诗人,同时也是新时代的最初一位诗人"的是阿利盖利·但丁。

6. B 【解析】本题考查《义务教育语文课程标准》(2011年版)的内容。《义务教育语文课程标准》(2011年版)第三部分"实施建议"关于写作教学的建议指出:写作教学应贴近学生实际,让学生易于动笔,乐于表达,应引导学生关注现实,热爱生活,积极向上,表达真情实感。故A项正确。关于"写作"的目标,第一学段定位于"写话",第二学段开始"习作"。故B项错误。在写作教学中,应注重培养学生观察、思考、表达和创造的能力。故C项正确。写作教学应为学生的自主写作提供有利条件和广阔空间,减少对学生写作的束缚,鼓励自由表达和有创意的表达。故D项正确。

二、填空题

7. 最爱湖东行不足;绿杨阴里白沙堤

8. 春潮带雨晚来急;野渡无人舟自横

9. 枯藤老树昏鸦;小桥流水人家

10. 句类;句型

11. 互动;具体的交际情境

三、简答题

12. 简述各级词汇单位。

【参考答案】语素是语言中最小的音义结合体。语素按音节分类,可分为单音节语素、双音节语素和多音节语素。以语素的构词能力为标准分类,可分为成词语素和不成词语素。

词由语素构成,是语言中最小的能够独立运用的有音有义的语言单位。"独立运用"是指能够"单说"(单独成句)或"单用"(单独作句法成分或单独起语法作用,但不能单独成句)。

固定短语是词与词的固定组合,一般不能任意增减、改换其中的成分。固定短语可分为专有名称和熟语两类。

还有一种经过压缩和省略的词语叫缩略语。可分为简称和数词略语。

13. 简述郭沫若《女神》的艺术特色。

【参考答案】(1)浪漫主义精神。浪漫主义重主观,强调自我表现。《女神》是"自我表现"的诗作,诗中的凤凰等意象,都是诗人的"自我表现"。诗中的"自我"主观精神,是强烈的反抗、叛逆精神,是追求光明的理想主义精神。

(2)喷发式宣泄的表达方式。浪漫主义以直抒胸臆为主要表达方式,诗中的直抒胸臆表现为喷发式的宣泄,《凤凰涅槃》等诗最典型地体现了这一表达特点。

(3)奇特的想象和夸张。如从民间天狗吞月,想象为天狗把全宇宙都吞了,"如大海一样地狂叫"等。这种极度夸张的奇特想象最能表现强烈的个性解放要求和对旧世界的反抗、叛逆精神。

(4)形象描绘的方式上,具有英雄主义的格调。

(5)语言方面,带有强烈的主观性色彩。

14. 简析塞万提斯《堂吉诃德》中主人公堂吉诃德的形象。

【参考答案】堂吉诃德是作品中的主人公。他是一个性格复杂而矛盾的人物。一方面他耽于幻想,一切从主观出发;行为荒唐鲁莽,不会吸取教训。如把风车想象成巨人,被风车摔打在地,却说中了魔法师的诡计。另一方面,他的所作所为的出发点却有着高尚的一面,即为了奉行一种崇高的原则。他要做一个行侠仗义的骑士,要锄强扶弱,伸张正义,并为此而奋不顾身,具有自我牺牲的精神。他在主观上是追求和维护真理,只是他所追求的是脱离实际、早已过时的"骑士道",所以注定只能碰壁,害人害己。他可笑又可悲,可乐又可敬,在他身上,喜剧性和悲剧性奇妙地结合在一起,成为古往今来文学史上独一无二的艺术形象。

四、鉴赏题

15.【参考答案】幽静、和谐、安详。

16.【参考答案】①正面描写,以"妇姑相唤浴蚕去"正面写出冒雨浴蚕的繁忙。②侧面描写,一方面诗人用"闲"字反衬农家的繁忙,另一方面写栀子花无人赏也无人采侧面烘托了农忙气氛。

17.【参考答案】①"闲"是本诗的诗眼。田家少闲月,即使是雨天,妇姑也冒雨浴蚕,唯有栀子花悠然无事地独自"闲"在庭院里,诗人用"中庭栀子花"之"闲"来衬托农家之忙,饶有情趣。②"闲"字运用了拟人的修辞手法,栀子花独自悠闲，烘托出庭院中一片幽静气氛。

18. D 【解析】本诗描绘的是一幅山村朴素平和而又繁忙、充满生气的农家景致，最后一句中的“闲”是为了反衬人们的忙碌。

19. B 【解析】A项，“玻尔也感念爱因斯坦的支持”说法不恰当，文中说“玻尔高度评价他与爱因斯坦的学术之争，认为它是自己‘许多新思想产生的源泉’”。C项，“后来还亲自参加了丹麦的抗敌组织，反对纳粹暴行”错误，文中说“他还积极创立和参加丹麦救援组织，尽力帮助逃到哥本哈根的科学家与其他难民”“与抗敌组织保持密切联系”。D项，“试图尽力说服各大国首脑达成禁止使用核武器的协议”错误，文中说“多次接触英美首脑，建议他们及早与苏联达成控制原子武器的协议”。

20. 【参考答案】①拥有站在学术前沿的核心领导人物；②汇集世界各地的青年才俊，使研究所成为当时全世界最重要、最活跃的量子力学研究中心；③这个科学家群体中的每个个体的力量都发挥到了极致，并形成了以集体讨论和自由探索为特征的研究风格；④这里没有论资排辈，只有挑战与争鸣，形成了富有激情和活力、不断进取的学术精神。

21. 【参考答案】人格魅力：①追求真理，在学术之争中胸怀坦荡，不掺杂个人恩怨；②以赤子之心帮助祖国发展物理学研究；③慧眼识才，吸引了大批青年科学家，并为他们提供发展的平台；④有人道主义关怀，积极营救受纳粹迫害的科学家。(言之有理即可)

## 五、案例分析题

22. 【参考答案】(1)该教学中，教师通过提问，引导学生体会课文所表达的情感，让学生在思考中加深理解和体验，有所感悟和思考。同时想象对话的形式也提高了学生学习的积极性，增加了学生的学习乐趣。

(2)学生是语文学习的主体，教师是学习活动的组织者和引导者。该教师在教学时充分体现了这一主旨，引导学生自主学习，锻炼学生的表达能力。通过创设教学情境，激发学生的学习热情，使学生积极参与到课堂学习中。

## 六、教学设计题

23. 【参考答案】(1)《义务教育语文课程标准》(2011年版)第三学段“阅读”目标指出：“在阅读中了解文章的表达顺序，体会作者的思想感情，初步领悟文章的基本表达方法。”《祖父的园子》选自萧红的《呼兰河传》，主要写了祖父园子中各种美好的景物以及作者在园中自由自在的童年生活。作品的语言新鲜自然、率真稚拙，充满自由想象，排比、拟人、比喻等修辞手法的巧妙运用，使文章犹如一幅清新和谐、富有童话色彩的画。这篇课文能使五年级学生学习通过不同表达技巧来表达思想感情的写作手法，也能帮助学生深刻理解祖孙之间的深厚情感。

(2)教学目标：

①会认文中的生字词，准确、流利地朗读课文，有感情地朗读描写“我”在园中的趣事及描写园中景物自由与快乐的语段。

②通过朗读理解课文内容，在读中感受“我”在园子里充满乐趣、自由自在的生活，感受作品语言的新鲜自然、率真稚拙之美。

③体会祖父对“我”的呵护和关爱。能够借助信息技术手段，查阅资料，了解作者生平，进而初步感悟园子对于作者的精神意义。

(3)语段：“倭瓜愿意爬上架就爬上架，愿意爬上房就爬上房。黄瓜愿意开一朵花，就开一朵花，愿意结一个瓜，就结一个瓜。若都不愿意，就是一个瓜也不结，一朵花也不开，也没有人问它。玉米愿意长多高就长多高，它若愿意长上天去，也没有人管。蝴蝶随意地飞，一会儿从墙头上飞来一对黄蝴蝶，一会儿又从墙头上飞走一只白蝴蝶。它们是从谁家来的，又要飞到谁家去？太阳也不知道。”

教学环节：

①学生自由朗读，领会语段的感情内涵。

②指名学生朗读语段，其他学生点评，引导学生从朗读过程中体会“自由”的感觉。

③学生齐读语段，画出能表示“自由”的词语，小组讨论，为什么这些词能表达自由的感觉。

明确：“愿意……就……”“一会儿……一会儿……”等句式充满自由的感觉。

④教师提出问题：为什么在作者的眼里，园中的

昆虫、花草、庄稼,这一切事物都是自由的?

明确:作者的童年生活是自由的,心灵是自由的,所以看园子中的一切都是自由的。

⑤从作者描写的这种自由中,能感受到作者怎样的思想感情?

明确:祖孙之间感情深厚,通过对在院子里自由生活的描写,表达作者对祖父的怀念。

⑥作者这段描写看似在写什么,实际又是写什么?

明确:作者这种把人物的情感倾注在事物上并借助事物来表达人物情怀的写法叫借物抒情。作者写园子的自由实际上是要表达"我"童年生活的自由。

⑦指导学生把这种自由的感受带进语段中,再次朗读语段。

(4)板书:

- 祖父的园子
  - 对园子的印象
    - 蜜蜂　蝴蝶
    - 蜻蜓　蚂蚱
  - 园子里的活动
    - 栽　拔
    - 种　铲
    - 摘　吃
    - 追　采
    - 捉　浇
  - → 自由　快乐　幸福

七、写作题

24.【写作思路】这是一则材料作文题。材料否定了"一般人不肯去,去了也待不到两年"的说法,肯定了乡党委书记的高尚情操。抓住两个关键词"坚定的信念""顽强的意志"和一个关键句"心在哪里,风景就在哪里",是不会出现跑题偏题的。可从以下几方面立意:(1)既来之则安之。无论身处什么环境,顺境也好逆境也罢,只要善于发现,都会发现其中的美好,走错路也会有走错路时的风景。(2)心若在,风景就在。无为的人,他的心态,到哪里都觉得周围的环境是一样的;有为的人,走到哪里都会努力改变周围的环境。(3)坚持理想,不断追求。

【参考范文】

**梦与追求伴我行**

汪国真曾说:要输就输给追求,要嫁就嫁给幸福。诚然,人生因追求而精彩,梦在左,追求在右。相信这份追求,让我们向更美好的人生起航。

追求让人生更加丰富多彩。每个人来到这个世界上都有着不一样的追求,都会遇到不一样的风景。而不一样的风景,让我们感受到生活的多姿多彩,对梦的执着和对理想的追求让我们学会了更多,明白了更多。

梦是追求的指向针,引领我们走向更精彩的人生。与梦同行,我们将不再孤独;与梦同在,我们就会明白心之所向,神之所往。越是有困难,越是有挫折,我们越会坚持,更加笃定自己的目标。梦是追求的指向针,在我们迷茫的时候给我们指明了前进的方向;在我们受挫时,给我们前行的勇气和矢志于前路的心情。梦让追求变得更加有动力,追求让梦更加清晰可见,让成长留下更清晰的足迹。

梦是追求的方向盘,掌控着前行的方向。船行大海,乘风破浪,需要的是舵的掌控。人生追求的实现,需要梦的支撑。它如冬天里的一把火,给寒冬的人们送去温暖和希望。如果追求的路上少了梦,人生也就少了热情。有首歌是这样唱的:"心若在,梦就在。"而我要说:梦若在,追求就在。即使前方倾盆大雨抑或是电闪雷鸣,梦也能让我们坚定前行的脚步,让我们义无反顾地向前走。梦让我们看到了希望,就如同麦田里的守望者。梦在我们失意之时,能让我们蔑视前行道路上的荆棘,看清前进道路上的柳暗花明。有梦,有追求,人生才会更加精彩。

人生路漫漫,梦与追求相伴成长。成长中少不了困难与失败,犹如前进路上有绿草鲜花,亦难免有毒蛇猛兽。但有了梦与追求,我们就会仰天长啸,壮怀激烈,这些毒蛇猛兽也会退避三舍,我们会将困难与挫折当作这个世界留给人的一笔财富。梦与追求相伴成长,对梦的追求历练出的是一个个傲岸的身躯,让我们有了"三千越甲可吞吴"的雄心,让寂静无声的世界里也有千手绽放的奇迹。与梦、与追求同在,我们的脚步将更加坚定。

冰心曾说:"成功的花,人们只惊羡她现时的明艳,然而当初她的芽儿,浸透了奋斗的泪泉,洒遍了牺牲的血雨。"成长道路上有了梦和追求的伴随,才能绽放出人生最美的花朵!梦在左,追求在右。人生因此而精彩。